保健・医療・福祉のための
専門職連携教育プログラム
――地域包括ケアを担うためのヒント――

彩の国連携力育成プロジェクト

柴﨑智美／米岡裕美／古屋牧子［編著］

ミネルヴァ書房

はじめに

　"連携"は目的ではなく，住民のより良い暮らしを支える（実現させる）ためのチームとしての"手段・プロセス"です。

　全国の自治体において，高齢者が住み慣れた地域で自立した日常生活を営むことができるよう医療，介護，予防，住まい，生活支援が一体的に提供できる体制（地域包括ケアシステム）の整備が進められています。また，地域包括ケアシステムの深化として，高齢者の自立した日常生活を目指すことのみならず，すべての住民1人ひとり"それぞれの暮らし"や"生きがいを持った生活"の実現，そしてそのような暮らしや生活ができる"地域"の創造を目指し，制度や分野，世代を超えてつながることができる社会（地域共生社会）が提案されています。地域包括ケアシステム，地域共生社会いずれにおいても，専門職が関わる際には住民・地域・自治体との"連携"が不可欠とされています。

　また，2018（平成30）年度の診療報酬・介護報酬改定においても，医療と介護の連続性・連携の強化が改定概要にも明記され，医療保険と介護保険の計画書の共通様式の策定や，生活機能向上連携加算の各種サービスへの拡充などが行われました。このように連携の必要性が取りざたされる中で，保健医療福祉専門職の養成課程においても"多職種連携"に関する教育をカリキュラム内に位置付ける必要があることが明示されています。このように各専門職は，各専門的知識・技術のみならず，連携できるスキルを併せ持った人材であることが望まれています。

　以前の専門職教育（生涯学習を含む）においては，専門的知識・技術の取得・追求に主眼が置かれ，連携は単なる役割分担的な意味合いで理解されておりました。しかし，携わる課題によって，連携のレベルも「リンケージのレベル（連絡）」「コーディネーションのレベル（定期的な情報交流）」「インテグレーションのレベル（統合）」が区別されるようになり，それぞれの課題と連携レベルに合わせた対応ができることが求められるようになりました。特に「コーディネーション」「インテグレーション」のレベルにおいては，支援を必要とする方々（患者，利用者等）に対して，単に専門職として対応できる限局的な課題解決のみならず，その方々の"生活全体"の課題にまで対応することが求められるようになりました。

　筒井孝子氏はケアの統合（integrated care）において，「システム的統合」「規範的統合」「組織的統合」「運営的統合」「臨床的統合」のプロセスがあると述べています。国や自治体および施設は，地域包括ケアシステムの整備や診療報酬・介護報酬の改定によって「システム的統合（政策，ルール，規制のフレームワークのコーディネーションと提携）」「組織的統合（組織間での構造，ガバナ

---

(1) 筒井孝子，2015「医研シンポジウム2014講演録　地域包括ケアシステムにおけるIntegrated care 理論の応用とマネジメント」『医療と社会』24(4)，pp.381-392。

ンスシステム，関係のコーディネーション）」「運営的統合（事務管理業務，予算，財政システムの提携）」を進めています。それに対して，「臨床的統合（情報とサービスのコーディネーション，患者ケアの統合とプロセスのまとめ）」「規範的統合（組織，専門家集団，個人の間での価値観・文化・視点の共有）」については，保健医療福祉に関わる各専門職能団体および各専門職養成現場で対応する必要があります。

　各専門職（特に保健医療専門職）の技術は，基礎科学から臨床実践への階層的優位性で成り立っており，課題に遭遇した場合は基礎科学に立ち返って考える科学的技術の合理的適用（技術的合理性：technical rationality）のプロセスをたどって解決策を導きます。各自の専門分野の限局した課題（問題）を担当する役割分担的なリンケージレベルの連携であれば，各専門職の技術的合理性に基づいた多職種間の情報交換を行うことで連携が達成されるかもしれません。しかし，近年の現場における課題は，複雑多岐，不確実，不安定であり，個別対応が求められ，そして価値観の葛藤も起こります。それに対応するためにはコーディネーション，インテグレーションレベルの連携が必要となるのですが，そこで複数の専門職の技術的合理性が交錯することで，さらに課題解決が困難な状況に陥ってしまうことがあります。その要因の1つとして，各専門職が他専門職の技術的合理性や支援の価値観（文化を含む）を理解できていないことが挙げられます。そこで，チーム内の各専門職の考え方や対応に疑問や葛藤が生じます。このため，支援を必要とする人の課題に加えて，チーム内の連携に関する課題が生じてしまうことになり，支援を必要とする人の課題がどこかに行ってしまいます。したがって，「他専門職を理解する」という連携の基本が必要となるのです。

　このようにチームとして支援を必要とする人の課題に関わる際には，チームとしての課題も浮上する可能性があることを念頭に置く必要があります。チームとして機能するためには，チーム活動の振り返り（リフレクション：省察）を重ねる必要があります。リフレクションは各専門職の技術的合理性においても常に行われていることであると思います。同じように機能的なチームを形成するためにもリフレクションが行われる必要があります。ただ，個人または同一専門職間でのリフレクションではなく，複数の専門職によるチームとしてのリフレクションを行う必要があるのです。その際のリフレクションテーマは大きく2つ挙げられます。1つは対象者の課題解決に関すること，もう1つはチーム形成プロセスおよびチーム活動状況に関することです。後者のリフレクションでは，チームの状況と対話し，発言や行動などの行為を基にして省察する能力が必要となります。また，リフレクションは単なる反省で終始するのではなく，成功または失敗の要因を抽出して次に活かすための概念化が必要です。つまり，チームとしての実践→省察→概念化→実践→……これの繰り返しによって経験学習がなされ，機能的なチームとなることができます。このように多職種による専門職連携実践（チーム活動）では，科学的合理性に基づいた技術的熟達者（technical expert）のみならず，行為を基にしたリフレクションができる省察的実践

---

(2) 松尾睦, 2006『経験からの学習——プロフェッショナルへの成長プロセス』同文館出版.

家（reflective practitioner）としての側面も併せ持つ専門職が求められます。

　以前は，専門職連携実践（IPW）能力は自然に身に付く社会常識的な能力であり，実践現場で各自が身に付けるものであるという認識が強かったように思います。しかし，多職種連携活動（チーム活動）を実施する上でも，前述したような能力を"学習"によって身に付けることが必要になってきています。支援を必要とする人の課題解決をメインに考えられるようになるためにも，まずはチームメンバーとしてチームの課題を克服できるような専門職である必要があるのです。チーム課題を克服してこそ，支援を必要とする人のケアの質を高めることができると考えます。イギリスのCAIPE（Centre for the Advancement of Interprofessional Education）では，専門職連携教育（IPE）を「複数の領域の専門職が連携およびケアの質を改善するために，同じ場所でともに学び，お互いから学びあいながら，お互いのことを学びあうこと」と定義づけています。IPEの本質は正にこれにあります。また，CAIPEでは専門職連携実践／専門職連携教育の視点の１つとして「自分の専門的業務の質を高める」「専門職としての満足度を上げる」ことを提示しています。したがって，専門職連携を実践した際に各専門職がこれらを感じていない場合，チームとしてはまだ未熟であることになります。そこでまたリフレクションです。"連携"は目的ではなく，住民のより良い暮らしを支える（実現させる）ためのチームとしての"手段・プロセス"です。その手段やプロセスを確立して実践するからこそ，住民のより良い暮らしを支えることができます。そのためにも専門職連携実践の基盤となる能力を身に付ける"学習"が必要なのです。

　本書は専門職連携のできる能力を養う教育実践のための手引き（教育ガイド）として作成されました。元になっているのは，彩の国連携力育成プロジェクト（通称，SAIPE）で開発され，実践されている一連の連携教育プログラムです（SAIPEの詳しい説明は，第２部「０　彩の国連携力育成プロジェクト（SAIPE）とは」を参照）。５年以上の年月をかけて，連携とは何か，連携教育に必要な要素は何か，具体的にはどうするのか等，分野を超えた４つの大学の教員が議論しながら，教育プログラムを構築し，実践し，改善してきました。SAIPE自体が，関わった教員自身の専門分野や大学組織を超えた連携を行う実践の場でもありました。そこでは，まさに分野が異なるからこその行き違いや葛藤があり，それを乗り越えるために何度も話し合い，リフレクションを行ってきました。そのような執筆者自身の経験に裏打ちされた連携教育の方法をまとめたものが本書です。

　また，本プロジェクトには保健医療福祉分野の専門家のみならず，建築分野の専門家も参画しており，本書は保健医療福祉専門職のための連携教育のみならず，チームとしての活動が必要となるすべての専門職の連携教育（規範的教育）にも対応できる内容になっていると思います。各専門職養成校，各専門職能団体，自治体，施設，各協議会等における連携教育にご活用いただき，その学習内容が住民のより良い暮らしの支援につながることを期待いたします。

2019年３月

埼玉県立大学　田口孝行

本書の使い方

1．本書の使い方

　本書は，読んで知識を得たり，理解を深めたりするための本というよりは，教育現場で，専門職連携教育を実際に行うための手引きという観点から構成されています。このため，読者は各自の興味や必要に応じて，任意の項目だけ選択して読むことができます。ただし，その場合でも，その項目のある各部扉にある概略文をお読みになると，その項目の専門職連携教育における位置付けが把握しやすくなると思います（概略文は，第1部1ページ，第2部23ページ，第3部77ページ，第4部155ページにそれぞれに記述しています）。

　各部の内容は以下のとおりです。

　第1部　IPEに取り組むために
　　　実際に専門職連携教育を行う教育者側が，教育を実施するまでに知っておくべきことや考えておくべきこと，実践しながら検討していくべきことにはどのようなことがあるのかの解説

　第2部　教育プログラム
　　　専門職連携教育の具体的な教育プログラムの5つの科目の内容の説明

　第3部　資料編①　解説集
　　　専門職連携教育を行う際に，学習者に教える必要のある主な概念の概要，歴史，ポイントなどの解説

　第4部　資料編②　素材・ワーク集
　　　専門職連携教育の演習や実習を行う際に使うことができる素材やワークの提供

2．用語について

　本書で用いる用語については，執筆者間でも議論がありましたが，以下のような使い方をしています。

・**支援を必要とする人**

　　専門職連携によって生み出される支援の受け手のこと。

　　保健医療福祉分野では，「患者」「利用者」「クライアント」などの呼称がある。支援を必要とするということは，潜在的にであれ，何らかのサービスの「利用者」であるということもできる。しかし，地域基盤型IPWでは，保健医療福祉の制度の枠組みやイメージにとらわれず，様々な分野を横断的に考え，その方のニーズに対して支援を行う。このような観点から，「（サービスの）利用者」ではなく，「支援を必要とする人」という用語で統一した。また，必要と

されるケアには直接的な援助だけではなく，その方の思いや強みを尊重し見守る等直接的ではないサポートの仕方もあることから，「支援」という言葉を用いている。

なお，医療サービスを受けている人を限定的に指す場合には「患者」という言葉を用いた。また，「患者の権利」や「患者・利用者中心」など，すでに1つの熟語として認知されている場合も，「患者」「利用者」という言葉をそのまま用いている。

・専門職連携

IPW／IPEの「IP」は，Interprofessionalの略語であるが，この訳については，「専門職連携」の他に，「多職種連携」もよく使われる。本書では，支援を必要とする人自身やその家族も，個別具体的なその人の人生や生活に関する専門職であり，連携する専門職に含まれると捉え，「専門職」という言葉を重視しているため，「専門職連携」という用語を使用する。

・学習／学修

講義や演習，実習などその場で発生する学びを表す場合には「学習」，一定の課程を修める場合には「学修」を用いる。なお，「学習成果基盤型教育（Outcome Based Education）」という用語においては「学習」が使用されることが多いが，一定のカリキュラム修了時の目標（outcome）を基盤として教育を設計することを示しているため，本書では「学修成果基盤型教育」という表記で統一する。

・保健医療福祉

本書は，保健医療福祉分野における地域基盤型IPWおよびIPEの方法について述べている。ただし，この「保健医療福祉」を，他の支援を必要とする人に対するケアやサービスを行う他の分野に置き換えることも可能である（例えば，「教育」や「企業」など）。

目　　次

- ■ はじめに
- ■ 本書の使い方

第1部　IPEに取り組むために

1　知っておくとよいこと ……………………………………………………… 2
- 1　IPW／IPEとは何か　〜IPW／IPEとは何ですか？
- 2　IPWの必要性　〜なぜIPW／IPEが必要なのでしょうか？
- 3　IPWの次元　〜それってチーム医療のことですよね？
- 4　専門性の柔軟な発揮　〜なぜ共に学ぶ必要があるのでしょうか？
- 5　専門職とは　〜専門職，専門性の意味がわからなくなってきました……。
- 6　リフレクションの重要性　〜共に学ぶだけで，連携する力が学べるのでしょうか？
- 7　教員の学び　〜IPEに取り組むのはとても大変そうです。

2　考えておくこと ……………………………………………………………… 11
- 1　学習目標　〜IPEを通じて学生に学んでほしいことは何ですか？
- 2　IPWの場面　〜IPEを通して身に付けた力をどのような場面で発揮することを想定していますか？
- 3　学習者　〜学習者はどのような人たちでしょうか？
- 4　連携のパートナー　〜誰と連携してIPEを実践しますか？
- 5　既存の教育リソースの活用　〜IPEの一環として活用できそうな既存の授業や研修プログラムはありませんか？

3　実践しつつ考えること ……………………………………………………… 18
- 1　求めるコンピテンシー　〜学習者は実際に何を学んでいるのでしょうか？
- 2　学習成果の評価　〜どのような方法で学生の学びを評価しますか？
- 3　オーダーメイドのIPE　〜学習者の学びは期待どおりではありません。

目 次

第2部　教育プログラム

0 彩の国連携力育成プロジェクト（SAIPE）とは　……………… 24
^{ZERO}
- 1　経　緯
- 2　プロジェクトの概要
- 3　質保証の取り組み——コンピテンシーとルーブリック
- 4　SAIPE の効果

1　ヒューマンケア論　………………………………………………………… 31
- 1　これがヒューマンケア論だ
- 2　必須要素
- 3　具体的な実践例——SAIPE の場合

2　ヒューマンケア体験実習　……………………………………………… 38
- 1　これがヒューマンケア体験実習だ
- 2　必須要素
- 3　具体的な実践例——SAIPE の場合

3　IPW 論　………………………………………………………………………… 47
- 1　これが IPW 論だ
- 2　必須要素
- 3　具体的な実践例——SAIPE の場合

4　IPW 演習　……………………………………………………………………… 54
- 1　これが IPW 演習だ
- 2　必須要素
- 3　具体的な実践例——SAIPE の場合
    - A　IPW 演習：緩和医療学
    - B　IPW 演習：リハビリテーションと生活空間デザイン

5 IPW実習 66
　1　これがIPW実習だ
　2　必須要素
　3　具体的な実践例——SAIPEの場合

第3部　資料編①　解説集

A　ヒューマンケア 78
B　IPW／IPE 84
C　地域基盤型IPW／IPE 91
D　様々な専門職の理解 98
E　チーム形成 111
F　リフレクション 118
G　コンピテンシー 125
H　ルーブリック 133
I　ファシリテーション 138
J　ケアと環境 146

第4部　資料編②　素材・ワーク集

A　ファシリテータのポイント 156
B　リフレクションの投げかけ 160
C　話し合いのテーマ，事例——ペーパーペイシェントを用いた模擬的体験 ... 164
D　アイスブレイク 183
E　見える化 189
F　課題の抽出方法——目標に向けたICF・KJ法・看護計画 194
G　ワールド・カフェ——楽しみながら，本音で，対等に，全員主役で，つながりを深め，アイディアをつなぎ合わせる対話の手法 201

附　録

- 附録①：他機関との連携……207
- 附録②：関係機関・連絡先……211

索　引……212

第1部
　初めが肝心……10
　保健医療福祉の専門職をめざさない学生の大きな役割……14
　大学間連携を始める前に決めておくとよいこと……17
　IPW／IPE の二重構造……20

第2部
　学びの質を高めるために（ヒューマンケア論）……37
　保健医療福祉関連領域以外の学生が参加する実習……41
　"実習の心構え"の説明で学生のやる気を引き出す……42
　学びの質を高めるために（ヒューマンケア体験実習）……45
　既存の実習を利用して行うヒューマンケア体験実習……46
　学生が将来どこで IPW を行うかをイメージする……51
　単学科でチャレンジ　IPW 論……52
　学びの質を高めるために（IPW 演習：緩和医療学）……61
　学びの質を高めるために（IPW 演習：リハビリテーションと生活空間デザイン）……65
　学びの質を高めるための下準備（IPW 実習）……72

第1部
IPEに取り組むために

何のために，専門職連携教育をしたいのでしょうか？
誰と一緒に，どんな資源を使って，専門職連携教育ができそうでしょうか？

　専門職連携教育を実施していくと，大小様々な疑問やハードルに出会い，試行錯誤することになるでしょう。特に他大学，他学部と連携して取り組む際には，単なる外形的な状況が異なるだけではなく，共通する知識の基盤の不足や，状況認識や価値観等が異なることで，議論がかみ合わず，前に進まないことが起こり得ます。このような時には，まずすれ違っている部分を特定し，知識を共有し，認識をすり合わせ，合意を形成することに時間をかけることになります。これこそまさに連携実践ではあるのですが，あらかじめ必要だとわかっている知識は共有し，考えておくべきことを共に検討し合意を形成しておくことで，教育の内容に関しての議論や実際の運営に，より力を注ぐことができるでしょう。
　第1部では，このようなあらかじめ共有しておくべき知識（1　知っておくとよいこと），始める前に検討し認識を共有しておくとよいこと（2　考えておくこと）を紹介しています。
　さらに，実際に専門職連携教育を実施し，学生の成長を目の当たりにしながら，教員も成長していきます。その中で，専門職連携教育の成果の形が具体的に見えてきます。もちろん目的や目標は最初に掲げているはずですが，それをより具体化し第三者にも共有できる形にすることもできるようになってきます。この時に検討するべきこともまとめています（3　実践しつつ考えること）。
　つまり，専門職連携教育を行うにあたって，単なる形を整えるのではなく，自分たちの教育現場に合ったものにカスタマイズしていくために，頭を使うポイントを示しています。

1
知っておくとよいこと

　ここでは，IPE に取り組むかどうか検討を始めた方が抱くであろう**疑問に答える形**で，IPE に取り組む前にあらかじめ共有しておくべき知識を説明します。

1　IPW／IPE とは何か

> IPW／IPE とは何ですか？

　IPW は，Interprofessional Work の略で専門職連携実践，IPE は Interprofessional Education の略で，専門職連携教育のことです[1]（図 1-1）。複数の専門職が同じ場所で活動する，共に学ぶだけでなく，「相互に作用しあう」ことが含まれています。⇒【第 3 部，B：IPW／IPE，C：地域基盤型 IPW／IPE】

Interprofessional Work（IPW） 専門職連携実践	Interprofessional Education（IPE） 専門職連携教育
複数の領域の専門職者（住民や当事者も含む）が，それぞれの技術と知識を提供しあい，相互に作用しつつ，共通の目標の達成を患者・利用者とともに目指す協働した活動*	複数の領域の専門職者が連携およびケアの質を改善するために、同じ場所でともに学び、お互いから学びあいながら、お互いのことを学ぶこと**

図 1-1　IPW および IPE の定義

出典：＊埼玉県立大学編，2009『IPW を学ぶ——利用者中心の保健医療福祉連携』中央法規出版，p. 13。
　　＊＊CAIPE, 2002, Interprofessional education ― Today, Yesterday and Tomorrow.（www.caipe.org，2018/05/25）

---

[1] 埼玉県立大学編，2009『IPW を学ぶ——利用者中心の保健医療福祉連携』中央法規出版，p. 13。

2 IPWの必要性

> なぜIPW／IPEが必要なのでしょうか？

　保健医療福祉分野における医療過誤や虐待，あるいは従事者不足や過重労働などの様々な課題に対して，IPWが有効な方法だからです。効率や医療安全のためにはもちろんIPWが必要です。しかし，病気や障害，生きづらさを持っている人をケアする際には，多くの専門職が関わり，様々な知識や技術を結集するだけでは不十分で，様々な側面からその人のことを考えることで，患者・利用者中心のケアに近づくことが可能になります。そして，このIPWを行うことのできる人材を養成するためには，専門職ごとにばらばらに人材を育成するのではなく，学生の段階から，共に学び，お互いから学びあうIPEが必要なのです。

　IPEに先駆的に取り組んできたのはイギリスです。イギリスでは，1980年代に起こった医療過誤や虐待の事例をきっかけに国家的にIPEに取り組むようになりました。[2] CAIPE（UK Centre for the Advancement of Interprofessional Education：専門職連携教育推進センター）の定義に表れているように，[3] 医療や福祉における連携やケアの質を改善するためには，専門職者が共に学びあうことが必要だと認識されています。

　また，2010年にはWHO（世界保健機関）が「専門職連携教育および連携医療のための行動の枠組み」において，IPEとIPWが世界的な医療従事者不足の危機を緩和する上で重要な役割を果たす革新的戦略であるという認識を示しました。ここでは，連携医療は現場の医療ニーズにより的確に対応し，健康アウトカムを改善すると期待されています。さらに，IPEがその連携医療の即戦力となる医療人材の育成に必要不可欠なステップであり，これまでの調査からもIPEが効果的な連携医療を実現することがエビデンスによって裏付けられているとしています。[4]

　わが国では，世界でも未曾有な少子高齢化，人口減少社会が予想されており，医療の担い手不足や医療安全の問題などに対応するために，早くから「チーム医療」が推進されてきました。教育面では，文部科学省の教育GP（Good Practice）事業において2005（平成17）年度埼玉県立大学と東京慈恵会医科大学が，2007（平成19）年度には札幌医科大学，群馬大学，筑波大学，千葉大学，神戸大学等でIPEプログラムが採択され，IPEが推進されてきました。近年では，地域包括ケアシステムを構築する上では専門職連携が必須であるという認識が広がり，介護などの福祉

---

(2) 新井利民，2007「英国における専門職連携教育の展開」『社会福祉学』第48巻第1号，pp. 142-152。

(3) CAIPE, 2002, Interprofessional education — Today, Yesterday and Tomorrow.（www.caipe.org，2018/05/25）

(4) WHO, 2010, Framework for action on interprofessional education and collaborative practice.（http://www.who.int/hrh/resources/framework_action/en/，2018/06/02）（三重大学訳「専門職連携教育および連携医療のための行動の枠組み」2014年）

領域までも含めた様々な専門職養成課程においてIPEが行われています。また，学校においても，子どもが持つ課題を解決するために，様々な職種が連携する「チーム学校」が提唱されるなど，医療以外でも専門職が連携することの必要性が認識されるようになっています。

IPWは，現場のニーズにより的確に対応し，ケアの質を向上させ，リスクを予防し，効率を高めるとして，医療に限らず様々なケアの場面で必要となります。そして，IPEはそのIPWを行うことができる人材を育成するために有効な教育手法です。

3　IPWの次元

> それってチーム医療のことですよね？

チーム医療はまさしく専門職連携＝IPWそのものです。ただし，チーム医療はIPWの一部であってすべてではありません。IPWには医療以外の分野における連携も，分野横断的な連携も含まれます。同時に，1つの機関の内部における連携から，機関と地域の連携，地域を舞台とした連携までも含みます。各専門職が高い専門性を発揮する手術室における連携から，地域における在宅での暮らしを支える連携まで，IPWには様々な次元があると考えるとわかりやすいかもしれません。さらに付け加えておくと，チーム医療も医療機関の中で完結するものでもなくなっています。

厚生労働省「チーム医療の推進に関する検討会報告書」（2010〔平成22〕年3月19日）では，チーム医療を推進する目的について「医療に従事する多種多様な医療スタッフが，各々の高い専門性を前提に，目的と情報を共有し，業務を分担しつつも互いに連携・補完し合い，患者の状況に的確に対応した医療を提供すること」としています。医療機関内では，感染対策，栄養サポート，緩和医療などのように医療安全やリスク回避をテーマとして様々なチーム医療が行われています。医療機関内で連携する場合には，対象となる患者の持つ課題の多くは病気の治療や後遺症の予防などであるため，リスクを回避すること，無事に退院することを目標とした連携がしばしば行われています。関わる職種も医師，看護師，薬剤師，臨床検査技師，栄養士などが中心となり，それぞれの高い専門性を基礎として連携することになります。

しかし，最近は地域連携クリティカルパス[5]のように医療機関の機能別（急性期から慢性期まで）の連携が進められるようになり，退院支援や地域連携も増えてきています。この場合には，医療機関の専門職は，入院している間のことだけ考えればよいのではなく，入院直後から，いつ，どの時点で次の機能の療養場所に患者を移動させるかを考えながら治療することが求められるようになっています。急性期の医療機関であったとしても，その患者さんの今後の人生や生活につい

---

[5]　地域連携クリティカルパスとは，急性期病院から回復期病院を経て早期に自宅に帰れるような診療計画を作成し，治療を受ける全ての医療機関で共有して用いるものである。

て早い時期から考えていくのだという価値観が求められるようになっているといっても過言ではありません。

また，医療機関内あるいは医療機関の間の連携だけではなく，地域のかかりつけ医や地域包括支援センター[(6)]，訪問看護ステーション[(7)]，居宅介護支援事業所[(8)]など，地域における療養の場との連携も必要となります。そこでも病院の中と同様，あるいはそれ以上に様々な専門職や患者本人，ご家族と関わり，患者さんの療養を支えていくことになります。このように，チーム医療は医療機関内に限定されているものではなく，まさしく専門職連携そのものと言ってもよいのではないでしょうか。

一方，地域においては，上記のような医療機関を中心とした連携だけではなく，健康づくり，介護予防をテーマに一個人のケアだけでなく地域住民の健康課題の解決あるいは予防のためのIPWが従来から展開されてきました。今後は，地域包括ケアシステム，地域共生社会において，「住み慣れた地域で最後までその人らしく生きる」ための個別支援を考えるIPWが求められています。ここでは，医療機関と，在宅生活を支える介護などの福祉領域との連携が重要です。またこの連携の仕組みを作る場面においてもIPWが必要となるでしょう。

このように，一口にチーム医療，IPWと言っても，医療機関内で高い専門性を土台にして行う連携から，地域における暮らしを支えるために人間性を基盤として行う連携まで，次元の異なる連携が含まれているのです。

4 専門性の柔軟な発揮

> IPWが必要なのはわかりましたが，なぜ共に学ぶ必要があるのでしょうか？
> 専門職が各自，自分の専門性を磨きつつ，他の職種についての知識を学べば，
> それで十分なのではないでしょうか？

前述 3 のうち，手術室での連携など，狭い意味でのIPWにおいてはそれでよいのかもしれません。しかし，その人だけのその人らしい暮らしを支えるためには，各専門職が，専門性を柔軟に発揮する必要があります。そしてこのためには，専門職のできること・できないこと，あるいは専門職が何に着目し，どう考える傾向があるのかを，自分も含めてよく知る必要があります。

これまで医療従事者は，病気を治療することに多くの力を注いできました。しかし，高齢化や

---

(6) 地域包括支援センター：介護保険法に基づき，地域における高齢者の暮らしを支援するために設置されている機関であり，高齢者に関する総合的な相談窓口としての役割を果たしている。

(7) 訪問看護ステーション：医師の指示の下に，在宅療養中の患者のバイタルサインの確認や服薬管理，インスリン注射等の在宅療養の支援を行う訪問看護師を派遣する事業所である。

(8) 居宅介護支援事業所：要介護認定を受けている高齢者のケアプラン（介護計画）を作成する施設であり，要介護者が利用するサービスを調整する役割を持っている。

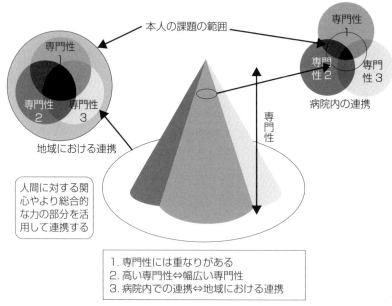

図1-2 病院内と地域における連携のイメージ
出典：筆者作成。

　人口減少といった社会環境の変化に伴い，病気を治療するだけでなく，生活や暮らしまで視野に入れた支援が求められるようになっています。生活に対する支援を行うためには，支援を必要とする人たちそれぞれに，その人だけが体験してきた歴史があり，また家族や人間関係，経済状況など取り巻く状況も人によって全く違うということを理解しておく必要があります。そして，専門職も，自分自身が積み重ねてきた経験や能力も含めた意味での専門性を発揮しなければなりません。

　例えば病院の中で"治療"という明確な課題を解決するためには，治療の効果を高め，リスクを減らすために連携することが重要となります。この時，各専門職の役割は明確であり，役割分担がうまくいけば連携もスムーズにできます。他方，終末期医療や緩和ケアなど住み慣れた場所で最期の時間を過ごす人の暮らしの場面では，支援を必要とする人の状況，それまでの人生や価値観は千差万別であり，必要な支援も様々です。この時，各専門職が個別に自分の専門性だけを発揮しても，その人の必要とする支援をすべて行うことは困難です。ここでは，専門職が連携してチームとして対応すること，および，各専門職が自分の職業的専門性に固執するのではなく，自分の経験や能力を含めた意味での専門性を発揮することが求められます。そして，そのような専門性をチーム全体としてのバランスを見ながら，重複しているところは調整し，不足しているところは誰かが補うなど，柔軟に発揮することが必要なのです（図1-2）。

　このように，柔軟に専門性を発揮すること，およびチームとして行動することは，支援を必要とする人の状況に応じて行われるものであるため，どのようにするべきなのかを，そのつど，その場で考えながら動かざるを得ません。それは，自分の専門性を磨き，他の専門職に関する知識

を知っているだけでは、できません。実際に多職種のチームで活動し、振り返ることを通じて、自他の専門職のできることやできないこと、価値観や考え方などを知り、連携していく経験を積むことが不可欠なのです。

5 専門職とは

> 専門職、専門性の意味がわからなくなってきました……。

　わが国では、IPW／IPE というと保健医療福祉分野における取り組みであることが多いため、保健医療福祉に関する何らかの資格を取得した人を専門職と捉えがちです。保健医療福祉の専門職の多くは、養成課程のある専門学校や大学を修了し、試験に合格することで取得できますが、それぞれの専門職で学ぶべき科目、身に付けるべきことは大きく異なり、資格取得の道も異なります。

　しかし、地域基盤型 IPW／IPE においては、必ずしも保健医療福祉に限定することはなく、教育や建築、その他の領域について卓越した知識や技術を身に付けている人を専門職と考えます。なぜなら、地域における暮らしには、保健医療福祉の領域だけではなく、次世代の育成や住まい、コミュニティなど様々なことが関係するからです。

　そして、専門性とは、法律に決められた責務や役割だけでなく、専門職の持つ知識や技術、思考などを含む特性を指すと考えています。専門職によって、持っている知識や技術が異なるだけではなく、その土台となる価値観、大切にしている事柄や注目する点なども異なっていることが多く、当人が意識しなくとも考え方や行動に影響を与えているものを含めて専門性と捉えているのです。

　また、専門職が持つ専門性という言葉には、様々な解釈があります。一般的には、その専門職特有の業務や権限を示すことが多くなっていますが、最近は"患者自身の専門性"のように、その人にしかない特性まで含めて専門性と表現することも増えています。

　このような意味で、支援を必要とする人は、自分の状態や思いについて最も多く知識や情報を持っており、他の専門職に情報提供し、目標に向かって最も大きな役割を担うという意味で、IPW における専門職の一員とみなすことができます。同様に、家族も支援を必要とする人に関する詳細で豊富な知識や情報を持ち、きめ細やかで大きなサポートができるという点で専門性を有する IPW の重要なメンバーと言うことができます。

6　リフレクションの重要性

> 共に学ぶだけで，連携する力が学べるのでしょうか？

　共に学ぶ環境を整えるだけで学ぶことができる学生もたくさんいます。しかし，すべての学生に一定の質の学びを担保するためには，あるいは学びをより深めるためには，教育的なサポートが必要です。特に重要なのが，その場で起こったこと，自分が体験したことの意味を考え，そこから学びを引き出すリフレクションです。

　実践の現場で起こることは，支援を必要とする人が同じ性別，同じ年齢，同じ病気であったとしても，そこまで歩んできた人生や取り巻く環境によって大きく変化します。また，IPWはまさしく新しい文化，価値観との出会いであり，戸惑いながらも患者・利用者中心に統合していくプロセスをたどる，常に自己変容が求められる活動です。このようなIPWの訓練を行う際には，教科書に何が書かれているのかを知っていることも大切ですが，実践の現場で1人ひとりがその体験から学ぶことが重要です。そのための技法として，リフレクション（振り返り，省察）という技法があります（リフレクションについては【第3部，F：リフレクション】を参照）。

　IPWでは，自己のリフレクションだけでなく，チームとしてのリフレクションを行うことも必要です。個人のリフレクションをチームで共有することで，自己と他者の違い，チームで乗り越えなければならない課題についてのそれぞれの認識の違いに気付くことができます。そしてチームとしてこれを乗り越えていくことが，支援を必要とする人を中心としたケアの提供につながります。

　このとき，正解のない課題に立ち向かう姿勢が必要です。なぜなら，臨床現場は多様で，1人ひとり個別性があり，変化し続ける非常に複雑なものだからです。コルブ（David A. Kolb）の学習サイクルに示されているように，経験し，それを省察的に観察し，概念化し，それを踏まえて実践してみる，そしてまたサイクルを回し，1つひとつの体験から学んでいくという粘り強さが求められます。しかし，これは連携する力を養うだけでなく，専門職として生涯学び続ける基本にもなり，専門職としての成長にもつながるでしょう。

7　教員の学び

> IPEに取り組むのはとても大変そうです。

　結論から言うと，IPEを行うのは大変なことであるのも事実です。しかし，それを補って余り

ある楽しさ，面白さがIPEにはあります。

　学部の学生同士のIPEは，通常であれば共に学ぶことのないそれぞれの専門職を目指す学生たちが出会い，新鮮な学びが生まれます。これらは，単一の専門教育では起こらない，化学反応のような変化，成長を教員に気付かせます。特に，多様な価値観，文化，伝統の存在を認識し，自らの特殊性や特徴を把握する過程で学生は多くのことを学びます。教員として，期待以上の学びや成長を1人ひとりの学生の中に発見することは貴重な経験であり，喜びともなります。さらに，連携教育に実際に携わり，他の専門をめざす学生の成長に関わることも，将来の現場の連携の質の改善に貢献していることを実感させてくれます。

　また，その学生の専門の組み合わせによっても，実際にご協力いただく支援を必要とする人のニーズによっても，異なるIPEとなります。さらに，実習には実習施設の方針や連携の現状が反映されるため，実習の施設の数だけ異なるIPEが展開されます。教員としては，同じ科目であっても，毎回が新しい教育現場であり，新しい学びと成長を目の当たりにできます。

　他方，大学間連携を行う場合には，まずカリキュラムを構築する段階で，大学ごとに，あるいは学部，学科ごとに異なる専門性を持った教員が，1つの目標を目指して連携することになります。まさに教育をテーマとして教員同士がIPWを実践するのが，このIPEの醍醐味です。ただし，これはIPEの魅力であると同時に苦労の元ともなります。例えば，最近では，学修成果基盤型教育[(9)]が推進されている医学教育，薬学教育が新しい価値観でカリキュラムを構築する傾向にあるのに対して，他の専門職においては，このような変革の進度は様々に異なるため，大学間連携は教育の質保証に対する様々な葛藤を生むことになります。さらには，現場における連携についての価値観は，医療機関，保健，福祉施設によって大きく異なっています。こういった背景を基に専門職養成を担ってきた大学教員間でもこれらの価値観の違いによる葛藤がしばしば発生します。

　これらの葛藤を乗り越え，IPEを進めるためには，教員が，学生と同様に多職種のチームとなり，IPEのための教員間のIPWを実践する必要があります。このためには，まず第1に，学生のより良い学び（成長）を目指して取り組むという，根底の目標を共有することです。また，「地域基盤型IPE」や「連携」「ヒューマンケア」「正規科目化」などカギとなる概念やビジョンの意味を共有し，合意点を粘り強く探ることが必要となります。教員間のIPWは学生同士のように数日でできるものではありません。時間をかけながらもあきらめず関わり続けることです。これらが少しでもできれば，チームとして取り組むという達成感や満足感も得られ，連携も一層進みます。

　また，IPEにおいては，教員は一方的に知識を学生に伝達するだけではなく，学生の学びや気

---

(9) 学修成果基盤型教育：アウトカム基盤型教育とも表現され，学習者中心教育の考え方を用い，教育プログラムが終了する際に到達が必要な能力をあらかじめ規定し，それぞれに到達度評価を適用する教育方法である。特に医学の分野では，教育内容の増大に伴い教育内容や評価内容が目標と合致しないということがしばしば起こっているため，医学教育，薬学教育において，学修成果基盤型教育への教育改革が進められている。

づき，戸惑いなど，学生が感じる様々なことを，意図的にフィードバックしたり学生自身が言語化することを促したりすることが求められます。学生同士の価値観の食い違いやそれに伴う違和感に気付き，注意を促すことが，チーム活動を促進する力となります。実はこの力こそが，地域基盤型 IPE を進めるために必要な力です。IPE を通じて，教員の教育する力，チーム活動を促進する力（ファシリテーション力）も高まり，教員自身の成長につながるのです。

さらに，専門職連携は改革であり，パラダイムシフトであるとも考えられており，大学間連携による IPE であっても，学内のカリキュラム改革にも関わることになります。これらの推進＝カリキュラム改革には，大学内での強いリーダーシップが必要な場合もあります。学内の理解を得るためのプレゼンテーションを他大学の教員の力も借りて行うことも必要でしょう。それ以外にも，大変な時や苦手な分野などはお互い助け合うこともできます。

以上のように，毎回が新鮮で，学生の成長を実感でき，さらに，教員自身も地域基盤型 IPE を行う力を修得し成長できます。また，連携する教員同士が相互に助け合うことを通して，チームにもなります。IPE を行うことは大変なこともあるかもしれません。しかし，大変さを補って余りあるやりがいや楽しさを感じることができます。

初めが肝心

埼玉県立大学と埼玉医科大学が大学間連携で IPE を始めた当初は，他の大学の学生の実習を担当することに戸惑いを感じる教員が多く，特に医学生がチームに入る際には，各教員が持つ医学生への先入観からくる不安が多くの教員から表出されました。SAIPE（彩の国連携力育成プロジェクト：詳しくは【第 2 部 0^{ZERO}】）では，実習の手引きに各大学の学生がこれまで学んできたこと，事前の準備段階について記載し，事前の教員研修の場で直接説明するなど，教員の理解を深めることに努めました。また，カリキュラムの違いや物理的な距離を超えて，共に学ぶ場を作る工夫（Web を用いた e-learning システムの利用）をする，お互いの教員の負担（特に評価）について事前に協議し，負担軽減に努めるなど，学生が同じ場所で共に学ぶことを最優先に考えることで，実習開始にこぎつけることができました。このようなプロセスを経て行われた IPW 実習では，両大学の学生の想像以上のパフォーマンスに，教員は大学間連携の効果を肌で感じることとなりました。

大学間連携地域基盤型 IPE では，大学間の実習に関する事項（実習にかかる費用，他大学学生の評価，他大学の教員の身分，個人情報の取り扱い，感染症対策等），実習施設との事項（約束事，実習費の支払い等）を事前に協議し，協定を締結することで，学生も教員も安心して実習に臨むことができます。

⇒【後述，IPEのコツ「大学間連携を始める前に決めておくとよいこと」17ページ】

2 考えておくこと

　ここでは，具体的にIPEを実践する検討を始めた場合に，考えておくべきことを**読者の皆さんへの質問**として提示します。質問以下の記述は，その問いを考えておくべき理由の説明となっていますので，これを読み，自分たちの教育現場で該当するものは何かを考えてみてください。

1　学習目標

> IPEを通じて学生に学んでほしいことは何ですか？

　多くの学生は，IPEに参加することで自分以外の専門職の視点を知り，自らの専門について考えます。人を人としてケアすることの難しさや奥深さを再認識する学生もいるでしょう。また，IPWに必要なコミュニケーションやチーム形成についての知識や技術を学ぶかもしれません。IPEを通じて学ぶ内容は多彩ですが，個々の学生が何を学ぶかはわかりません。

　しかし，実際にカリキュラムを企画する側としては，IPEを行うことで学生にどのようになってほしいのか，何を学んでほしいのか，すなわち，アウトカムを明らかにしておくことが重要です。学生に習得してほしい能力は何かを明確にすることによって，教育の方法（座学，シナリオ等を用いて行う演習，実際の患者さんの協力のもと行う実習）や時期，順序，かけるべき時間が自ずと明らかになります。また，複数の大学や学部をまたがってIPEを行う場合には，この学習目標について，関係する教員と共通認識を持つことが教育の質の担保につながります。学習目標を羅針盤として，異なるカリキュラムや教育観の中でも，同じ科目を異なる教員が異なる場所で教える場合でも，共通した教育を行うことが可能となるからです。

　例えば，埼玉県立大学・埼玉医科大学・城西大学・日本工業大学が連携して実施している彩の国連携力育成プロジェクト（SAIPE）が行っている地域基盤型IPW／IPEでは，「地域住民の質の高い暮らしを実現するため，他職種と連携しながら課題を発見・解決する力」を身に付けることを大きな目標としています。この目標の下，保健医療福祉の専門職を超えた，支援を必要とする人本人も含む連携をイメージして取り組んでいます。また，教育方法としては，共通の価値観としてのヒューマンケアやIPWの方法論を学んだ上で，支援を必要とする人や施設のスタッフ

連携はむずかしい，でも連携は楽しい

　何のために連携するのか，連携を学んだ学生はどのようなことを身に付けるのか。これは，同じ実習であっても異なるメンバー，異なる実習施設，異なるファシリテータが担当するために多様であるといえます。教育プログラムが確立され，低学年から共通基盤教育を受けることで，頭の中では「連携を十分に理解している」と感じる学生は確かに多くなっています。彼らは何を学んでいるのでしょう。このような学生に起こりがちな問題としては，「すでに自分は連携のことを理解していて，連携できる」と感じることです。これは時に誤解であることがあります。4大学がIPEの最終段階で行うIPW実習に参加した学生の声として「連携はむずかしい，でも連携は楽しい。このチームで実習ができてよかった」という言葉をよく耳にします。現場で，目の前の人をケアするために議論することで，学生1人ひとりの専門職としての思いが強く引き出され，シナリオや模擬患者（SP）さんから学ぶ時とは異なり，本人の思いや本人像の理解，目標を設定する際に様々な対立や葛藤を体験することになります。この対立や葛藤を乗り越えてチームとしての活動がうまくいった時に，学生は，冒頭の感情を表出することになります。将来現場で専門職が連携を経験する際には，目の前の支援を必要とする人の思いを受け入れ共に解決する覚悟が求められます。その時に，きっと，このとき感じた連携のむずかしさ，連携の楽しさが，彼らに人への関心や課題解決に取り組む覚悟を与えてくれるものと思います。

　IPEを経験することで，専門職として，人として成長し，真の意味で連携のスタートラインに立つ覚悟を身に付ける，これこそがIPEの成果であると考えています。

2　IPWの場面

> IPEを通して身に付けた力をどのような場面で発揮することを想定していますか？

　第1部1「3 IPWの次元」で述べたように，IPWには，医療機関内の焦点を絞った目標に対して高い専門性を土台にして行う連携から，地域における暮らしを支えるという幅広くかつ個別性の高い目標に対して人間性を土台として行う連携まで，次元の異なる連携が含まれています。具体的なIPWの実践の場としては，医療機関内でのチーム医療（医療安全）から，地域医療や地域福祉の現場での専門職連携の場面まで様々な場があります。

　どの場合でも，IPEの共通する目的は「ケアと連携の質の向上」であり，患者・利用者中心という価値観の理解やチーム形成・コミュニケーション能力の育成は共通して必要です。一方，連携する職種や連携に関する価値観，求められる技法等は，IPWの場面によって異なります。学

習者が将来，高度な専門性を活かして医療機関内で連携することを想定する場合には，問題志向型で，目の前にあるリスクにいかにミスなく対応するかが中心となるかもしれません。ただし，その場合でも，究極的な目的は，患者の幸せな暮らしであることを忘れないようにすることが重要です。

他方，地域で連携する場合には，支援を必要とする人の暮らしの課題の解決に，本人や家族と共に取り組む姿勢が求められます。医療の言葉に置き換えるとEBM（Evidense based Medicine：根拠に基づく医療）を重視しつつもNBM（Narrative based Medicine：物語と対話に基づく医療）の手法も重視する必要があります。

どのような場面でIPWを行うのかを想定し，学ぶべき知識や技術，姿勢などを検討することが重要でしょう。

3 学 習 者

> 学習者はどのような人たちでしょうか？

学習者は大きく2つに分けられます。1つは大学や専門学校などの専門職養成課程の学生（以下「学生」と略す）です。もう1つは，継続教育として行われる場合で，すでに現場で仕事をしている専門職です。

学生について，今回，敢えて「専門職養成課程の」学生としましたが，想定するIPWが地域包括ケアや地域共生社会における連携であった場合には，専門職養成課程と限定する必要がないかもしれません。なぜなら，患者・利用者中心性の価値観やチーム形成・コミュニケーションに関する力は保健医療福祉等専門職に限らず社会において求められる知識，態度，技能であると考えられるからです。社会に出てから様々な人と関わることになる学生は，どのような分野の学生であっても専門職連携教育で学ぶ意味があります。

また，一見，専門外に見える学生が参加することで，IPEはより豊かなものになります。SAIPEでは，連携大学の中に養護教諭，保健体育教諭や建築士，福祉住環境コーディネーターの資格取得が可能な学科が含まれており，いわゆるこれらの保健医療福祉専門職以外のキャリアをめざす学生の参加は，本人を含むチームメンバーに様々な学びの機会を提供しています。特に，保健医療福祉の専門職をめざす学生は，それぞれのプロフェッショナルが持つ共通の価値観やものの見方を，学部の専門教育を通して，あるいは，その前から持っています。例えば，自分たちを自然に治療・ケア・サービスを提供「する側」に置き，「される側」をケアの対象として見て，自分たちと同じ主体性を持つ1人の人間であることを見逃しがちであるというようなことがあります。これらが，保健医療福祉の専門家でない学生がメンバーに入ることによって，患者・利用者中心に考える視点や，専門用語の使い方に配慮したコミュニケーション，チーム形成における

新しい立ち位置の理解などにつながっています。

すでに現場で仕事をしている専門職が学習者である場合には，専門職の経験年数やどのような経験をしてきたかによって，適切な学習目標，学習内容，場面が変わってきます[10]。最近の学生教育の中で，SAIPEの取り組みのように先進的にIPEを取り入れた教育を受けた学生も卒業していますが，これまでの卒業生の多くは，IPE未経験のまま現場で専門職として働いています。また，IPEを履修していたとしても，どのようなIPEプログラムであったかによって，身に付けている能力には質的にも量的にも違いがあります。IPEに参加する前に，IPL（Interprofessional Learning）の準備段階を評価するなど，学習者のIPWに対する認識や理解を把握した上で対象者を明確にすることは，効果的な学びを創出するためには有効な方法でしょう。

保健医療福祉の専門職をめざさない学生の大きな役割

専門職連携教育の場面で，保健医療福祉の専門職をめざす学生以外の学生が参加することもあります。このような学生が専門職をめざす学生に及ぼす影響は無視することができません。ともすれば専門にとらわれてしまいがちな専門職をめざす学生より，専門職をめざしていない学生の方が，
（1）　自己の立ち位置を認識し，チームのために行動することを優先する
（2）　自分が患者だったら，家族だったらという意見を述べる
（3）　（専門職とは関係のない）自分の気持ちを率直に開示する
などを自然にできていることがよくあります。そして，そのことが専門職をめざす学生に，自分の専門の能力の限界や，"人として" という価値観，支援を必要とする人の自己選択を尊重する価値観に気付かせ，チームの思いを明確にするきっかけをつくっています。保健医療福祉の専門職をめざさない学生が，チームダイナミクスに与える影響は大きいのです。ただし，本人は専門性を出せないことに不安や悩みを感じていることもありますので，ファシリテータが上記のようなことを念頭に置いてチーム活動を促進していく必要があるかもしれません。

---

[10] 学習準備段階の違いはあったとしても，新人の間に，今やどのような場面でも必要となる連携の価値観を理解するためのIPEを行うことは必要です。SAIPEの卒業生調査では，約4分の1が，学生時代に学んだ模擬的なIPW体験が現場で役に立たないと回答しています。新人，ベテランにかかわらず，より良い連携を行う環境を職場につくるという意味でも，IPEの機会を設定することは必要です。さらに，職種によって適切な時期は異なりますが，中堅になり指導者としての役割を果たす時期にも，発展的なIPEの機会をつくることも重要です。IPEではチーム形成の中でファシリテーションやリフレクションの技術の重要性も学ぶことになり，これらは，自己と他者，チームを俯瞰的に見る力を養うことにつながります。

4 連携のパートナー

> 誰と連携して IPE を実践しますか？

「複数の領域の専門職者が連携およびケアの質を改善するために，同じ場所で共に学び，お互いから学びあいながら，お互いのことを学ぶこと」である IPE を行うためには，複数の領域で学ぶ学習者がいることが必須の条件です。このためには，IPE を実施しようとする教育者側が，異なる領域の教育者や責任者と連携することが必要となります。

大学など専門職養成課程の場合では，それぞれの専門職ごとに学科が分かれているため，IPE を行うには，学科を越えた教員同士が連携し，教育プログラムを企画・実施していくことになります。現場で仕事をしている専門職が継続教育として取り組む場合にも，異なる専門職が集って学ぶ機会を作るためには，やはりそれぞれの専門職の教育の担当者や責任者の理解を得て，協力しながら IPE の場を作っていく必要があります。

誰と連携したいのか，誰と連携できそうかを検討し，教育者の側が連携を実践するのが IPE の第一歩です。これを通じて連携の必要性や難しさ，そして楽しさを，教育者は学習者より一足先に味わうことになります。この過程こそが，IPE を前に進め，発展させるのには重要なのかもしれません。

5 既存の教育リソースの活用

> IPE の一環として活用できそうな既存の授業や研修プログラムはありませんか？

IPE には複数の専門領域の学生，専門職がいることが必須です。現在，学部教育で IPE を大学の特色として位置付け推進している大学として有名なのは，医学部を含む保健医療の専門職養成をめざした昭和大学，千葉大学，北里大学，また，医学部以外の保健医療福祉領域の専門職養成をめざした埼玉県立大学（SAIPE の代表校でもあります），国際医療福祉大学（今後医学部も参加の予定），新潟医療福祉大学，広島国際大学など，多くは1つの大学に複数の保健医療福祉の学部学科があり，1年生から段階を追って IPE を行っている大学です。それぞれが，目標を明確にし，それぞれのカリキュラムを作成し教育が進められ，連携力のある専門職を輩出しています[11]。また，これらの大学を主な構成大学とする日本保健医療福祉連携教育学会（Japan Association for Interprofessional Education：JAIPE）があり，毎年学術集会を開催しています[12]。

それでは単科大学では IPE に取り組むことはできないのでしょうか。これを解決するための

方法として，大学間の連携教育に取り組むという方法があります。その代表として，本書のベースとなっているSAIPEの取り組みの他，大学間連携で医療と福祉の連携をめざしてコンソーシアムを作って取り組んでいる長崎大学の取り組みがあります。長崎大学では，カリキュラムや場所の違いを超えて同じカリキュラムを用いて学ぶ仕組みとして，多くのコンテンツを公開しています。[13]

　SAIPEでは，学事やカリキュラム，場所の違いを超えて共同開講する方法として，以下の3つの方法を用いています。

> （1）　複数の大学の学生が同じ場で共に学ぶ，複数大学の教員による共同開講。
> （2）　各大学の学生が各大学において共通教育目標のもと，共通教材を使用して学ぶ，複数大学の教員による共同開講。
> （3）　各大学の学生が各大学において共通教育目標のもと，共通教材を使用して学ぶ，各大学の教員による開講。

　また，各大学が，共通の教育目標のもと，既存の教育リソースをそれぞれの科目に読み替える形で共同開講することも可能です。例えばSAIPEの中の薬学部，医学部では，既存のカリキュラムの中で，従来から早期体験実習として人と関わる実習を行っており，これらの内容を精査し，質を高めることで共同開講の科目に読み替えて学んでいます。

　しかし，一度も複数の領域をめざす学生が一緒に学ばないのでは，IPEとはなりません。同じ場所で共に学ぶ体験をどの時点で実施するべきかは慎重な検討が必要です。SAIPEでは，対象のより良い暮らしの実現をめざした支援計画を考えるIPW演習（シナリオベース），IPW実習（保健医療福祉の現場での実習）の2つの科目を同じ場所で共に学ぶ科目とし，それ以前の共通基盤については，各大学において実施する方法とすることで共同開講を実現可能にしました。

---

[11]　埼玉県立大学ホームページ＞専門職連携教育（大学間連携）　https://www.spu.ac.jp/academics/ipe/（2018年1月4日）
　　　昭和大学ホームページ＞チーム医療を実現する体系的学士課程の構築　http://www.showa-u.ac.jp/rsch_acad/mext_gp/2009/2009_001.html（2018年1月4日）
　　　千葉大学大学院看護学研究科附属専門職連携教育研究センターホームページ　http://www.iperc.jp/（2018年6月1日）
　　　北里大学ホームページ＞安全で良質な医療の実現を目指す「チーム医療教育」プログラム　https://www.kitasato-u.ac.jp/daigaku/team_iryou/（2018年1月4日）
　　　新潟医療福祉大学ホームページ＞チームアプローチを学ぶ本学独自のカリキュラム（コアカリキュラム）　http://www.nuhw.ac.jp/feature/curriculum.html（2018年1月4日）
　　　国際医療福祉大学ホームページ＞5つの特徴　http://www.iuhw.ac.jp/5features/（2018年1月4日）
　　　広島国際大学ホームページ＞専門職連携教育　http://www.hirokoku-u.ac.jp/profile/outline/education/ipe/index.html（2018年1月4日）
[12]　日本保健医療福祉連携教育学会ホームページ　https://www.jaipe.net/（2018年1月4日）
[13]　長崎大学ホームページ＞在宅医療・福祉コンソーシアム長崎　http://www.hhc-nagasaki.jp/（2018年1月4日）

大学間連携を始める前に決めておくとよいこと

大学間連携で教育プログラムを運営する場合，実際に始める時になって，大学間での取扱いが異なり，困ってしまうことがよく起こります（保健医療福祉系の教育機関とそれ以外の違い，国公立か私立かの違い，総合大学と単科大学の違い）。その対策として，以下の点についてあらかじめ決めておく（考えておく）とよいでしょう。

○各大学で確認し決めておくとよい項目
・プログラム全体とそれぞれの科目ごとの大学間の協定
・実習先への依頼文書，実習協定等書類の様式
・個人情報保護の取り扱い
・共同で教育に当たる教員の身分や報酬
・実習費用の支払い
・外部講師や施設ファシリテータへの報酬の有無
・実習参加学生の交通費や宿泊費の取り扱い（国公立と私立の間で取り扱いの差が大きい場合があります）

○保健医療福祉系大学とそれ以外の大学の間で違いが大きい項目
・参加学生の賠償保険の加入
・感染症（麻疹，風疹，水痘，流行性耳下腺炎）抗体検査の有無
・実習着として白衣の有無
・保健医療福祉系施設への見学経験の有無

3
実践しつつ考えること

　実際にIPEに取り組むなかで検討する事柄があります。逆に言えば，実際に取り組んでみないと見えてこない部分があるということです。ここでは，そのようなことを**読者の皆さんへの質問として**提示します。質問以下の記述は，その問いを考えておくべき理由の説明となっていますので，それを踏まえて，自分たちの実践においてはどうなのかを考えてみてください。

1　求めるコンピテンシー

> 学習者は実際に何を学んでいるのでしょうか？

　IPEの学習目標の設定の必要性については，第1部2「1 学習目標」で述べたとおりです。ただし，この目標も実際にIPEを実施していく中で，見直す必要を感じることがあるかもしれません。なぜなら，そのIPEを通して学習者が何を学び，どのように成長するかは，実際にIPEを実施して初めて見えてくるものだからです。また，複数回IPEを実施することで，そのIPEの教育方法と学習者の特性との反応の傾向がようやくつかめるものだからです。

　したがって，学習目標との整合性を確かめるという意味でも，学習者の学びを評価する指標を持つという意味でも，IPEを実践しながら，IPEを通じて身に付けるべき行動特性（コンピテンシー【第3部G，125ページ】）を検討することが効果的です。

　例えば，多くのIPEの取り組みで，多様な専門職，あるいは専門職をめざす学生が共に学ぶことを通じて，他領域の理解，自らの専門性への気付き，学び続ける必要性の実感を得ることが報告されています。医学・看護学・薬学のIPEでは，「患者・サービス利用者中心の医療」を実現する社会になっていくことをめざし，生涯にわたりIPWを行う上で核となる能力（「コミュニケーション能力」「倫理的感受性」「問題解決能力」）を育成するとされています。

　SAIPEでは，コンピテンシーとして，「ヒューマンケアマインド」「コミュニケーション能力」「チームを形成し行動する力」「専門性を志向し，柔軟に発揮する力」「自己とチームを振り返る力」の5つを挙げています。このコンピテンシーは，SAIPEの事業開始から3～4年目に検討し決定したものです。コンピテンシーを決定する過程で，大学間の連携による教育を実施するこ

とに終始していた段階から，自分たちのめざしているものを再確認し，教員間の共通認識を醸成しつつ，第三者にも自分たちの教育目的や効果が説明可能になる段階へと進展したと言えます。

「ヒューマンケアマインド」とは，相手を尊重し配慮して行動できることであり，何よりも人や地域，社会に関心を持つことを最も基本的な能力として捉えています。その上で，自他の多様性・個別性・具体性を理解することが必要です。「コミュニケーション能力」は自ら発信し，自分の考えや思いを相手に伝えることができるだけでなく，相手のメッセージを受け取り相互に理解することで，相手が発している思いや考えに気付き，受け止める，その上で納得するまで対話を重ねることができることです。「チームを形成し行動する力」はチームの意義を理解し，チームの一員として行動することであり，チームとして情報や目標を共有し，目標を達成するために行動できることを含みます。その際，チームを俯瞰して状況を把握し，それを踏まえて行動する力が求められます。「専門性を志向し，柔軟に発揮する力」は，自他の専門性を理解し，自らの役割を判断して行動することです。専門性を志向するとは，社会から求められる知識，技能，態度，価値観を身に付け，その向上に意欲を持つことであり，それに加えて，自他の専門性の限界と可能性を認識し，専門性にとらわれず，その時々で必要な専門性を柔軟に発揮できることまでも含んでいます。「自己とチームをリフレクションする力」とは，自己とチームの活動を振り返り，今後の行動に活かすことができることであり，特に，チーム活動をチームメンバーと共に，振り返ることができることが求められます。

ただし，SAIPE では「地域住民の質の高い暮らしの実現」のために連携する力を養うことを目標としているからこそ，ヒューマンケアマインドや専門性の柔軟な発揮などがコンピテンシーとして抽出されました。IPE の目標が異なれば，必要となるコンピテンシーも異なってもおかしくありませんし，コンピテンシーを考えることは自分たちの IPE の本質を探るきっかけにもなります。

2 学習成果の評価

> どのような方法で学生の学びを評価しますか？

IPE の効果を評価するにあたっては，専門職連携教育がどのような成果を引き起こすかを意識する必要があります。すでにその有効性が明らかになっている評価用ツールのうち日本語での評価が妥当とされているものとしては，「専門職連携学習準備尺度（RIPLS）日本語版」[14]「CICS29：Chiba Interprofessional Competency Scale」[15]「OIPCS-24R：IPW コンピテンシー自己評価尺度24項目改訂版」[16]などがあります。

---

[14] 田村由美・ポンジュ，P.・多留ちえみ他，2012「IPE 科目の効果——クラスルーム学習と合同初期体験実習が大学1年生の IPW 学習に及ぼす影響」『保健医療福祉連携』第4巻第2号，pp.84-95。

第1部　IPEに取り組むために

IPW／IPEの二重構造

①で記したようなコンピテンシーを身に付けるために，SAIPEでは，実践の場で展開される連携を体験し，支援を必要とする人の持つ課題を発見するプロセスと，同時に展開されるチーム形成のプロセスを，模擬的にではありますが，意識的に経験するように教育を設計しています（図1-3）。

* 課題解決のプロセス……状況把握，目標共有，計画策定，実施，評価のサイクル
  チーム形成のプロセス……メンバーの選定，お互いの情報収集，チームの目標共有，合意形成，
  　　　　　　　　　　　ケアの提供，リフレクションとチームの評価のサイクル

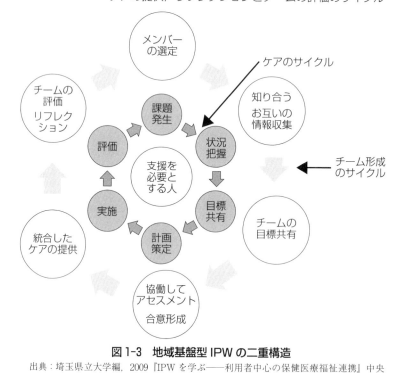

図1-3　地域基盤型IPWの二重構造
出典：埼玉県立大学編，2009『IPWを学ぶ——利用者中心の保健医療福祉連携』中央法規出版，p.31，図2-1を改変。

SAIPEでは，埼玉県立大学が開発した妥当性の担保された地域基盤型専門職連携教育自己評価尺度を用いて実習の事前，事後の評価を実施してきました。この評価尺度では，「チーム形成のための能力」「利用者中心性」「メンバーの相互理解」「メンバーの尊重」の4つの構成概念か

---

(15) Ikuko Sakai, Takeshi Yamamoto, Yoshinori Takahashi, Takashi Maeda, Yuuko Kunii & Kana Kurokochi, 2016, Development of a new measurement scale for interprofessional collaborative competency: The Chiba Interprofessional Competency Scale (CICS29), *Journal of Interprofessional Care*, DOI: 10.1080/13561820.2016.

(16) 國澤尚子・大塚眞理子・丸山優・畔上光代，2017「IPWコンピテンシー自己評価尺度の開発（第2報）——病院に勤務する保健医療福祉専門職等全職員のIPWコンピテンシーの測定」『保健医療福祉連携』第10巻第1号，pp.2-18。

らなります。[17] また，SAIPEで開発したコンピテンシーに合わせて，「その人のより良い暮らしの実現をめざした援助計画を作成する」ためのチームワークにおける行動特性を客観的に評価可能なルーブリック（Rubric：学習到達度を観点と尺度で表した評価基準【第3部H参照】）を作成し，チームワークにおける1人ひとりの行動を教員が観察することにより，プロセスの達成度を評価することができるようになっています。

また，地域基盤型という視点からは，「個人を見てその背景に起こっている課題に関心を持つ」「課題を理解する」「そのような課題を発見するための方法を知っている」「地域医療に従事したい」などの意識の変化が起こることが医学部の卒業生調査から明らかになっており，長期的な効果がある可能性も示唆されています。そのような長期的なフォローを目的とした評価尺度についても今後開発の必要があります。

3 オーダーメイドのIPE

> 学習者の学びは期待どおりではありません。

これは専門職連携に限ることではないかもしれませんが，今，流行のように推進されているIPEにおいては，まずは何のために，誰のために，何を目指して取り組むのかを関係者間で共有することが重要です。医学教育，薬学教育では学修成果基盤型教育の導入が進められていますが，IPEを担当する教員が，教育終了時の学習者の姿を共有し，そのためにどのような教育内容や教育手法が必要かを考えることで，学習者が良質な学びを得る機会を創出することが可能となります。専門職連携教育では，学習経験を通して，学習者が反応し，お互いの態度や認識を修正し，改めて専門職連携協働に関連した知識や技能を修得し，その上で，実際に行動変容がおこると考えられています。学習成果は段階的に，より実践的になり，組織の変化，そして患者・家族，地域社会の健康の改善につながります（表1-1）。IPEの最終ゴールは，表のレベル4よりも高い成果を示すレベル5に該当する，支援を必要とする人々，地域社会の質の高い暮らしの実現であり，学部教育あるいは現場の専門職の連携教育におけるゴールは，そのプロセスである学習者の行動変容です。

これらを理解し推進していくためには，関わる教員も「学習者はIPE終了後どのような姿になるべきである」という価値観から，「学習者がIPEを通してどのような姿に変化するか」という学習者主体の価値観に意識を変えていくことが求められます。そして，教員はそのプログラムの一部として，学習者の持つ力を信頼し，学習者の学びを時には促進し，時には支援し，楽しむ

---

[17] 看護師，理学療法士，作業療法士，臨床検査技師，社会福祉士，歯科衛生士，医師，薬剤師，管理栄養士を目指す学生と養護教諭や保健体育教諭，その他健康に関係する職業人をめざす学生すべてにおいて，事後にスコアが高くなることが明らかになっています。

表1-1 専門職連携教育の成果の類型

レベル1	反応	学習経験とその専門職連携的性質についての学修者の見解。
レベル2a	態度／認識の修正	参加者グループ間の相互の態度あるいは相互の認識の変容。特定のクライアント・グループをケアするためのチーム・アプローチの意義およびその活用に向かっての認識あるいは態度の変容。
レベル2b	知識／技能の修得	専門職連携の協働に関連した知識や技能を含む。
レベル3	行動の変容	個人の専門職連携学習の実践環境への移行を認識し，変化した専門的実践を認識する。
レベル4a	組織的実践の変化	組織内とケア提供における広範囲の変化。
レベル4b	患者／クライアント，家族，地域社会への便益	患者／クライアント，家族，地域社会の健康あるいは福祉の改善。

出典：Barr, H. et al., 2011（高橋榮明監修，中山蒂子訳，真柄彰ほか監訳協力）『役立つ専門職連携教育——議論・仮説・概拠』文部科学省（平成21年度採択「大学教育充実のための戦略的大学連携支援プログラム」），p. 48。

ことで，多様な個性や状況を持った学習者が集う個々の教育現場に応じた，オーダーメイドのIPEを提供することができます。

　教育を受ける学生の特質を注意深く観察し，その準備段階や，専門への志向を理解した上で，教育プログラムを構築していくこと，個人とチームの良質な振り返りを行うことを通して，学生が経験から学ぶことができるようになることこそが，学生の行動変容につながります。これを通じて，学生と教員の想定を超えた，その場限りで終わることのない学びを作り出すことができるのです。

第2部
教育プログラム

　第2部では，専門職連携教育のプログラムとして，「ヒューマンケア論」「ヒューマンケア体験実習」「IPW論」「IPW演習」「IPW実習」について説明します。

　科目ごとに，それぞれの位置付けや要素を簡潔にまとめ，さらに，これらを，実際に具体化するとどうなるかを，彩の国連携力育成プロジェクト（SAIPE）を例として紹介します。専門職連携教育を実践するとなると，カリキュラムにどう位置付けるか，どのような目標を立て，いつ，どれくらいの時間をかけて実施するか，当日は具体的にどのように進行するか等，様々なことを検討する必要があります。SAIPEでは，4つの大学がそれぞれの状況に合わせて実施しており，連携しつつもそれぞれの状況に合わせる方法の一例としてもご覧ください。

　ここで紹介している「ヒューマンケア論」「ヒューマンケア体験実習」「IPW論」「IPW演習」「IPW実習」全体で，専門職連携を学ぶパッケージとなっていますが，それぞれの教育現場の実情に合わせて，必要な科目だけ実施することも可能です（26ページ，図2-1を参照）。

　なお，各授業で使うための資料は，知識的なものは「第3部 資料編① 解説集」に，ワークの素材などは「第4部 資料編② 素材・ワーク集」に集めてありますので，合わせてご参照ください。

ZERO 0
彩の国連携力育成プロジェクト（SAIPE）とは

　彩の国連携力育成プロジェクト（SAIPE）とは，埼玉県立大学，埼玉医科大学医学部，城西大学薬学部の3学科，日本工業大学建築学部建築学科生活環境デザインコースの4つの大学および埼玉県が連携して取り組んでいる，専門職連携教育のことです[(1)]。2012（平成24）年度から，文部科学省大学間連携共同教育推進事業として採択された「彩の国大学連携による住民の暮らしを支える連携力の高い専門職育成（通称，彩の国連携力育成プロジェクト：SAIPE）」（平成24～28年度）をきっかけに，4大学と埼玉県が協働して，連携教育の推進体制や継続的な教育プログラムを整備し，事業終了後も大学間連携による専門職連携教育に取り組んでいるものです。

1　経　　緯

　彩の国＝埼玉県は，2005（平成17）年から2025年にかけての高齢者人口の増加率が全国一，2005（平成17）年から2030年にかけての高齢者単独世帯の増加率が全国一と推計されています。急速な少子高齢化は在宅医療・介護の需要を拡大するなど，住民ニーズを複雑化・多様化させています。一方，人口10万人当たりの医師数が全国で最も少なく，人口10万人当たりの病床数は全国で2番目に少ないなど，保健医療福祉分野の支援体制は十分とは言えない状況です。これを受けて，埼玉県は2012（平成24）年度から「健康長寿埼玉プロジェクト」を推進し，誰もが毎日健康でいきいきと暮らすことができる「健康長寿社会」の実現をめざしています。

　埼玉県立大学は1999（平成11）年の開学以来，「連携と統合」の教育理念の具体化に向けて，2005（平成17）年度からは保健医療福祉学部5学科7専攻（現在8専攻）による専門職連携教育（IPE）に取り組んできました。2009（平成21）年度からは，埼玉県立大学のIPEに埼玉医科大学医学部が加わり，大学間連携のノウハウを蓄積してきました。2012（平成24）年度からは，城西大学，日本工業大学も加わり，文部科学省大学間連携共同教育推進事業として採択された「彩の

---

(1) SAIPEに参加しているのは，埼玉県立大学は全学部全学科ですが，埼玉医科大学では医学部医学科，城西大学薬学部の3学科（薬学科・薬科学科・医療栄養学科），日本工業大学建築学部建築学科生活環境デザインコースとなっています。本文では，大学名のみで表示しますが，特に断りがない場合は，「埼玉医科大学」は埼玉医科大学医学部医学科，「城西大学」は城西大学薬学部の3学科，「日本工業大学」は日本工業大学建築学部建築学科生活環境デザインコースを指すものとします。

国連携力育成プロジェクト（SAIPE）」に取り組み，4つの大学間連携による専門職連携教育を実施してきました。

　保健医療福祉分野だけではなく，工業大学の建築学部も参加した大学間連携IPEは国内だけでなく世界的にも珍しい取り組みです。しかし，時を同じくして厚生労働省は地域包括ケアシステムの構築を推進するようになり，住まいを中心として医療介護，生活支援・介護予防に連携して取り組むことが地域に求められるようになりました。保健医療福祉専門職に，建築士や福祉住環境コーディネーターをめざす建築学部の学生教職員が参加することは，非常に重要なことであるという共通認識がプロジェクトの中で共有されています。また，このような流れや参加大学の特色が，地域を基盤としたIPE／IPWをめざすのだという本プロジェクトの方向性を決定づけたと言えます。

2 プロジェクトの概要

　本プロジェクトの目標は「地域住民の質の高い暮らしの実現」をめざして，「地域住民の暮らしの課題を他職種との連携により発見，解決できる連携力の高い人材」を育成することです。ステークホルダーとしての埼玉県と4大学との間で協定を締結し，彩の国連携科目の共同開発・共同開講と質の高い連携教育システムの構築を推進してきました。

　SAIPEでは，埼玉県立大学が2012（平成24）年度から実施しているIPE 5科目（ヒューマンケア論・ヒューマンケア体験実習・IPW論・IPW演習・IPW実習）を基盤とし，これらの5科目を4大学共通の「彩の国連携科目」として試行を重ね，4大学が連携して共同開講できる形態の構築をめざしました。

　この教育を実践する中で，共同開講方法については，各校の立地や時間割上の問題等から，「彩の国連携科目」すべてを4大学の学生・教員が一堂に会して開講することや，4大学のカリキュラムに全く同じ内容と時間数の科目を新設することは困難である一方，各大学の既存科目にも「彩の国連携科目」に類似した教育内容が含まれることなどが明らかになりました。すでに大学間のIPE共同学習を先行していた埼玉医科大学では，4年生のIPW実習においてのみ埼玉県立大学と共同学習を行い，その他の科目については埼玉県立大学と同じ科目を新設するのではなく，既存科目の講義に埼玉県立大学の教員を招聘する，実習や演習にIPE科目の目標や学ぶべき内容を取り入れるなどの変更に取り組み，学生の学びの質を担保してきました。

　これを踏まえ，共同開講形態として，
①4大学の学生が同じ場で共に学ぶ共同授業（4大学教員の共同担当）
②各大学の学生がそれぞれの大学で共通の教育目標のもと共通教材を使用して複数大学の教員から学ぶ授業（4大学教員の相互交流）
③各大学の学生がそれぞれの大学で共通の教育目標のもと共通教材を使用して学ぶ授業（各大学の教員が担当）

第2部　教育プログラム

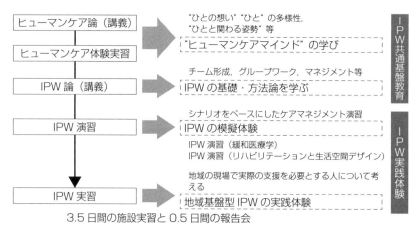

図 2-1　地域基盤型 IPE 教育プログラムの構造

という形態を採用し，2016（平成28）年度までに，各大学の既存科目への導入，科目の新設を行い，各大学の正規科目への位置付けを完了することができました（図2-1）。

3　質保証の取り組み —— コンピテンシーとルーブリック

このような形態での共同開講を進める上で，科目の質保証・質の向上のため「地域基盤型IPWコンピテンシー」を作成し（図2-2），育成すべき人材像を明確にし，共通の教育目標や各科目に必須の教育内容（共通教材の作成等）を共有しました。その上で，客観的な「ルーブリック評価指標」を作成し（表2-1），育成すべき人材像と照らし合わせた教育の評価を行うようにし

【ヒューマンケアマインド】
①人間・地域・社会について関心を持つ
②ケアについての基本的な知識を身に付けている
③自己と他者に関心を持ち，自他の多様性・個別性・具体性を理解する
④相手と対等な立場で，相手を尊重し，相手に配慮した態度や行動をとることができる
⑤相手の変容から自分の喜びを感じることができる

【コミュニケーション能力】
①コミュニケーションをとるために必要な基本的な知識を身に付けている
②自分の考えや思いを相手に伝えることができる
③相手が発している思いや考えに気付き，受け止めることができる
④相手と一緒にメッセージの内容の理解が合致しているか確認する
⑤納得するまで対話を重ねる

【専門性を志向し、柔軟に発揮する力】
①自分の専門性に社会から求められる知識・技能・態度，価値（観）を身に付けている
②（求められている）自分の専門性に基づいて考え行動できる
③自分の専門性の向上に意欲を持つ
④自他の専門性を理解し，その限界と可能性を認識する
⑤専門性に捉われない柔軟なものの見方ができる
⑥自他の専門性の重複部分，カバーされていない部分について，自らの役割を判断して行動する

【チームを形成し行動する力】
①チームで活動するために必要な知識や態度を身に付けている
②情報（リスクを含む）を共有するための行動がとれる
③チームとして合意するために，メンバーと論議する
④チームの目標を共有し達成するための行動がとれる
⑤チームを俯瞰して状況を把握し，それを踏まえた行動ができる

【自己とチームをリフレクションする力】
①リフレクションのために必要な知識と態度を身に付けている
②IPWにおける自分の言動・生じた思いや感情について振り返り，自らの成果や課題に気付く
③IPWにおけるチーム活動について，チームメンバーと共に振り返り，チーム活動の成果や課題に気付く
④IPWについての振り返りを今後の自身の行動に活かす

図 2-2　SAIPE の「地域基盤型 IPW コンピテンシー」

表 2-1　SAIPE のルーブリック評価指標

	スタンダード	5	4	3	2	1
ヒューマンケアマインド	相手を尊重し配慮した行動をとることができる	相手が選んだ人生を受け入れて、一緒に考え続ける	自他の個別性、多様性、具体性を理解し、それらを尊重して行動する	自他の個別性、多様性、具体性の重要性に気付いて表現し行動する	地域社会に暮らす人に関心を持ち、相手に配慮した行動について表現する	人の役に立ちたいと思う
コミュニケーション能力	自ら発信し、相手のメッセージを受け取り、相互に理解する	相手のメッセージを感じ取り、その理解が合致しているかを確認し、お互いが納得するまで向き合う	お互いの理解を深めるために話し合う	相手の背景をふまえて、メッセージを発信する	相手のメッセージを五感を使って感じ取り表現する	あいさつする
チームを形成し行動する力	チームの意義を理解し、チームの一員として行動する力	チームの目標を達成するために意見の違いに向き合い、発展的に乗り越え、適切に行動する	・チーム内の意見の違いに向き合って乗り越えるために行動する ・利用者の思いに寄り添ったケアの目標を設定するために行動する	・チーム内の意見の違いを理解するために発言する ・ケアの目標をチームメンバーと共に共有するために話し合う	チームを作る過程に参加し、チームの一員として自覚を持って適切に行動する	グループの活動に参加する
専門性を志向し、柔軟に発揮する力	自他の専門性を理解し、自らの役割を判断して行動する	自らの専門性を柔軟に発揮し、専門性の維持向上のために学び続けることができる	自他の専門性の限界と可能性を理解し、自らの役割を柔軟に発揮する	自他の専門性を理解し、自分の専門性に基づいて考え行動する	自分の専門性に気付き、求められていることについて表現する	自らの専門分野を学ぶ意欲がある
自己とチームをリフレクションする力	自己とチームの活動を振り返り、今後の行動に生かすことができる	チームメンバーと共に IPW を振り返り、自ら行動を変える	チームメンバーと共に IPW 体験を振り返り、チームと自己の課題と自分のとるべき行動を具体的に示す	自己とチームに起こったことについて、自分がどう感じたかおよび課題を表現する	自分に起こったことについて自分がどう感じたかおよび課題を表現する	自分の行動を言葉で表現する

ました（コンピテンシーについては【第3部，G：コンピテンシー】を参照。ルーブリックについては【第3部，H：ルーブリック】を参照）。

　さらに，教員の質の担保のために，『ファシリテータガイド』を作成し，2016（平成28）年度からは IPE 教育能力開発の一環として，教員ファシリテータ研修を実施しています。

4 SAIPEの効果

　これらの取り組みを推進する上では、様々な方途で現状やニーズの把握、教育の効果の調査などを行い、プロジェクトとしての取り組みの改善に活かしてきました。具体的には、まず、IPW実習受け入れ施設担当者（施設ファシリテータ）を対象とした意見交換会やIPEに関する意識調査、ステークホルダーである埼玉県・関連専門職能団体・地域住民が参加する研修会・ワークショップの開催などを通じて、埼玉県におけるIPWの現状や課題を把握しました。また、卒業生を対象としたIPE教育効果に関する調査によって、教育効果を測り、学長会議、外部評価委員会を通じて、プロジェクトに対するチェックと改善を進めてきました。

　保健医療福祉の実践現場への影響については、埼玉県立大学、埼玉医科大学の卒業生を対象としてIPEの効果について調査を実施しました。IPEが必修科目である埼玉県立大学の卒業生の約3分の2からは直接または間接的に現在の職場で役に立っていると肯定的回答を得ています。具体的には、「他職種の理解」「多面的な援助を必要とする人の理解」「多職種間の壁の意識がない」「IPW実践場面に円滑に適応」「リフレクションができる」などがあげられており、就職前の連携教育の経験が連携に対する態度の早期修得と連携実践への円滑な適応を可能にしていると考えられます。一方、約3分の1の卒業生からは否定的回答と「実習方法が実践的でない」という回答があり、今後、保健医療福祉の実践現場での連携力の活かし方について、現場と協力した検討を進めることが課題となっています。

　埼玉医科大学医学部卒業生の初期研修医の調査では、IPW実習を経験した卒業生で地域社会の健康課題への関心や地域医療への関心が卒業後も高く、医師不足地域において多角的な視点から医療に従事する医師が増えることが期待されます。

　IPW実習受け入れ施設に対する調査では、「職員の連携についての気付きがあった」84%、「実際の施設内での連携の取り組みに変化があった」38%となっており、実習を受け入れる施設側にとっても実践現場における"連携の質"の変化につながっていることが示唆されています。ヒューマンケアという価値観は、保健医療福祉専門職の養成課程において専門の基礎的な知識として恐らくすべての学生が学ぶ機会を持っていますが、改めてケアの双方向性[2]、非対称性[3]について認識すること、また相手を尊重する価値観を実践する体験を学生と現場の専門職が関わりながら進めていくことは、学生のみならず、現場の専門職の"連携の質"および"ケアの質"の意識改革にもつながっているものと考えられました。

---

(2) ケアを提供する人は、一方的にケアを提供するのではなく、ケアを受ける人から多くのことを受け取るということ。

(3) ケアをめぐっては一般に、①ケアを提供する人はケアをめぐる関係から退出することができるがケアを受ける人はできないという「退出可能性に関する非対称性」、②ケアを提供する人は身体的精神的な負担を担うという「負担に関する非対称性」の2つの非対称性があると言われている。この非対称性は、依存関係や支配、暴力に転換する危険性をはらんでいる。

彩の国連携力育成プロジェクトは文部科学省の補助事業期間を終了し，2017（平成29）年度から新たな段階に入りました。引き続き，4大学と埼玉県が協定を再締結して，埼玉県を中心として，①彩の国連携科目の恒常的な実施と，②現場の専門職の人材育成をめざした取り組みを推進しています。就職前の学生と現場の専門職が連携力を身に付けることで埼玉県全体のケアの質の向上を図り，県民のより良い暮らしを実現することを通して埼玉県の健康長寿社会の実現に寄与していきたいと考えています。

IPEの成果

SAIPEに参加した学生の学び

○埼玉県立大学・社会福祉学科
　葛藤を恐れず乗り越えるチームであるためには，共有された目標や情報，人間関係を土台として，メンバー間でIPWの理念を共有し，ある程度意識的にチームを運営することが必要だった。また，そのように運営されるチームには葛藤解決の力が備わり，葛藤が生じることへの不安も少なく，より実のある議論，質の良いケア提供につながることを学んだ。

○埼玉医科大学・医学部
　チーム形成の難しさ，チーム医療の難しさを実感した。議論する中でメンバーと衝突し，衝撃を受けた。「他職種の視点の違い」への驚きや尊敬が，チーム形成や，患者理解の促進へとつながった。また，自分の無力さを思い知ったが，無力なのに医師の意見には大きな影響力があるとも感じた。このことから，医師としてどうあるべきなのか，考えさせられた。

○城西大学・薬学部薬科学科
　今まで，「薬学」として1つの視点でしか見られなかったことを他学部の方との「IPW実習」を通じて様々な視点で見る必要があるということを感じ，理解することができた。また方向性や考え方は違っても，全員めざすところさえ共有できていれば理解しあえるということがわかり嬉しかった。

○城西大学・薬学部医療栄養学科
　食卓の状態や嚥下の状態など，栄養面からのみでは解決しない問題が多々あると強く感じた。栄養を学ぶ者にとっては一般的なことも，他の学部生にとっては当たり前でないことがあると実感した。栄養を学んでいない人でも理解できる説明をするためにも，しっかり学びたいと思った。摂れなかった朝食分の栄養をどこで摂るのか，本人の好物なら食べるのか，時間を変えれば食べるのかなど，様々な意見を持つことで多様な状況に対応し，より本人にあったケアをみつけられると思った。

○日本工業大学・生活環境デザイン学科
　どのような立ち位置でケアプランを考えみんなと連携するか悩んだ。初日，対象者に専門知識を押し付けてしまったことから，最初に人として対象者と同じ視点で理解することの大切さを感じた。さらに，医療以外の視点から発言できるのは自らの学科だけだと感じた。また，ケアプラン作成時に何度も意見が対立した。それは，チーム全員が対象者のことを真剣に考えていたからだ。対立した際，葛藤を意識し，相手の意見を肯定しつつ自分の意見を述べることで，良いケアプランを作成できた。

（平成28年　日本保健医療福祉連携教育学会にて学生が報告）

第2部 教育プログラム

ステークホルダーからのメッセージ

埼玉県知事　上　田　清　司

　埼玉県は今後，全国一のスピードで高齢化が進む見込みであり，多様な職種が連携して在宅医療・介護などのニーズに対応することが特に求められています。このため，「地域住民の質の高い暮しの実現」を目的とする大学間連携共同教育推進事業に大きな期待を寄せています。事業を通して異なる分野の学生がいわゆる「他流試合」で切磋琢磨し，多様化する保健・医療・福祉分野の課題を的確に発見・解決できる力を身に付けていきます。将来様々な形で県民の暮しをしっかりと支えてくれる優秀な人材が各大学から多数輩出されることを望んでいます。

　　（2012〔平成24〕年度，文部科学省5年間の補助事業の採択が決まり事業が開始した際にいただいたコメント。
　　　大学間連携ポータルホームページ内に掲載〔http://daigakukan-renkei.jp/img/a018_01.pdf〕）

1 ヒューマンケア論

1 これがヒューマンケア論だ

　ヒューマンケア論は，IPE を行う上での「原論」的な科目です。生きること，老いること，死ぬこと，病にかかること，障害があることなどは，人間にとってどのような意味を持つことなのか，これらのことに対し，1人の人間として，あるいは専門家として，どのようなことに取り組めばいいのかについて，考えるきっかけを提供します。

　初年次教育として位置付けるとともに，ヒューマンケア体験実習，IPW 論，IPW 演習，IPW 実習の各段階においても，このヒューマンケア論で学んだことを問い返すことにより，より深い学びができるでしょう。

2 必須要素

(◎必須，○あるとよい)

◎ヒューマンケアの知識　⇒【第3部資料編①解説集，A：ヒューマンケア】
・ヒューマンケアとは
・ヒューマンケアという概念が登場した社会的背景
◎「生」「老」「病」「死」「障害」に関する具体的なストーリー
◎コミュニケーションの知識
・基礎的な知識（傾聴，非言語的メッセージ）
・コミュニケーションの重要性
○各専門職の倫理綱領や行動指針
・ヒューマンケアがどのように表現されているか

第2部 教育プログラム

> ### 学生の学び
>
> ### ■1人の「ひと」であることの理解
>
> ○「認知症のお母様の介護のお話」から
>
> 　一方的に介護をするのではなく，ご本人のことを理解しようとし，1人の人間としてやりたいことや，自分でできることは自分でしてもらうことの大切さを学んだ。介護そのものはとても大変だったと思うが，お話の中からは，介護の苦労だけではなく，お母様との充実した生活や，認知症のお母様がいたことで，家族の雰囲気が徐々に柔らかくなったことなどにも触れていただいた。そして認知症のお母様自身も楽しく生活を送られたように感じた。このように，周りの家族や仲間がきちんと病気のことや本人の気持ちを考え，応えてあげることが，支える側も支えられる側も充実した生活を得るためにとても大切なことなのではないかと思った。
>
> ○「統合失調症のある方のお話」から
>
> 　精神保健の授業も履修しており，精神疾患について学んでいるが，実際の症状やこれまでの社会の偏見によるご苦労など，「生の言葉」はとても貴重で，心にずっしりときた。世間では，特異な犯罪が起きるとすぐに「精神病者か？」と疑うので悲しく思う。本当に苦しんでいるのはご本人であり，正しい理解が広がり，偏見がなくなることを強く願うと同時に，私も何かできることはないかなと思った。
>
> ### ■ケアについての理解
>
> ○「介助を受けながら団地で1人暮らしをしている女性のお話」から
>
> 　お話し好きの方で，いきいきと話される様子は拝聴しているこちらにも笑みがこぼれた。駅にエレベーターがない頃は，駅員さんが毎日電動車イスを持ち上げてくれたというエピソードは，「移動する」という身近なことにおいても「ケア」は存在し，またバリアフリーの考え方もより一層浸透する必要性を実感した。また，「ケアを受けている」当事者のお話を伺っていたはずなのに，定時制高校入学によって駅や学校内がバリアフリーになったことなど，彼女自身が社会をケアする立場にもなっていたことを感じることができた。
>
> ○「ご自身のがんの闘病のお話」から
>
> 　病気と共に生活をしながらも，同じ病気で悩む人々を支える活動を行っていた。家族などから「支えられる」存在の人が，同じ病気の人を「支えている」様子を知ることができた。たくさんの経験を経て，現在の活動を行っているお話は，とてもいきいきとしていた。同じ病気と闘い，患者の気持ちを理解している方に相談したことで前向きになれる人もいる。相手の気持ちを理解して支えるということの価値や大切さを実感した。

3 具体的な実践例 ── SAIPE の場合

(1) 目的・目標

ヒューマンケア論は，IPW を学び，また IPW を進めるに当たって根幹となる「ヒューマンケア」の考え方を身に付けることを目的としています。

具体的には，次の到達目標を基本に，各大学のカリキュラムや実情に合わせて目標を設定しています。

1. ヒューマンケアの概念が登場した社会的・制度的背景について，基本的な論点を述べることができる。
2. 「生」「病気」「障害」「老い」「死」に関する当事者の話や具体的な事例から，支援を必要とする人やその家族のニーズや心理状態について理解し，その特徴を述べることができる。
3. 支援を必要とする人やその家族のニーズや心理状態をもとに，支援のあり方について自分なりの見解を述べることができる。
4. 「コミュニケーション」の特徴と，人が人をケアする現場においてそれをどのように適用すればよいのかについて，述べることができる。
5. 「ケアの双方向性」とは何か，それが援助者にとってどのような意味を持つのかについて，自分なりの見解を述べることができる。
6. 以上を踏まえ，「ヒューマンケア」という考え方が専門職連携にとってどのような意義があるのかを考え，今後の自分の学習課題を列挙することができる。

(2) 具体的な内容

①知識の習得

ヒューマンケアとはどのような概念か，それがなぜ必要なのか等について，講義を通して学習します。

②具体的なストーリー

ゲストスピーカーや映像資料などを通じて，支援を必要とする本人や家族，そして支援を行う専門職などの具体的な物語を提供します。物語を通じて，知識だけで伝わらない，その人ごとに異なる人生や生活，思いがあることを知り，それを尊重する姿勢を育むことをめざします。同時に，一口にケアと言っても，人によってニーズや支援の内容も異なることや，立場によって考え方や思いも異なることを感じることができるよう，様々な問いかけを用意しておくことも大切です。

③ヒューマンケアについての考えを深める

自分の生活や考え方などとの結びつきに気付くような問いかけ等を通じて，ヒューマンケアについての考えを深めます。支援を必要とする人々や専門職の物語を，単なる知識や他人事として

第2部　教育プログラム

表2-2　ヒューマンケア論の1コマの流れ（例）

学習内容・時間	進行	留意点
オリエンテーション（5分）	授業の目的，流れ，約束など	
ヒューマンケアの知識に関する講義（10～30分）	・ヒューマンケアとは ・ゲストスピーカーに関連する分野の歴史など	・ヒューマンケアを理解する，あるいはゲストスピーカーの話をより深く理解するために必要な知識の講義
ゲストスピーカーによる講演	・ヒューマンケアに関わる専門職や当事者などの具体的なストーリー	・できるだけ対面で講演していただく ・講演が難しい場合は，ビデオや文章などによって，具体的なストーリーに触れる
振り返り	・講演内容についてより深く考える	・1人あるいは複数人で講演について感じたことなどを振り返る

終わらせるのではなく，自分事として捉え，自他の個別性を大切にし，具体的な文脈や状況，思いを考慮することができるよう，学生間の対話の時間を設けるなどの工夫も必要でしょう。

　表2-2に，ヒューマンケア論の1コマの流れの例と，扱う内容の例を挙げておきます。

■ヒューマンケア論で扱う内容の例

ア）ヒューマンケアとは

　「ヒューマンケア」の基本的考え方と，学習目標，授業の進め方，各回の概要，成績評価の方法などについて説明します。

イ）「生」を見つめる

　助産師である教員より，「生」とどのように向き合って仕事をしてきたのか，女性の「産まない」権利や女性の幸福，女性が産みやすい社会，「不妊」に対する向き合い方などについて，講義を行います。

ウ）「老い」を見つめる

　認知症の母親を介護した経験のある女性をゲストに講義を行っています。「介護し，介護される関係ではなく，様々な関わり合いを通じて，お互いに成長しあう時間を過ごしました」など，ケアは，ケアする人・ケアされる人を相互に高めていくことを，実感を込めてお話しいただいています。

エ）「病」と向き合って

　ハンセン病の疾病，歴史的経緯，らい予防法を中心とした隔離政策などの日本政府の対応などについて教員から説明したのち，ハンセン病回復者の方からその半生をお話しいただいています。隔離政策のため高校に行くことができなかったこと，療養所での生活，社会の偏見，差別との闘いなどについて触れ，国民1人ひとりのこの問題への向き合い方について問いかけます。

オ）「障害」とともに生きる

　介助を受けながら団地で1人暮らしをしている女性をゲストに講義を行っています。両親と同居していたが「家出」をし，様々な人の支えと制度による支援を獲得しながら地域での暮らしを

切り開いてきた様子，そのことがすべての人が暮らしやすい社会づくりにもつながっていることを伝えていただいています。

カ）緩和ケアを通じて「生」の意味を考える

がんの闘病経験があり，現在はがん患者の支援活動を行っている方をゲストに講義を行っています。自らががんにかかったときの心境や家族との関わり，闘病生活の苦労，医療従事者へのまなざし，そして現在の支援活動の中で聞こえてくるがん患者の声についてお話しいただいています。

キ）チームについて考える

看護師として病棟で働く卒業生から，現在の仕事における「チーム」活動と，学部時代に学んだIPEとの関連性について講義していただきます。「他者のことを知ろうとすること」「自己の限界を知ろうとすること」「他者の限界を知ろうとすること」という3つに取り組むことにより，連携を行うことができ，新たなケアを創造できるのではないかと語りかけます。

ク）あるがままの精神障害者の姿を知る

統合失調症のある当事者の方をゲストに講義を行っています。発病から現在に至るまでの様々な生きづらさ，社会からの様々な偏見，医療や福祉関係者との関わりの中で考えてきたことなどを，ありのままに話していただいています。

ケ）人と関わるとはどのようなことか

ケアについての様々な概念，人の多様性，個別性，具体性やケアの双方向性，非対称性について講義し，1人ひとりのこれまでの体験と照らし合わせて理解を深めるためにグループワークを行います。

コ）ヒューマンケアに求められる態度と行動

ヒューマンケア実践を行う場面や，関わる相手のことを配慮した態度や行動，コミュニケーションの方法などについて，講義とロールプレイを行います。

サ）私たちにとってのヒューマンケアとは

全体のまとめとして，様々なゲストが話したことを振り返ったのちに，小グループに分かれて，授業全体の学びや感想，自分なりの「ヒューマンケア」に関する考えを話し合います。

(3) 運　営

①対象学年・期間

ヒューマンケア論は，各大学において初年次に開講されています（表2-3）。埼玉県立大学は1年生前期の全学必修科目として開講しています。埼玉医科大学・城西大学・日本工業大学では，1年生に開講される各学部・学科必修の導入科目・基礎科目の中で，「ヒューマンケア論」に該当するコマを設けて開講しています。特に保健医療福祉に限らず多様な学生が参加するIPEでは，事前にヒューマンケアについて学んでおくことで，IPWを行う上での共通の価値観が身に付き，IPEを効果的に展開することができるでしょう。

表 2-3　4 大学の開講状況（ヒューマンケア論）

大学	学年	授業形態	科目名	時間
埼玉県立大学	1年生前期	必修	「ヒューマンケア論」	90分×15コマ
埼玉医科大学	1年生	必修	「地域医療とチーム医療」	65分×16コマ
城西大学	1年生	必修	「フレッシュマンセミナー」	90分×2コマ
	1年生	必修	「薬学総合演習A」（薬学科）	90分×3コマ
日本工業大学	1年生	必修	「ヒューマンケアと生活空間」	100分×14コマ

また，SAIPEでは「ヒューマンケア論」に関するビデオ教材を作成しました。各大学ではこのビデオ教材をそれぞれの授業で用いることの他に，自主学習教材として，各校のe-learningシステムに取り入れ，学生が自由に視聴できるようにしています。

②準　備
・講義する教員やゲストスピーカーとの講義内容・日程の調整が必要不可欠です。また，障害や病気のある方やその介護者をゲストスピーカーに依頼する場合には，急な体調の変化によって出講が叶わなくなることも予想され，代替措置をあらかじめ考えておくことも重要でしょう。
・講義形式が中心なので，普段の授業を行う教室での実施が可能です。様々な当事者の方を招くことも想定すると，教室へのアクセスはもちろんのこと，講義の舞台に段差はないかなど，確認しておく必要があります。
・インタラクティブな講義にするには，学生の質問やコメントを寄せてもらう時間を確保することも大切でしょう。紙への記入やWebシステムへの入力など，方法は問いませんが，翌週の授業の導入時に何人かの学生のコメントを紹介することにより，学びを振り返る機会となり，また授業への取り組み姿勢の向上につながることが期待されます。
・講義の終盤の数コマは，できるだけ多様性のあるメンバーで小グループを編成し，これまでの学びについて意見交換する機会を持つとよいでしょう。単学科の学生だけの場合は，多様性が限定されますが，学生1人ひとりの多様な背景や意見の多様性に気付くような仕掛けをすることで，グループワークを活発に展開することができます。また，この講義の後に「ヒューマンケア体験実習」などの体験学習を予定している場合には，連続性ある学びにするために，同じ実習先に赴く学生同士でグループを編成することも検討するとよいでしょう。

学びの質を高めるために

　「ヒューマンケア論」は，支援を必要とする人の権利がどのように確立されてきたのか，実際の支援を必要とする人はどのようなニーズや思いをもって暮らしているのか，援助者はこれらの権利やニーズ・思いとどのように向き合う必要があるのかについて，講義形式で伝える科目です。

　その際，支援を必要とする人の生の声を，「ゲストスピーカー」を招くことによって学生に聞いてもらう機会を持つことはとても大切です。実際の体験・経験を，表情・息づかい・佇まいも含めて伝えていただくことにより，教員による講義や映像資料だけでは理解しえない立体的かつ多様な人間像やケア像について，臨場感を持って学ぶ時間を提供することができるでしょう。

　しかし，インターネットで検索すれば様々な情報が活字や動画で得られる現在にあっては，このような「ゲストスピーカー」による講話のみでは，学生に「響かない」「届かない」可能性も否定できません。教室という空間を共有していたとしても，話し手が語る様々な経験談が，インターネットの活字や動画と同じように，単なる「情報」として捉えられ，ゲストの語る生き様や抱える課題が，「自分とはかけ離れたもの」として認識されてしまうのではないかと危惧されます。

　「ヒューマンケア」は，一度教えれば修得されうるものではなく，繰り返し学び取る仕掛けを用意する必要があります。講義形式を採用する際にも，ゲストスピーカーの生活課題が，学生の過去・現在・今後の自分の生活と連続性をもって捉えられ，人や課題が単なる「対象」とならないような工夫をしていくことが求められます。ゲストスピーカーによる講義で示された事項や，教員による意図的な問いかけに基づいて，学生が主体的に考え表現し，他の学生が考えていることに耳を傾け，さらに考えを深める機会を持つことが大切でしょう。

　「ヒューマンケア」を学ぶには，このようなインタラクティブな講義を踏まえつつ，やはり体験学習や実習と合わせて展開することが求められます。後述の「ヒューマンケア体験実習」との連続性のある授業展開はもちろん，その後に続く IPE の各科目，そして各専門科目との接続を追究することが必要です。

2 ヒューマンケア体験実習

1　これがヒューマンケア体験実習だ

　ヒューマンケア体験実習を一言で表すと，実践現場で支援を必要とする人に関心を持って向き合うことで，ヒューマンケアマインドを体感する実習です。

　人々の健康や生活課題に関わる保健医療福祉専門職には，当然のことながら各専門職の専門的知識と技術が期待されます。一方，専門職が支援を必要とする人に関わる際には，"その人"の社会的背景や生活状況，人生観，価値観，思い，ニーズなどが多様であることを理解して受け入れ，"関心"を持って"その人"に向き合い，"その人"の立場で考える姿勢や態度を忘れてはいけません。この姿勢や態度がヒューマンケアマインドです。これが，すべての保健医療福祉専門職にとって共通する基本的な姿勢や態度であり，支援を必要とする人々を含む「チームの共通目標」を定め，「連携・協働」するための基盤となります。このヒューマンケアマインドを身に付ける（または，体験する）ことは，保健医療福祉の現場にいる様々な人々との関わりの中で培われます。また，その関わり合いの中から，他者に対する自分の関わりを客観的に見つめられる姿勢や態度，すなわちリフレクションの基盤を形成します。

2　必須要素

（◎必須，○あるとよい）

◎保健医療福祉の実践現場で，支援を必要とする人・スタッフと話をする
◎支援を必要とする人の"生活のありよう"や"思い"および"歴史"に触れる
◎自己についてのリフレクションを体験する　⇒【第3部 資料編① 解説集，F：リフレクション】
◎施設との協力体制　⇒【附録①：他機関との連携】

学生の学び

■非言語的コミュニケーションの重要性

- 会話を交わす中で、積極的な姿勢を見せて、表情に着目したり、目を見て話したり、耳を傾けたりと、その人の感情を推し量ることで距離感の取り方がわかってきたと思った。
- 人とのコミュニケーションの取り方は様々な形があると知った。手を握ってみたり、話す人の目線にしたり、笑いかけながら話かけてみたりなど。
- 適切なコミュニケーションの取り方は本当に人それぞれで、一概にこれという答えがあるわけではない。その時その時の状況に応じて支援を必要とする人と向き合い、コミュニケーションを図ることが最適な対応なのだと実習を通して学ぶことができた。
- この実習を通して、空間を一緒に共にする、話をする、触れ合うといった様々なコミュニケーションのとり方があること、コミュニケーションで豊かな表情と人となりがわかる感じがすることを知った。
- 普段いかに言葉によるコミュニケーションに頼っているかわかった。

■自らの専門性の自覚

- 人と物をつなげるものづくりが必要であると考えた。そのためには、今まで教科書で勉強してきた内容だけで建築を設計するのではなく、本当に人が幸せになる建築や、意識しなくても楽しく思える環境づくりが福祉には必要であると思った。
- 利用者の方と同じ目線に立って物事を見ることが大切だということを多く感じたので、利用者にとって老人ホームが第2の家になるような施設を設計してみたい。

■自己とその場の変容につながるリフレクション

- リフレクションでは1人ひとり全く別の観点からの意見があり、1人では見落としていた考えや共感できる部分などを知ることができた。
- 体験したことを言葉に出すのはとても難しく苦労した。
- リフレクションから学んだことを生かすとこんなに現状は変わるのかと実感し、午前の時間とは全く違う時間を過ごすことができた。
- 今回の実習とみんなのリフレクションの意見の内容を通してこんな風に設計すれば利用者さんは過ごしやすいのかと新たに学ぶことができた。
- リフレクションで大切なのは、みんなが発言しやすい雰囲気づくりなのではないかと今回のリフレクションで感じた。

3 具体的な実践例──SAIPEの場合

（1）目的・目標
①目　的
　ヒューマンケア体験実習は「IPW初期体験実習」に位置付けられます。各専門職養成教育における各専門職の実践現場を見学・体験する初期体験実習とは，目的と目標が異なります。本実習では，ヒューマンケアの理論を基盤として，保健医療福祉の実践現場にて，支援を必要とする人々，保健医療福祉に携わる人々（事務職等も含む），チームメンバー（共に実習する学生）などと直接的に関わる体験（見る，聞く，触れる，感じる，話す）を通じて，以下の4つの姿勢・態度を養い，IPWの根底となるヒューマンケアマインドの基盤形成を目的とします。

1．自分の「人との関わり方」を客観視する姿勢・態度
2．チームメンバーと協力し合う姿勢・態度
3．支援を必要とする人々のニーズや保健医療福祉に携わる人々の役割へ関心を向ける姿勢・態度
4．多様な人間観・価値観を理解しようとする姿勢・態度

②目　標
　本実習における支援を必要とする人との関わり方は，専門的見地からの課題解決をめざした関わりではありません。"ひと"と"ひと"との関係において，主にコミュニケーションを通して，支援を必要とする多くの人々の歴史に触れ，その人の"人生観"や"価値観"を知り，生の"生活"や"思い"に"関心"を持って関わることです。また，保健医療福祉に携わるスタッフの"思い"や支援を必要とする人に向き合う"姿勢"を理解しようとする関わり方です。さらに，それらの人々との関わりを通して，自分自身の"ひと"と"ひと"との関係づくりについて振り返り，また，チームとしても振り返って考えられるようになることを期待するものです。したがって，下記に示した7つの項目をヒューマンケア体験実習の目標として掲げています。

1．学生として保健・医療・福祉・教育などひとと関わる実践現場で学ぶときの態度・マナーを身に付ける。
2．コミュニケーションの大切さに気付き，具体的な場面における適切なコミュニケーションのとり方を自分なりに模索する。
3．支援を必要とする人々の社会的背景や生活状況，ニーズ，人生観，価値観，思いなどの多様性を理解する。
4．保健医療福祉に携わる人々の仕事内容（支援を必要とする人に向き合う姿勢），支援を必要とする人のニーズを知り，それぞれの援助職者がどう関わり合っているのか，また，どう関わり合うべきか，援助職者の連携や協働した援助活動のあり方を学ぶ。
5．体験を通して自分自身を振り返り，援助職に携わる者としての姿勢を考える。

6．チーム活動についてリフレクションができる。
7．地域社会における各保健・医療・福祉の実践現場の位置付け，機能，役割を理解する。

保健医療福祉関連領域以外の学生が参加する実習

　保健医療福祉の専門職に限らず，人と関わる多くの専門職において，支援を必要とする人の生活背景やニーズ，人生観・価値観の多様性等を理解することは重要です。また，支援を必要とする人の本当の希望やニーズを引き出せるコミュニケーション能力も必要です。保健医療福祉分野以外の，人と関わる専門職養成をめざす養成校（大学）においてヒューマンケア体験実習を行う場合には，前述した保健医療福祉分野における学生への説明方法に若干のアレンジを加え，その専門領域での学習内容や将来像に関連づけるなど，学生にとってわかりやすい説明を考える必要があります。以下は，建築分野における「ヒューマンケア体験実習」の目的・目標の学生への提示例です。

（1）「ヒューマンケア体験実習」の目的についての補足説明
　健康や生活上の課題を持つ人の生活空間（施設や住まい）に身をおき，その人やその暮らしに関わる様々な人と直接向き合いながら，心身の状態，思い，生活や生活空間のありようを，その人の立場で理解する態度を養う。

（2）「ヒューマンケア体験実習」の目標についての補足説明
　人はどのような"思い"で生活しているのでしょう。みんなが同じ"思い"なのでしょうか？　何を必要としているのでしょうか？　その"思い"を感じ取れる，耳を傾ける，つまり関心を持てる自分を見つけましょう。
　"リフレクション"とは，皆さんが行った何かの行為の中で，「驚き」や「謎」，「それって何だったの？」「何でそうなるの？」などと感じることに直面した際に，その出来事と自分自身の理解について言葉に出して（言語化）考えることです。そして前向きに，次にどうしたらよいかを考えることです。単なる「反省」とは異なります。リフレクションは個人およびチームで行います。

（2）具体的な内容
　本実習は，①実習オリエンテーション，②実践現場での実習，③リフレクション・報告会，④レポート課題で構成されます。

①実習オリエンテーション
　本実習の目的と目標，実習に臨む心構え，実習日程等について説明します。特に実習に臨む心構えについては，学ぶ者としてのマナーも含めてしっかり説明する必要があります。本実習の心構えについての説明の例を次のページのIPEのコツにまとめました。

"実習の心構え"の説明で学生のやる気を引き出す

　ヒューマンケア体験実習では，実習指導者から「このようにしてみて」とか，「これやってみて」など懇切丁寧な実習誘導などはありません。つまり，「与えてくれる実習」ではなく，皆さんが「自ら求め，行動する実習」であることを認識する必要があります。そして，その「求め，行動する（した）」内容について助言をもらいます。当然，「行動」する場合には，事前に実習指導者に相談する必要があることを忘れてはいけません。

　実習における皆さんの「行動」は，基本的に実習目標に到達するための「行動」でなくてはなりません。実習指導者は皆さんが実習目標に到達するための実習課題を与えてくれるわけではないので，「どのような行動をしたら実習目標に到達できるか」を皆さんが自ら考え，そして実際の行動を起こすことが求められます。ある課題に到達するため，および，ある問題を解決するために「自ら考え，行動を起こすこと」は，保健医療福祉およびその周辺の分野で求められていることであり，これを身に付けることがこの実習の本質的な目標です。

　「単位を取るための実習」という考えでは，本質的な目標に到達することは難しいと思われます。実習施設は，皆さんに「より良い社会人」になってもらいたいとの「好意」で，実習を引き受けてくれている（義務ではない！）ことを忘れてはいけません。実習自体は苦しい場合もありますが，皆さんが「学ぶことが楽しい」「人と接することが楽しい」と思って実習に臨めれば，施設のスタッフや利用者さんも楽しい時間・期間を過ごすことができます。それほど，皆さんの影響力は強いことを認識して実習に臨んでほしいと思います。

②実践現場での実習

　実習では，なるべく多くの支援を必要とする人やスタッフとコミュニケーションをとり，実習目標および学生自身の目標が達成できるよう各自で考えて行動してもらいます。そして，その日の中間時点（基本的に昼）および最後30分程度はリフレクションの時間を確保します。リフレクションでは，教員はファシリテータとして学生グループに関与します。

　実習期間中の1日の体験は必ず記録させ，感覚的に捉えるだけでなく，言語化して明確にさせます。また，記録に残しておくことによって，実習終了後のリフレクションの際の資料として活用できます。表2-4に，体験実習の一日の例を掲げておきます。

③リフレクション・報告会

　実習終了時，時間が1日以上とれる場合には中間時点にリフレクションの時間を確保します。実習時間内にリフレクションの時間がとれない場合には，個人でリフレクションを行い，言語化するための課題を課して，別の機会に学生同士でリフレクションを共有する場（まとめの会）を設ける方法も有効です。リフレクションでは，教員はファシリテータとして学生グループに関与します。

　リフレクションの時間には，チームメンバーが体験したことや感じたこと，学んだこと，疑問

表2-4 ヒューマンケア体験実習—一日の実習の流れ（例）

時　間	内　容
9：00～9：30	施設でのオリエンテーション（施設紹介，注意点，留意点等）（初日のみ）
9：30～10：00	本日の学生各自の目標の提示
10：00～12：00	実習 ・多くの対象者とコミュニケーションをとり，実習目標および学生各自の目標が達成できるよう各自で考えて行動する
12：00～13：00	昼食（グループで一緒に話をしながら食事をとる）
13：00～13：30	リフレクション ・学生各自の目標に到達できそうか？　午前中の実習で見えてきた各自の課題は何か？　目標到達・課題解決のために，午後の実習でどのようなことを試してみるか？　などをグループで共有・情報交換を行う
13：30～15：30	実習 ・リフレクションした内容を活かすように，多くの支援を必要とする人々とコミュニケーションをとり，実習目標および学生各自の目標が達成できるよう各自で考えて行動する
15：30～16：00	リフレクション ・本日の各自の目標の達成程度，午前中の自己課題の解決程度などをグループで話し合う（共有・情報交換） ※翌日も実習があるならば，翌日の各自の実習目標を提示

に思ったことなどについて，チーム内でリフレクションを行い，メンバーの体験や感じたことをチーム内で共有します。その際，体験や感じたことについて，各自が正直に述べることが重要となります。ファシリテータには，これを引き出せるような配慮・誘導が必要になります。

　報告会では，複数チームが集まって実習内容，リフレクション内容を報告しあい，他チームの体験や学びの共有を図ることを目的とします。短い実習期間中に1人の学生が体験・経験できることはごくわずかですが，チーム内でのリフレクション，複数チームの報告を通して，他者の体験や学びを自分のものとできることがあります。また，他者の学びと自分の学びには共通点があり，それを発見することでヒューマンケアの実践における基本的な要素は何であるかを（再）認識することにもつながります。

④レポート課題

　レポートは，学習目的や目標を踏まえて，実習・リフレクション・報告会といったすべての体験を通して自分が学んだことを言語化するために行います。また，学習目標の達成度に関して自己評価してもよいでしょう。自己評価は主観的なものでありますが，自己を客観存在として見つめ直す機会を与えることもできるからです。具体的な課題としては，「体験を通して学んだことを振り返る」「この実習を通して感じたこと，変化したこと」などが挙げられます。実習中に起こったこと，感想を記述するだけでなく，しっかり振り返ることができる課題を設定することができれば，この科目は成功するでしょう。

（3）運　営
①対象学年・期間

基本的に1年次生を対象学年とします（表2-5）。

まだ専門性を身に付けていない早い段階で，健康や生活上の課題を持つ人々や現場の専門職者，そしてチームメンバーとのふれあいやコミュニケーションを通して，人と関わるすべての専門職種に共通するヒューマンケアマインドを実感してもらいます。まだ専門を身に付けていないからこそ，人と人との関わりができます。

表2-5　4大学の開講状況（ヒューマンケア体験実習）

大　学	学　年	授業形態	科目名	期　間
埼玉県立大学	1年生前期	必　修	「ヒューマンケア体験実習」	1日＋報告会
埼玉医科大学	1年生	必　修	「臨床入門実習」の「光の家体験実習」*「小中学校体験実習」「薫風園」**	65分×3コマ×4
城西大学	1年生	必　修	「薬学概論（早期体験実習）」	1日
日本工業大学	1年生	必　修	「ケア空間体験実習」	2日＋報告会

＊光の家療育センター：障害児・者の入所・通所事業施設。
＊＊薫風園：ケアハウス。

実習期間は，複数日とすることが望ましいでしょう。1日目は，学生は緊張も相まって，どのように行動してよいかわからず，戸惑っているうちに1日が終わることが多いようです。複数日あれば，それについて学生チームでリフレクションして翌日の実習に臨むことができます。SAIPEでは，実習期間として2～4日間（オリエンテーション・報告会日を除く）で行っています。多様な現場を体験させたいなど実習期間が長くとれない場合には，3時間程度の実習でも必須の要素が含まれた実習を行うことで目標達成は可能です。

実習時期については，基本的に「ヒューマンケア論」などの授業において，ヒューマンケアについて聞いたり考えたりする機会を持った後で実習を行うほうがよいでしょう。

また，実際的な配慮点として，12月以降は毎年インフルエンザの流行などで，学生が罹患して実習できなかったり，実習施設への来所が制限されてしまったりと，実習ができなくなってしまう場合がありますので，11月までの実施が推奨されます。

②準　備
ア）実習施設への協力依頼

本実習は，高齢者施設，障害児者施設，授産施設，病院，学校など各種施設で実施することが可能です。本実習は，施設側の指導者から専門的知識や技術を教えてもらう実習ではありません。実習施設に共通して配慮してほしい実習内容として，「基本的には，施設利用者や保健医療福祉に携わるスタッフとできる範囲内でコミュニケーションを多く取らせていただき，実践現場に触れる（見る・聞く・触れる・感じる・話す）機会を多く提供していただきたい」ことを依頼します。そして，「その実習の中で学生自身が自ら本実習の目標に到達する努力をする」実習であること

を伝えます。

イ）実習チームの形成方法

　本実習では，基本的に複数の学生がチームとして実習に臨めるよう配慮します。支援を必要とする人々に関わるすべての専門職の"姿勢や態度（心）"の根底は同じであることを認識してもらうため，異なる専門学科の学生混合チームが最良と考えます。しかし，同一の専門学科の学生でチームを構成することも可能です。その際は，本科目の目的や目標を学生にしっかり説明し，決して，専門の視点のみに終始しないことを十分に理解してもらうことが必要です。

学びの質を高めるために

　本実習では，実習施設や関わる人が多様であることから，すべての学生が同じプロセスや体験を通した学びはできないという限界があります。この点を補うために，報告会を行い，他の施設で，あるいは他の支援を必要とする人と関わる実習した学生と実習内容を共有し，振り返り（リフレクション）を行うことで学びの質を高めることができます。

　また，短期間での実習であるため，短期間での学習目標として妥当か否か，プログラム内容として妥当か否かという議論は尽きません。さらに，実習に取り組む学生の姿勢や態度（モチベーション）にも個人差があることも現実として存在します。必修科目となればなおさらです。これに対応するためにも，実習施設側と教育側が学生教育に関して十分に連携をとり，学習目標や学生の学びを共有し，常に実習プログラムを振り返ることが重要です。

実習を受け入れることで施設職員も学んでいます

　実習施設側からの本実習への肯定的意見として，「学生との関わりの中で，自分自身の実践を言語化して表現することで，あらためて日々の活動を客観視することができ，職員のステップアップにもつなげることができる」「学生が訪れることで，利用者に刺激を与え，生活に変化を与えることができ，スタッフ側も仕事内容をヒューマンケアに立ち帰って見つめなおす機会とすることができる」などが聞かれます。忙しいケアの現場で実習を受け入れることには多くの負担が伴いますが，その中でも，将来共に働く後輩の成長を目の当たりにすることや，忙しい環境の中で後回しにしてしまいがちな重要な視点を再認識するなど，双方向性の学びが展開されています。

既存の実習を利用して行うヒューマンケア体験実習

　埼玉医科大学では，従来から1年生，2年生で臨床入門実習として重症心身障害児施設での実習を行っていました。4大学で実習の目的目標を共有することで，現在はこれらの実習を彩の国連携科目ヒューマンケア体験実習，多職種協働実習として位置付けています。

◆1年生　光の家療育センターヒューマンケア体験実習
　13：30～14：00　施設の社会的役割と実習の説明
　14：00～15：00　自己紹介，音楽サークルへの参加，1対1で利用者とコミュニケーション（職員のサポート）
　15：00～16：00　報告会と職員からのフィードバック
　　テーマ：今日担当した利用者さんはどのような人だと感じましたか。
　　　　　　心が通じたのはどのような時でしたか。
　・実習終了後レポート
　　テーマ：光の家実習を通して感じたこと，変化したこと

★学生の振り返り
　いかに普段言葉に頼っていたかがわかった。非言語的コミュニケーションの重要性に気が付いた。一生懸命話しかけたら笑ってくれて嬉しかった。

◆2年生　光の家療育センター多職種協働実習
　事前学習：患者の基本情報を熟読し患者を理解する
　 9：00～ 9：30　オリエンテーション
　 9：30～11：00　患者に関わっている多職種（看護，療育，リハビリ，医師）から情報収集
　11：00～13：00　直接介助　移乗移動，排泄，入浴，水分摂取の見学（一部援助）とコミュニケーション
　14：00～16：00　報告会と職員からのフィードバック
　　テーマ：「私が担当した利用者さんだったらどのようなケアをして欲しいですか」
　・実習終了後レポート
　　テーマ：患者が望むケアを提供するために必要なこと
　・グループディスカッション
　　テーマ：認知症，高齢者，障害者の質の高い暮らしを支えるためのケアとは。光の家実習でもらったもの，実習を通して自分たちはどのように変化したか。

　相手の立場にたつこと，そして，障害のある方だけでなく，将来出会うであろう"患者"として一般化して考えることを期待しています。

★学生の振り返り
　その人の思いを尊重できる場所とはどこなのかを考えることが重要。何もわからないと思っていた人に対して食事介助をすることで，その人が何が好きで何が嫌いかを知ることができた。一生懸命関わることで，達成感，学ぶ意欲をもらった。

3
IPW論

1 これがIPW論だ

　IPW論では，ヒューマンケア論・ヒューマンケア体験実習を通して学んだことを踏まえて，多様な専門職がチームを形成し連携する上で必要な知識および技法の習得をめざします。

　IPWに関連する知識として，専門職連携の意義や定義，他職種の理解などがあります。一方，IPWの方法論としては，チーム形成やグループワークの基礎理論や方法論，リフレクションの定義や方法があります。IPW論ではこの2つをまず座学で学びます。その上で，チーム活動やリフレクションを実際に行い，技法の習得を図ります。さらに，事例検討などを通して専門職連携で対象となるテーマの中でチームの目標を立てることを体験します。

2 必須要素

◎IPWの知識　⇒【第3部 資料編① 解説集，B：IPW／IPE】　　　　　（◎必須，○あるとよい）
　（IPWとは，IPWの意義・背景，IPWに必要なコンピテンシー）
◎他職種の知識　⇒【第3部 資料編① 解説集，D：様々な専門職の理解】
　（IPWに関係する専門職とは，各専門職の特徴）
◎チーム形成の知識　⇒【第3部 資料編① 解説集，E：チーム形成】
　（チームの定義，チーム形成の理論，チーム活動の技法―相互理解，話し合いの方法）
◎チーム活動の実践（グループワーク）　⇒【第4部 資料編② 素材・ワーク集，F：課題の抽出方法，G：ワールド・カフェ】
◎具体的な事例検討
　（チームとして支援を必要とする人・地域の思いに寄り添った目標を設定する）
◎リフレクションの知識　⇒【第3部 資料編① 解説集，F：リフレクション】
◎チームでのリフレクションの実践
○地域基盤型IPWの知識　⇒【第3部 資料編① 解説集，C：地域基盤型IPW】
　※「チーム活動の実践」として「具体的な事例検討」を行ってもよい　⇒【第4部 資料編②　素材・ワーク集，B：話し合いのテーマ，事例】

学生の学び

■他の領域や自己の領域の特徴の気付き，相互理解

・質問されたことによって，自分の職種についてもまだまだ知らないことが多く，もっと学ばなきゃいけないなと感じた。
・正直なところ，他学科に興味がなく，他学科のカリキュラムや活動内容など知る必要もないと感じていたが，今回話を聞いて，自分の学んでいることと結び付けられることが多く，大変参考になった。必要ないと思っていても，必要なことはたくさんあると感じさせられた。
・互いの職種について聞いていくうちに，自分と似たところがあるとそれを言い合ったり，反対に全く知らなかったことがあるとさらに質問したり，とても真剣に対話できた。すごく貴重な時間を過ごすことができた。

■コミュニケーションの本質についての気付き

・興味を持って話を聞くことで，自然と疑問が出てくるということも実感した。次回からも良いディスカッションを行えるように頑張りたい。
・話し合いでは，しっかり最後まで話を聞くことで先入観にとらわれることなく理解できることが実感できた。
・細かい意見の違いを理解することも大切だ。

■チーム活動の意識

・グループワークの経験はあったが，方法を学べてよかった。
・最初は何でルールなんて決めるんだろうと思っていたが，決めて，いざグループワークを始めてみると，ルールを意識しながら話し合いが進められ，スムーズだったような気がする。
・話し合った問題をまとめるときには，カテゴリー別に分けたり，矢印を用いて関連性を示したり，誰が見てもわかりやすいまとめ方をすることが非常に大切だと痛感した。また，話し合いの手順（原因→解決策→結論）をふんで，効率的に進めることが大切だとわかった。
・議題の認識がバラバラだったのかもしれず，話し合う前，途中でも何について話し合っているのか確認する必要があると感じた。
・自分の意見を受け入れてくれる環境，議論できる環境は重要だと思った。
・グループワークは素早くまとまるということも必要だが，一度立ち止まって考え直すことも大切だと感じた。
・批判的な意見は出ずに同意して終わってしまうので，様々な方向から物事を考えることはできていないと感じた。
・チーム連携，多職種連携とは何かを考えながら参加しているが，実践してみないとわからないこともあると思う。今はまだもやもやした部分もある。
・リーダー的な人がいて，話し合いが進んだ。
・リーダー的な人に頼りすぎた。

■チーム活動を振り返ることの大切さの認識

・自分では気が付かなかった部分に対してのリフレクションもあって,今までのチーム活動での話し合いについて考えさせられた。
・チームについてリフレクションすることは働いてからも必要になると感じた。
・チーム全体を俯瞰して見て,より良い話し合いなどを行うにはどうしたらよいかを考えて行動できるように気を付けていきたい。

3 具体的な実践例 —— SAIPEの場合

(1) 目的・目標

IPWの基本的な考え方を学び,多職種と協働するための相互理解,相互尊重の方法を理解し,連携と統合のための能力を身に付けることを目的としています。

具体的には以下の到達目標を基本に,各大学のカリキュラムや実情に合わせて学習目標を設定しています。

1. 保健医療福祉の専門職や生活を支える人々を列挙し,その特徴を述べることができる。
2. チーム形成の理論と方法を述べることができる。
3. 話し合いの基本的な理論と技法を述べることができる。
4. チームのリフレクションの意義と方法を述べることができる。
5. チームメンバー同士の相互理解を深めるために行動することができる。
6. チームの一員としてチーム活動に参加することができる。
7. 支援を必要とする人を尊重したIPWチームの目標を立てることができる。
8. チーム活動の体験を通じて今後の自分の学習課題を列挙することができる。

(2) 具体的な内容

①知識の習得

IPWに関連する知識として,専門職連携の意義や定義,他職種の役割や特徴などがあり,IPWの方法論として,チーム形成やグループワークの基礎理論や方法論,リフレクションの定義や方法があります。これらを講義形式で解説するのが基本です。内容によっては,簡単な話し合いやワークなどを用いて,理解を深めるようにします。他職種の理解に関しては,専門職の方にゲストスピーカーとして講義していただく,実際に現場の様子を見学するなどの手段の他,他の専門をめざす学生同士の情報交換・相互理解を通じて,他の専門職の役割や特徴,考え方などの理解を促進しています。

一例として,IPW論の流れを表2-6に示しておきます。

表 2-6 IPW 論（単学科）の流れ（例） 4人1グループ　時間：180分の場合

学習内容	学習の流れ／指示・すすめ方
チーム活動〔講義〕（15分）	・グループとチームの違い…目標の共有の有無 ・チーム形成のプロセス ・チーム活動において話す・聴くコツ
ワーク1 チーム活動とチーム形成（30分）	＊チェックイン 　テーマ「チーム活動で重要だと思うこと」 　①個人ワーク（3つ書く），②チーム活動（チームで3つ選びポスター作成），③全体共有，④チームで振り返り
リフレクション〔講義〕（15分）	・経験学習（コルブ〔David A. Kolb〕の学習サイクル） ・反省との違い ・チームで振り返る方法
ワーク2 リフレクションをやってみよう（20分）	＊ワーク1について振り返る 　①個人ワーク（ポスターづくりのチーム活動を振り返る），②チーム活動（各自の振り返りを共有），③個人ワーク（振り返りの共有を踏まえて振り返りを深める）
地域基盤型IPW〔講義〕（15分）	・地域基盤型IPE／IPWとは，その必要性 ・これまでの臨床推論との違い ・地域包括ケアシステムにおける位置付け ・地域基盤型IPWコンピテンシー ・地域基盤型IPWの三重構造
ワーク3 IPW関係者の役割，責任，思い（20分）	＊IPWに関係する人々について調べ，整理する 　医師，薬剤師，理学療法士，社会福祉士，家族，本人等について役割や責任，視点，大事にしていること，それを実現するために必要なことをグループで検討する
ヒューマンケアマインド〔講義〕（20分）	・ケアとは何か。ヒューマンケアとは何か ・ケアの双方向性，非対称性，具体性・個別性 ・ナラティブホスピタルの紹介
ワーク4 事例で考える【実践】（30分）	＊事例を各関係者の立場に立って考える 　①個人ワーク：事例について1人ずつ異なる立場の関係者の思いや意見情報を記したワークシートを持ち，見通し，思いなどを考える。②チーム活動：支援のビジョン，退院前の目標，そのための入院中の過ごし方を検討。③全体共有：何チームか発表。④リフレクション：多職種に関する振り返り。ヒューマンケアに関する振り返り。チーム活動に関する振り返り
まとめと評価（15分）	・ルーブリック評価表について自己評価

②方法論の実践

　IPWの方法論として学んだことを実際に活用します。チーム形成やグループワークの方法論の習得に焦点を当て，テーマ設定は，IPWに直接関係しない，学生により身近で現実的に考えられるようなテーマとすることもあります。この実践を行った後には，リフレクションを必ず行います。リフレクションは，個人で行う場合とチームで行う場合がありますが，IPW論ではチームでのリフレクションを一度は体験します。個人のリフレクションとは異なるチームの全体像やチームのプロセス，他の学生の言動の影響などを言語化するようにします。

③事例検討

複数の専門職が関わる事例をもとに,支援の方向性をチームで検討します。この際に注意するのは「多職種の視点から考えること」,および「支援を必要とする人を尊重した目標を立てること」です。

「多職種の視点から考える」ために,複数の専門職が関わり,また結論が1つに決まらないような事例を選びます。また,可能であれば,異なる専門職をめざす学生が混じったチームを作るようにします。単学科でIPW論を行う場合は,複数の専門職の視点を提示する,チームメンバーに異なる情報を渡してロールプレイをしながら検討する等の工夫が必要です。

「支援を必要とする人を尊重した目標を立てる」ためには,①の解説や,ヒューマンケア論の内容を復習しながら,専門職の目標(例:「病棟内での転倒や病状の悪化を防ぐ」)ではなく,支援を必要とする人の思いに寄り添った目標,支援を必要とする人が主語になるような目標を立てることを促します。

学生が将来どこでIPWを行うかをイメージする

SAIPEは地域基盤型IPWまでをイメージしたIPEを行っていますが,IPW論は必ずしも地域基盤型に限定しているわけではありません。病院内での医療安全に関するリスク管理の事例検討することも可能です。リスク管理でもその目標は患者・利用者中心であることに変わりはありません。しかし,その場合には,医師,薬剤師,看護師を中心として臨床検査技師,栄養士,理学療法士などある程度専門職が限定されてしまう可能性があることを念頭に置かなければなりません。その点,退院支援計画の作成など支援を必要とする人が生活するための方法を検討する地域基盤型は,暮らしに関わるすべての専門職に幅を広げることができます。

(3) 運　営

①対象学年・期間

ヒューマンケア論,ヒューマンケア体験実習を経た,専門の教育が始まっている学年で実施しています。埼玉県立大学は学内のすべての学科を横断した科目運営を行っており,授業内で実施するグループワークでは様々な分野を学ぶ学生がチームを組み,学びます。埼玉医科大学や日本工業大学では,単学科の学生を対象に授業を行っています。

埼玉県立大学のように,複数の専門職をめざす学生が履修する場合には,90分×15コマで科目を開講することですべての内容の取り入れた教育が可能です(表2-7)。エッセンスのみを新たにまたは既存科目の中で実施する場合には,90分2コマ～4コマの時間で実施することが可能です。特に,単学科で行う場合には,その職種が将来連携する専門職と接する時間などは別にとり,IPW論では他領域の相互理解の機会を確保し,目標達成をめざします。

表 2-7　4 大学の開講状況（IPW 論）

大　学	学年	授業形態	科目名	期　間
埼玉県立大学	3 年	必修・学科横断	「IPW 論」	90 分×15 コマ
埼玉医科大学	2 年	必修・単学科	「地域医療とチーム医療」（IPW 論） 「行動科学と医療倫理」（ファシリテーション） 「臨床入門実習」（他職種理解）	65 分×3 コマ 65 分×2 コマ
日本工業大学	2 年	選択・単学科	「協働デザインの手法」	100 分×14 コマ

②準　備

基本的には，普段の授業を行う教室で実施することが可能です。ただしその場合でも，グループワークが必須であり，これをどのような形で行うか検討は必要です。机を移動させて島を作ったり，机を移動させずに前列が後ろを向いて 4 人グループを作る方法などがあります。

事前にグループ分けを行い，模造紙やペンなどのグループワークの準備を整えるとスムーズです。教員は 1 人でも可能ですが，学生が多数の場合はグループワークの補助として複数の教員で行っています。

事例検討を行う場合には事例の準備，他職種の方をゲストスピーカーとしてお呼びする場合は事前の連絡とお話しいただく内容の調整を行います。

単学科でチャレンジ　IPW 論

IPW 論を学ぶ際には，多領域の学科の学生が共に学ぶ IPE の形で行うことを想定している場合が多いと思います。しかし，ゲストスピーカーとして現場の専門職のお話を伺ったり，実際現場に出向いて仕事の様子や他職種を知る機会を作ることで，単学科の学生だけでも他職種の理解を深めることが可能です。また，単学科で他職種理解や多職種連携を意図的に学ばせたい場合には，知識として他職種に関して学ぶだけではなく，実際にその職種の立場に立って考える学習ツールが有効です。"ロールプレイで事例検討"や"他職種理解ゲーム「私は誰でしょう」"などを使って，時には楽しくゲーム感覚で，他職種が大切にしている視点を知ることもできます。

このように，対象とする学生に応じた学習ツールや事例をあらかじめ準備することで学びの質を高めることができます。

事例検討は他職種の理解を応用して展開される

　ある程度専門の知識や他職種に関する知識がある場合（学年）では，ただ単に事例検討を行うだけでなく，意図的に他職種の立場で意見交換することで多領域の相互理解を推進します。埼玉医科大学では3年生に"ロールプレイで事例検討"を行っていますが，普段，医師という立場から事例検討を行うことが多い学生たちが，自分が知っている他職種になりきって，患者・利用者を理解するために「看護師としては……」「社会福祉士の立場からは……」等積極的に発言します。

4 IPW演習

1 これがIPW演習だ

　研修室や教室で行えるIPWの模擬演習です。異なる分野の専門職や学生がチームを組み，仮想の人物を対象として，その人が自分らしく暮らすための提案をグループワークで行います。仮想の人物ですが，人物像，抱えている困難，社会環境，日々の暮らしぶり，今後の暮らしへの希望などについて具体的な設定が与えられます。

2 必須要素

(◎必須，○あるとよい)

◆演習前
◎IPW演習の目的や目標を伝える
○事前学習を促す

◆演習中
◎模擬課題や事例（当事者の思いに触れることができるような事例）　⇒【第4部　資料編②　素材・ワーク集，C：話し合いのテーマ・事例】
◎複数の職種・学科の学生の混成チームで活動する（半日以上）
◎支援を必要とする方がより良い生活を送るための支援の方向性等をチームで探求する
○ファシリテーションを行う　⇒【第3部　資料編①　解説集，I：ファシリテーションおよび第4部　資料編②　素材・ワーク集，A：ファシリテータのポイント】

◆演習後
○複数のチームが集まり報告会を行う
◎個人とチームについてリフレクションを体験する　⇒【第3部　資料編①　解説集，F：リフレクション】

> 学生の学び

ⒶIPW演習：緩和医療学

■自己の理解

・他大学の方々，様々な専門職分野を学んでいる人々と1つの症例について話し合うことで，より深く学ばなくてはいけないことがわかった。
・自分のできないところがよくわかった。
・今回のIPWは初めての参加だったが，改めて管理栄養士のできることのせまさや，逆にできること，できる瞬間を感じることができた。

■他領域の理解

・職種によって見るところがかなり異なっていることがわかり面白かった。
・各専門分野によって患者様を見ている視点が違うことを改めて感じた。
・演習を通して，職種間で考え方や問題点が異なりアプローチの仕方も異なっていた。

■支援を必要とする人の理解と患者・利用者中心性

・模擬患者様と会話ができたことにより班員全員での患者様のイメージ，性格などを共有することができたと感じた。
・薬のことだけではなく，患者やその家族の背景についてまで考えることの深さを知った。
・緩和ケアにおいて，患者さんを中心として考えていくのは本当に難しいと思った。
・理学療法，医学，薬学，栄養の色々な方面からアプローチをすることで，患者さんのケアをしっかり行うことができるなと感じた。

■多様性の涵養

・多面的に考える機会となり，良い学びができたと思う。
・他学部との合同演習により，視野が広がり，単一学部生同士とは違った視点で物事を見る重要性を感じた。

■チーム形成とのあり方

・医師の主観的な考えだけでなく，チーム医療の力を合わせて患者さんと接していく必要があると感じた。
・患者の印象は受け取り手によって変化し，その結果医療従事者が考える最良な支援が変化するということを知ることができた。
・違いがあっても患者のためであれば意見はまとまると感じた。

Ⓑ IPW演習：リハビリテーションと生活空間デザイン

■**他領域の相互理解**

・医療系の学生だけだったら，部屋の大きさを具体的な数値で捉えることはできなかった。
・医療の専門職が自分でできる必要はなく，他の専門職に頼ったり，力を借りることができるようになることが必要と感じた。
・医療福祉系の学生は建築系学生と比べて物事の捉え方と提案が非常に現実的だった。ただし，マニュアル的とも捉えられ，支援を必要とする人の気持ちに即した豊かな生活の提案になるか疑問に思った。
・建築系の学生にADL（日常生活動作）やICF（国際生活機能分類）について説明が必要だったり，「8m」のことを「8,000」と言われて何を示しているのかわからないという経験をした。

■**自己の理解**

・医療系の学生として大学内で行ってきた事例検討では，活用する社会資源が，授業で学習した制度やサービスなどのフォーマルなものに限定されていた。
・建築系は理想を語り，実現のために提案し続けるのが長所だ。

■**対象の理解と患者・利用者中心性**

・住戸内や周辺の環境に着目すると陽光，階段の幅，近隣住民，公園や学校，お店など，「すでにあるもの」を活用することでその人らしい生活を送るための支援はできるということを学んだ。
・現実性がないと共感を得られないので，相手や状況に見合った提案が必要だと学んだ。

3 具体的な実践例──SAIPEの場合

　SAIPEでは緩和ケアをテーマとしたIPW演習（緩和医療学）と，リハビリテーションと生活空間をテーマとしたIPW演習（リハビリテーションと生活空間デザイン）の2つのプログラムを考案し，実施してきました。

Ⓐ IPW演習：緩和医療学

　講義や机上の演習では伝わりにくい「支援を必要とする人の思い」や「いのちの重さ」について，緩和ケアを対象にした症例から学ぶ演習です。特に模擬患者（SP）を導入することで，患者本人が発する言葉やその様子から，その思いや希望，さらには身体の状態（病状）までもが伝わります。この演習のポイントは，がん患者（模擬患者）と直接話をし，「患者支援計画の立案」を通して，いかに患者の思いや希望に配慮した支援計画を作成できるか，特にその議論のプロセスを重要視しています。さらにその議論を通じて「チーム形成」のプロセスやチームメンバーと

の相互理解を体感してもらうことをめざしています。

（1）目的・目標
①目　的
　緩和ケアの模擬症例を通じて，チーム形成，グループワークおよびチームマネジメントの方法を体験的に学ぶことを目的としています。
　さらにその模擬症例を特徴のある複数の症例にし，様々なシチュエーションで，それぞれの支援を必要とする人の思いに寄り添うことの重要性を学ぶことをめざしています。もちろん，いずれの症例においてもチーム形成や多職種の相互理解，支援を必要とする人・集団・地域の理解と課題解決の検討について，実践的に学ぶことができます。

②目　標
1．支援を必要とする人・集団・地域の理解と課題解決のプロセスを体験する
2．他領域の相互理解のプロセスを体験する
3．チーム形成のプロセスを体験する
4．体験を振り返り，意味付け，自分の課題を見出す

（2）具体的な内容
①オリエンテーション
　学生，ファシリテータ，模擬患者（SP）など関係者全員に対して，進行の説明や部屋の配置，チームディスカッションの注意点などについて説明します。その後，チームごとに教室を移動します（表2-8）。

表2-8　IPW演習（緩和医療）の流れ（例）

学習内容・時間	進　行	留意点
オリエンテーション（20分）	演習の目的や進め方の説明 ①課題症例を配付 ②グループワークの進め方 ③発表について	・全体に対して説明 ・事前自己評価の入力確認 ・終了後，グループごとに各部屋に移動
アイスブレイク（20分）	①自己紹介を兼ねたアイスブレイク ②役割分担（司会，書記，発表を決める）	・チームに分かれて行う ・ファシリテータが主導する
グループワーク（120分）	・問題点の抽出 ・患者インタビュー ・患者の支援計画を立案 ・発表用模造紙の制作	・模擬患者（SP）への質問はグループごとに予約表に書き込み順番に行う（10分程度） ・休憩は適宜，チームごとに取る
発表会（60分）	・「検討した支援計画」および「チーム形成」について発表する ・1チーム10分（質疑応答含む） ・総括	・5～6チームずつに分かれる。 ・教員が進行
リフレクション（10分）		・事後自己評価入力

②アイスブレイク

この演習で行う最初のチーム活動です。アイスブレイクはチームの雰囲気を作り出すために非常に重要な作業です。ここで盛り上がれば，次のグループワークにもスムーズに導入できます。もし，遠慮している学生や気持ちが前に向かない学生がいた場合は，ファシリテータがアイスブレイクに加わるなど，少し介入するとよいでしょう。 ⇒【第4部 資料編② 素材・ワーク集，D：アイスブレイク】

③グループワーク

グループワークの課題は，「患者支援計画の立案とチーム形成」です。学生たちは，あらかじめ示された自分の担当症例について，それぞれの専門の視点で予習をしていますので，多くのチームが，まずは各専門から見た問題点の抽出を行います。

しかし，ここで気を付けなければならないのは，支援計画を立案することを重要視しすぎないことです。支援計画の立案ありきになってしまうと，それぞれの専門分野からの解決策を持ち寄るだけになり，結果として"その支援計画の中心には患者がいない"ということになりかねません。いわゆる持ち寄り型のチーム医療です（臨床現場で時々見受けられます）。チームの成熟度が高くない場合，「お互いの専門分野には口出ししない」「それぞれの専門領域は"お任せ"」になることがあります。これでは，患者のためのチーム医療ではなく，専門職種のためのチーム医療になってしまいます。本演習では，そうならないために「患者の生活に対する支援」「患者の思いに寄り添う対応」に重点を置いた支援計画を作成するよう説明しています。そのためには，まず"患者の思いや希望"を明らかにし，それをチームメンバーでしっかりと共有する必要があります。

時にファシリテータの助言もあり，学生たちは「患者さんの話を聴こう」となります。その際，患者インタビューの時間は約10分と限られていますので，各チームともまず何を中心に聞くかを議論することになります。ベッドサイドでチームメンバー全員が患者を取り囲むことになると，患者に威圧感や負担を与えることになるため，質問の内容を把握したメンバー，あるいはその内容の専門と思われるメンバーを2，3人ずつ選んで患者のインタビューを行います。もちろん，インタビュアーの人選方法やインタビューの内容については，チーム内のディスカッションに任せます。次に，インタビューで"患者の気持ち"を引き出すことができたら，再度，問題点の抽出あるいは整理に取り掛かります。

チームディスカッションでは"患者の思いや希望"を大切にしながら，支援計画を立てていきます。この時，チームメンバー間で"いい関係"が築かれていると，専門，非専門にこだわることなく患者第一に意見をぶつけ合うことができるようになります（まだ自分の専門が確立していない同世代の若者同士だからできることかもしれません）。この意見のぶつかり合いが，チーム形成の大きな起点になります。そして，ディスカッションを繰り返しながら支援計画を作っていきます。ここで大切なのは，時間内に支援計画を完成させることにこだわりすぎないことです。たとえ，支援計画が完成しなくても，そこにどのような議論があったのか，あるいはなぜそのような結論

写真 2-1　IPE 演習（緩和医療）の実施風景

（左上）ベッドサイドでの患者インタビュー。
（右上）チームディスカッションの様子。
（下）チームで支援計画を作成する。

に達したのかなど，ディスカッションのプロセスが重要であり，それこそがチーム形成のプロセスを学ぶことになるのです。

④発表会

その後，発表に向けてプロダクトを完成させます。発表用の模造紙には，チーム番号（チーム名をつけていることもあります），チームメンバーの氏名，症例，支援計画，中心となった議論のポイントなどについて，チームごとに個性豊かに表現します。

発表はすべての症例について聴くことができるようあらかじめ決められた部屋に移動し，質疑応答を含め10分間で行います。この時，模擬患者（SP）の方々にも部屋を自由に移動してもらい，学生たちの発表を聴いていただきます。

⑤自己評価・リフレクション

発表終了後は自己評価（事後）やチームごとにリフレクションを行います。リフレクションでは，「こんな発言ができた」や，「なぜ，あの時言えなかったんだろう」など，自身のリフレクションと「彼の発言をキッカケにその後のディスカッションが活発になった」などのチームのリフレクションを分けて行います。最後に個々のリフレクションの内容をチーム内で共有するとよいでしょう。

(3) 運　営

本演習は城西大学薬学部の科目「緩和医療学」の枠組みに，他の大学がそれぞれの大学の授業科目の一環として参加する共同開講の形で実施しています。この4大学の学生が参加する IPW 演習は，城西大学においては上記科目を履修していなくても希望すれば演習に参加することができるようにしています。

①対象学年・期間

科目としての「緩和医療学」は，もともと薬学部3学科の学生（薬学科・薬剤師養成課程6年制，薬科学科・薬科学技術者養成課程4年制，医療栄養学科・管理栄養士養成課程4年制）が履修可能であり，薬学科，薬科学科および医療栄養学科は，それぞれ4～6年生，4年生および3年生の科目としています。ただし，別途希望する学生はその限りではありません。埼玉県立大学は理学療法学科の3年生の科目「地域理学療法学演習（必修）」の一部とし，埼玉医科大学も3年生の必修科目「地域医療とチーム医療」に位置付けています。

演習当日は，午後，13時30分から17時5分までの2コマ分（90分×2）+αの時間を使い，演習と発表を実施しています。

②準　備

ア）グループ分けと事例提示

演習では，原則1チームを6～7名の4大学の混成チームとして，全15チーム程度に各事例を割り振ります。事例の提示は，城西大学の e-learning システムである WebClass にその情報（患者の氏名〔仮名〕，疾患名〔がん種〕，現病歴，主訴，治療歴，処方歴など）を掲載し，演習前に4大学の参加学生が自由に閲覧できる環境を整えます。学生は個々に担当する患者の情報を整理し，各専門の視点から治療法や ADL，使用薬剤の特徴について，学習できるようにしています。また，自己評価（事前）は WebClass であらかじめ入力しておくよう指示します。

イ）環境整備

全チームが参加可能な大小の演習室を準備し，1チーム6～7名でディスカッションができるようにテーブルを配置しています。各テーブルにはディスカッションを円滑に進めるために模造紙，付箋，マジック，ホワイトボードを準備しておきます。また，各チームには，教員をファシリテータとして配置し，模擬患者（SP）へのインタビューの管理や時間配分の調整などを促し，チームのディスカッションを見守ります。全体の時間管理や進行については，本演習をコーディネートしている教員（「緩和医療学」科目責任者）が担当します。

ウ）事例・模擬患者

この演習の成否を分けるといっても過言ではないのが模擬患者の存在です。城西大学では，以前より薬剤師養成課程で実施している薬学共用試験の OSCE（オスキー）（Objective Structured Clinical Examination：客観的臨床能力試験）の患者役として模擬患者を養成しており，その模擬患者の中から本演習用の研修を受けた方々に IPW 演習の模擬患者として参加いただいています。IPW 演習の模擬患者には，事前に学生にも提示する事例の概要に加え，患者の思いについても情報を提

供します。さらに必要に応じて，事例の中には含まれない細かな設定（自宅の間取りなど）を模擬患者自身が考え，設定することもあります。事前の作り込みによって，それぞれの事例のリアリティがより高まります。

演習当日は模擬患者の部屋を設け，ベッドや毛布，点滴等をセットし，パーティション等で区切り，簡易な病室を準備しています。模擬患者には，パジャマや病衣を着ていただき，心身ともにその症例の患者になりきってもらいます。さらに，学生たちが患者の希望や身体の状態を把握するために，チームディスカッションの時間帯に模擬患者へのインタビューを実施していますが，インタビューの機会を公平にとれるよう，1回のインタビューを原則10分程度として，予約表を作成し管理します。

エ）発表会の準備

発表は質疑応答を含み各チームとも10分程度として，複数の部屋（3部屋程度）に分かれて行います。発表のチーム分けは，自分のチームの症例と異なる症例を担当したチームの発表を聴くことができるように配慮して行います。また各部屋の進行と講評を担当する教員をあらかじめ決めておきます。

学びの質を高めるために

・ファシリテータの介入

ファシリテータの関わり方によって，各チームの学びが変わります。演習前にファシリテータの介入の仕方や介入のポイントになる学生の言動など，ファシリテータ間で情報の共有をしておくとよいでしょう。

・模擬患者のリアリティ

「えっ，本当の患者さんじゃないの？」演習が終わった後に学生から聞こえてきた言葉です。まさに本当のがん患者だと思ってグループワークに挑んでいたことになります。学生がこの演習に真剣に取り組むかどうかについては，模擬患者がいかに患者役に徹するかが，大きな役割を果たしています。

B IPW演習：リハビリテーションと生活空間デザイン

リハビリテーションと生活空間をテーマとし，住居者のより良い生活の構築をめざして，支援を提案する演習です。提案内容に，①住居内の環境整備と周辺施設活用など生活環境に関すること，②リハビリテーションの視点を含む社会的支援に関することを含むこととしているのが特徴です。

（1）目的・目標

住居者のより良い生活の構築をめざしたチーム活動における議論や提案をまとめる過程で，チ

表 2-9　IPW 演習（リハビリテーションと生活空間デザイン）の流れ（例）　時間：4 コマ分

学習内容・時間	進　行	留意点
オリエンテーション（15分）	実習の意義・進め方の説明 アイスブレイク	・全体で行う
自己評価（事前）記入（10分）		
グループワーク（275分）	・資料の読み込み ・より良い生活の構築に向けた議論 ・提案 ①住戸内の環境整備と周辺施設活用による生活環境の提案 ②リハビリテーションの視点を含んだ社会的支援方法	・チームごとに，適宜，休憩および昼食をとる
発表会（40分）	・「提案内容」および「グループワークを通じた学び」について発表する。 ・1チーム10分（5分発表，5分質疑応答） ・総括	・ファシリテータは学生間の闊達な意見交換を促す
リフレクション（30分）	①個人でリフレクション ②その内容を共有しつつ意見交換	・グループでリフレクションを行う ・時間があれば全体で共有
自己評価（事後）記入（10分）		

ーム形成，グループワークおよびチームマネジメントの方法を体験的に学ぶことを目的としています。

具体的な目標は，次のとおりです。

1．支援を必要とする人・集団・地域の理解と課題解決のプロセスを体験する
2．他領域の相互理解のプロセスを体験する
3．チーム形成のプロセスを体験する
4．この体験を振り返り，意味づけ，自分の課題を見出す

（2）具体的な内容

各チームは提示された住居者を対象として，その人らしいより良い暮らしを支え，生活を豊かにするための支援内容を提案する課題に取り組みます。支援内容には，①住戸内の環境整備と周辺施設活用による生活環境の提案，②リハビリテーションの視点を含んだ社会的支援方法を含むこととしています（表 2-9）。

①オリエンテーション

オリエンテーションでは，実習の意義・進め方の説明，アイスブレイクを行います。チーム形成を促進する上で，アイスブレイクは重要です。⇒【第4部　資料編②　素材・ワーク集，D：アイスブレイク】

写真2-2 IPE演習（リハビリテーションと生活空間デザイン）の実施風景

（左上）グループワークで資料を読み込む。
（右上）実際に空間シミュレーションし，検討を深める。
（下）生活環境の提案や社会的支援方法について発表する。

②グループワーク

グループワークは，各チームが資料の読み込みから，より良い生活の構築に向けた議論と提案までを，それぞれのペースで進めます。

支援を必要とする人の人物像，生活の状況，社会環境，住環境などについて把握したことを付箋に記しつつ，模造紙にまとめていくのが一般的です。住まいの平面図にも理解したことや注意点，寸法などが書き込まれます。その上で，住環境の整備，制度やサービスの活用，日々の生活のあり方などを含む支援内容を提案します。地域資源について詳細な情報提供はできないため，支援を必要とする人が抱える様々な課題に対して，個別に対応策を検討するのではなく，まずはチームメンバー全員が，人物像や生活の現状の理解と目標とする生活像を共有することが必要です。

ファシリテータはこの点について，必要に応じて介入を行います。時間内に整った提案をさせることが重要なのではなく，「その人らしいより良い暮らしとは何か？」ということについて議論を深めることが大事なポイントです。その過程でチームメンバーが互いの専門性への理解を深めたり，互いの力を引き出し合うための方法について模索するように支援を行います。

③発表会

発表会では各チームが，①「提案内容」，②「グループワークを通じた学び」の2項目について発表を行います。各チームの発表の後には質疑応答の時間を設けます。発表5分，質疑応答5

分を目安としています。

　質疑応答も，重要な学びの時間であり，ファシリテータは学生間の闊達な意見交換を促します。教員が質問や意見をする場合，情報理解の正確さや提案の妥当性に指摘が偏らないように注意する必要があります。チームとして「その人らしいより良い暮らし」をどのように捉えたか，チーム形成をどのように進めたか，グループワークおよびチームマネジメントのために，チームメンバーやチーム全体が何を心がけ，行動したかについて，発表で明らかにされなかった場合には，質疑応答で確認することが有益です。

　④リフレクション

　リフレクションもグループワークとして行います。チームメンバーが個人でリフレクションを行った後，その内容を共有しつつ意見交換を行うことで，チームのリフレクションを行うのが一般的です。

　時間があれば，各チームのリフレクションの内容を，全体で共有します。

（3）運　　営

　①対象学年・期間

　リハビリテーションと生活空間をテーマとしており，埼玉県立大学保健福祉学部の理学療法学科・社会福祉こども学科，日本工業大学建築学部建築学科生活環境デザインコースの学生が参加する共同開講の形で実施してきました。IPW実習を実施する前に取り組む，模擬演習と位置付けており，2～3年生を主な対象としています。学科混成の3～4名がチームを組んでグループワークを行います。

　大学の授業4コマ分の時間を使い，1日で実施しています。

　②準　　備

　ア）環境整備

　テーブルと椅子が並ぶ大学の演習室で行っています。演習中，議論の形態や作業に応じて，学生たちがテーブルや椅子のレイアウトを自由に変更できる環境が望ましいです。数名の教員がファシリテータを務め，そのうち1名が全体の進行を行います。

　グループワークにおいて意見を抽出したり，まとめる上で活用できる資材として，付箋，マーカー，模造紙などを用意します。学校で使っているテキストなど，テーマに関連した参考書は必要に応じて持参させます。

　イ）資料の準備

　支援を必要とする人および居住環境に関する資料の作成が重要です。現実感を与えるためにモデルとなってくださる方への取材に基づき，資料を作成しています。1つは支援を必要とする人の人物像を示す記述資料で，これまでの人生，抱えている困難，社会的環境，日々の生活の様子，生活上の望みなどを記します。その他に，住まいの平面図（1/20スケール）や立体図，各室室内の写真，居住地の周辺にある学校・公共施設，商業施設，医療・福祉施設などの位置を示した近

隣地図などを用意します。

　取材に基づき資料を作成する場合，モデルとなってくださる方のプライバシーに配慮し，取材した内容は参考とするに留めます。個人やお住まいの場所が特定されないよう匿名化や改変が必要です。

学びの質を高めるために

　家族関係や療養環境をイメージしながら暮らしの場を設計するという意味で，建築分野の視点・知識・技術が活かされる演習です。建築系の学生や専門職がIPW・IPEの取り組みに関わることは重要であり，そのきっかけを与えるプログラムとしても期待できます。
　SAIPEでは午前・午後を通じた1日の演習として実施していますが，より短時間のプログラムとしても一定の成果が得られると思われます。

住まいを考えることを通して視野が広がる

・演習に取り組む学生は，室内の写真からも人物像や生活の様子を読み取ります。生活の基盤である住まいは，整備の対象であると同時に，住人とその暮らしを投影したものであると気付かされます。
・文字で記された対象者の身体状況を，理学療法学科の学生が自分の体を使ってデモンストレーションする様子や，生活環境デザインコースの学生が，図面に示された寸法の実長をメジャーで示しながら，空間のシミュレーションをする姿がみられました。テーマを絞り，構成メンバーの分野・人数が限定されている分，丁寧に情報と理解の共有が行われているように見受けられました。
・社会福祉こども学科の学生が，支援を必要とする人のみならず，家族の思いや生活について意見を述べたり，地域の様々な資源の活用について提案を行い，視野の拡張を促す場面がみられました。

5

IPW 実習

1 これが IPW 実習だ

　IPW 実習では，学生は互いに異なる分野を学ぶ 5 ～ 6 名でチームを組み，保健医療福祉の実践現場を実習場所として，支援を必要とする人およびその家族や，その人と関わる様々な立場の人々へのインタビューとディスカッションを通して，支援を必要とする人が（地域で）より良い生活を送るための提案をする課題に取り組みます。

2 必須要素

（◎必須，○あるとよい）

◆実習前
◎ IPW 実習の目的や目標を伝える
○チーム形成を促す　⇒【第 3 部　資料編① 解説集，E：チーム形成】
◎事前学習を促す

◆実習中
◎複数の職種・学科の学生の混成チームで活動する
◎支援を必要とする人がより良い生活を送るための支援の方向性等をチームで探求する
◎支援を必要とする人やその家族へのインタビュー
◎支援を必要とする人と関わる様々な立場の人々（多職種など）へのインタビュー
○ファシリテーションを行う　⇒【第 3 部　資料編① 解説集，I：ファシリテーション，および第 4 部　資料編② 素材・ワーク集，A：ファシリテータのポイント】
◎リフレクションを行う　⇒【第 3 部　資料編① 解説集，F：リフレクション】
◎施設との協力体制

◆実習後
◎複数のチームが集まり報告会を行う
○報告会に地域の人々が参加する

学生の学び

■他領域の相互理解

・なぜ違いが生まれるのか，何が自分と違うのか。それを理解するためにも，相手の職種の理解だけでなくその人自身のことについて理解することが必要だ。
・何を専門に学んでいても，ベースに持っているべきヒューマンケアマインドは同じだと感じた。その観点からすると，専門職連携の「専門職」はとってしまってもよいのではないかと思った。
・選んだ道は違うけれど，どれも人と関わる仕事であることは共通だと感じた。

■支援を必要とする人の理解

・まだまだ患者との距離があると感じた。患者と直接接する時間が限られている分，人一倍患者のことを考えて，どうしたら患者，他職種と密な関係を築いていけるか。
・今回は看護学科や社会福祉学科の学生が一緒に話を聞いていたので，普段の生活やこれからの希望など多くの情報を聞くことができた。これにより対象者のことをよりイメージしやすくなった。
・入院中だけでなく退院後の生活まで考えて患者さんの診療にあたることが重要である。
・患者さんもご家族もチームメンバーである。
・患者さんに，何かしてあげるのではなく，たくさんの選択肢を提案することが，本当に患者さんのためだということがわかった。

■コミュニケーション

・IPW演習を通して得た，自分と他者の考えの違いを理解する…（中略）…自分の考えを伝えることの難しさを痛感した。
・チームのメンバーが丁寧に説明してくれたので，話し合いに参加することができた。
・建築デザイン専門の方もチームにいたので言葉使い（専門用語）も気を付けなくてはならなかった。これは私が将来就職した際にも必要なことなので良い機会になった。

■チーム形成（対立・葛藤）

・経験したことのないほどの意見衝突だったため，大変驚いたと同時に，これが多職種連携の始まりだなと実感させられた。これ以降，発言しにくい内容でもしっかり受け止めてもらえるという安心感が皆に生まれ，さらに活発な議論をすることにつながった。
・もっと対立してよいのではないかということを訴えた。
・看護や薬学の学生は，利用者さんにはこういう生活を送ってもらいたいというゴールを決めて，そのために何が必要かを考えるのに対して，建築家をめざす学生は，利用者さんの病状や性格など根底にあるものから様々な可能性を考えていくというやり方で，ゴールは1つに決めないという考え方だった。
・チーム医療は目的ではなく，手段にすぎない。

第2部 教育プログラム

■生活者の視点を重視
・自分の専門性を出すというのはあまり重視していなかったこともあり，結果的にはグループの雰囲気づくりや素人目線の疑問などを重視し考えていくことができたので良かった。
・自分は木造築100年住宅に独居で住んでいるという環境の問題（「大きな段差の改善」「手すりの配置」「足元を照らす照明」「家具の配置」）を主に抽出した。
・在宅医療を本当に実現しようと思うと，当初自分が考えていたよりもはるかに幅広い分野の方々と協力することが不可欠であり，多方面に目を向けて支援していく必要があることを実感した。
・建築を学ぶ学生が，玄関前は細道だけど意外と交通量が多いから外出しにくい，近くに公園が少ないから散歩に出かけても休憩する場所があまりないと話しており，なるほどと思うことばかりであった。

3　具体的な実践例──SAIPEの場合

（1）目的・目標

支援を必要とする人および家族や保健医療福祉関係者，チームメンバーなどと，実践の場において連携と協働を体験的に学ぶことによって，患者・利用者中心の統合されたケアを創造するために，専門職連携の実践方法を身に付けることを目的としています。

具体的には以下の到達目標を設定しています。
1．支援を必要とする人・集団・地域の理解と課題解決の実践方法を身に付ける。
2．チームメンバーの専門性と多様性を相互理解する態度を身に付ける。
3．チーム形成と協働の実践方法を身に付ける。
4．体験を振り返り，意味付け，自分の課題を見出すためのリフレクションができる。

（2）具体的な内容

IPW実習は，大学間連携による共同開講科目です。4つの大学の学生が同じ1つのIPW実習に参加し，大学・学科混成の5〜6人のチームに分かれて県内の医療／介護／福祉施設に出向き，支援を必要とする人の思いに寄り添った支援を考える実習です。具体的には，実習前の2回のオリエンテーション，各施設に分かれて行うチーム活動，5〜6チームごとに集まって行われる報告会から成り立っています。SAIPEでは，施設でのチーム活動は3日間行い，その翌日（実習4日目）の午後に報告会を行う形をとっています。報告会の前日の3日目の午後や，4日目の午前に施設内で報告会を開催する施設もあります。表2-10に一例を挙げておきます。

①オリエンテーション

施設でのIPW実習は短期に集中するので，チームづくりや事前学習を行うために，事前オリエンテーションを2回行っています（オリエンテーションⅠは実習開始約2週間前，オリエンテーシ

表 2-10 IPW 実習の流れ（例）

月	日	時間	場所	内容
4	初旬	90分	講義室など	ガイダンス
8	初旬	190分	講義室など	オリエンテーションⅠ （知り合う　伝え合う） チームごとに地域・施設理解，事前学習 （WebClass の活用）
	中旬	160分	講義室など	オリエンテーションⅡ （つながる）
	下旬 1～3日目	9：00～16：00	各施設など	チームごとの活動
	4日目	9：00～12：00	報告会会場	報告会準備 （チームごとの活動）
		午後	報告会会場	報告会
9	中旬	17：00まで	WebClass 上	レポート提出

ョンⅡは実習開始3日前）。

　オリエンテーションⅠでは，IPW 実習の目的・目標，4日間のスケジュールと実際の進め方について確認し，チームごとのオリエンテーションを行います。アイスブレイクをしつつ，自己紹介，チームのルールづくり，実習施設や実習課題に関する情報提供を行います。⇒【第4部資料編② 素材・ワーク集，D：アイスブレイク】

　オリエンテーションⅡでは，IPW 実習の目的・目標を再確認し，アイスブレイクを活用してチームメンバー間との交流をさらに深め，各自が調べてきた地域や施設・支援を必要とする人に関する情報の共有，行動計画の立案，自分の目標設定などを行います。さらに実習までの間，ウェブ上にあるチームごとの掲示板で情報を共有します。

② IPW 実習中

　実習1日目の午前中に，事前に立案した行動計画について検討し，施設見学やオリエンテーション，支援を必要とする人や家族へのインタビュー，関係職員へのインタビューや関係機関への訪問の調整を行います。

　支援を必要とする人・家族へのインタビューでは，"その人の暮らしに関心を持って"情報収集を行います。収集する内容は，生活歴（発病前の生活，発病後の生活），趣味・職歴，支援を必要とする人を取り巻く人々との関係や思いなどです。収集した情報から，その人の暮らし（人柄，現在およびこれまでの生活の困難さや強み，予後，本人の思いや願い，家族や関わる人の思いや願い）の理解に努め，"その人の思いを尊重した今後の暮らしについて"チームで議論を進めます。

　多職種へのインタビュー（⇒【第3部 資料編① 解説集，D：様々な専門職の理解】）や診療録などの文書からの情報収集では，専門分野ごとに分担することもあります。その際，集めた情報をチーム全員で共有し，お互いが理解できているかを確認しあうことがとても重要です。

　インタビューなどで得られた情報から，支援を必要とする人の思い，課題，強みなどの理解に

表2-11 IPW実習4日間の流れ

日　時		内　容
1日目	AM	○各施設に集合 ○施設ファシリテータ紹介 ○オリエンテーション（施設の見学，地域探索など） ○行動計画を施設ファシリテータと共に検討
1日目	PM	○インタビュー・見学・カンファレンスへの参加　等 ○ディスカッション　　○リフレクション
2日目	AM・PM	○行動計画の修正 ○インタビュー・見学・カンファレンスへの参加　等 ○個人学習 ○ディスカッション　　○リフレクション
3日目	AM・PM	行動計画の修正 ○インタビュー・見学・カンファレンスへの参加　等 ○個人学習 ○ディスカッション　　○リフレクション
4日目	AM	○報告会会場に集合 ○報告内容のまとめと報告の準備・練習
4日目	PM	○報告会 ○リフレクション

努めます。議論の際にはホワイトボードや付箋，模造紙などを活用し（⇒【第4部 資料編② 素材・ワーク集，E：見える化】），課題抽出についてはICF（⇒【第4部 資料編② 素材・ワーク集，F：課題の抽出方法】）などを活用します。ここで重要なことは，単に医療や介護の面から支援について考えるのではなく，"その人の思いを尊重したより良い生活"について"チーム全体としての方向性"を決めるために，自分の意見の根拠を持って合意をめざして議論することです。その過程でチーム内での葛藤を乗り越え，チームが形成されます。

　実習期間中，毎日1回，できるだけその日の実習の最後に，リフレクション（⇒【第3部 資料編① 解説集，F：リフレクション】）の時間を持ちます。また，気になることが生じたら必要に応じてリフレクションを提案し，随時行います。リフレクションを行うに当たっては，自由な雰囲気づくりに努め，必ずすべてのチームメンバーが発言できるようにします。必要に応じて相互に質問やコメントを出しあい，翌日ないしは今後の学習や行動の糧になるような時間を創造します。

　また，話した内容を踏まえて各自の理解を深め，個人のリフレクションの内容およびチームのリフレクションの内容について，毎日リフレクションシートに記述します。このリフレクションシートは，翌朝，教員ファシリテータと施設ファシリテータが確認し，コメントします。4日間の実習の流れを表2-11にまとめました。

③報　告　会

　4日間の実習では，グループごとに「支援を必要とする人・集団・地域の理解と課題解決の検討」を実施しますが，それと同時に，それぞれのグループが「チーム形成」を体験することとな

ります。そこで,「支援を必要とする人・集団・地域の理解と課題解決の検討のプロセス」と「チーム形成のプロセスと相互理解」について,プレゼンテーションの方法を駆使してわかりやすくポイントを絞って報告し（模造紙やパワーポイント,配布資料などを活用）,学生間の意見交換,ファシリテータからのコメント,全体での討議を行い,学びを共有します。

（3）運　　営
①対象学年・期間

各専門分野の臨地実習を終えた最終学年を前提としていますが,各大学のカリキュラムや実情に合わせて実施しています。埼玉県立大学保健福祉学部（看護学科,理学療法学科,作業療法学科,社会福祉こども学科〔社会福祉学専攻,福祉こども学専攻〕,健康開発学科〔健康行動科学専攻,検査技術科学専攻,口腔保健科学専攻〕）は4年生で必修,その他の3大学では,埼玉医科大学医学部医学科は3〜6年生,城西大学薬学部（薬学科,薬科学科,医療栄養学科）は3〜4年生,日本工業大学建築学部建築学科3〜4年生の希望者が参加しています。

実習にかかる期間は,事前オリエンテーションが2回,現地での実習が3日間,4日目に報告会の計6日間です。

②準　　備

埼玉県内にある病院,診療所,特別養護老人ホーム,介護老人保健施設,障害者支援施設,薬局など様々な施設で行っています。各チームに教員ファシリテータと施設ファシリテータがつき,学生の実習を支援します。実際の支援を必要とする人の中から実習への協力を依頼します。その実習協力者には,多職種が連携して関わっている方,直接インタビューが可能な方を選んでいます。実習協力者は,重度の障害を持つ方,糖尿病で合併症のある方,末期がんの方,認知症で誤嚥性肺炎の危険性のある方,脳梗塞の後遺症で麻痺がある方など様々です。また,オリエンテーション時から,学生間のチーム形成や学生・教員・施設ファシリテータ間の情報共有のために,インターネットを介した情報交換ツール（e-learningシステム）を活用しています。

学びの質を高めるための下準備

◆ IPW実習を始めるために必要な下準備①

　IPW実習を始める前には，下記の準備をしておくと学びの質，連携の質向上が期待されます。

　　　　　　　　　　　　　　　　　　　　　　　　　　　…（◎必須，○あるとよい）

◎教員・施設ファシリテータの養成

◎書類の書式作成（協定書，契約書，個人情報に関する書類など）

　⇒ SAIPEのIPW実習で使用している書類の様式の一部は，SAIPEのホームページ（https://www.saipe.jp/）よりPDFファイルで閲覧，ダウンロードすることができます。その他の資料について知りたい方は，附録②（211ページ）に記載されている連絡先までお問い合わせ下さい（E-mail：saipebook@gmail.com）。

○書類等を作成する事務担当者

○情報交換ツール（e-learningシステムなど）の整備

◆ IPW実習を始めるために必要な下準備②

　──SAIPEにおける情報交換ツール（e-learning）活用の実際──

　SAIPEのIPW実習では，e-learningシステムの「会議室」（掲示板）の機能を，下記のような様々な場面で活用しています。

　・実習協力者情報のやりとり

　・事前学習（チーム形成，地域理解など）

　・教員ファシリテータ，学生，施設ファシリテータとの相互連絡，情報交換，討論の補助

　・参考資料や報告会用データのやりとり

　・レポート提出

　・事前事後評価やアンケート

　⇒ SNS（Twitter，LINE，FaceBookなど）での情報の授受は，情報の漏洩を防ぐために使用を禁止しています。

建築分野の学生が参加するメリット

IPW実習に日本工業大学の学生が参加することにより，保健医療福祉の専門職だけの場合と比較して，対象となる方の"住まい"を基盤とした生活の全体像への視点や，専門性にとらわれない一般（地域住民）の視点からの議論展開が多くみられるようになりました。建築系の学生が専門性を発揮することで，医療福祉における物理的・空間的環境の重要性が議論されるようにもなっています。

また，使う言葉（特に保健医療福祉領域の共通言語）を共通に理解することを意識し，丁寧に確認を行うことも自然に起こっています。お互いの考えを理解しようとして葛藤したり，粘り強く議論を重ねて葛藤を乗り越えるというチーム形成のプロセスを体験できる可能性も増えます。

建築家をめざす学生にとっても，建築・空間のデザインが誰のためであるかを考え，認識する上で貴重な体験となっており，今後生活を支える仕組みに関わる職種として他分野の専門職と連携できる人材の育成につながっていると考えられます。

本実習に参加した医学生は，将来連携の要となりうるのか

ひとあし早く埼玉県立大学との連携を進めていた埼玉医科大学では，4大学IPW実習を課外学習プログラムに位置付け，複数回実習に参加することを可能にしています。

複数回参加した学生は，実習場所，チームメンバー，教員ファシリテータが変われば，毎回違うIPW実習を体験することができると言っています。そして，医学生としての学びは深く，医師になる我々は，こうあるべきであると述べています。

- 人間性を持ち合わせること
- 自分の専門性と限界を知ること
- 周りの医療スタッフの仕事を知っていること
- 医師は全体像を把握すること
- 患者・家族の希望は叶えてあげたいが，時には折り合いをつけることも必要なので，医師はその説明をきちんと行うこと
- 衝突を緩和するブレーキ役にも理想から現実に引き戻す役にもなりうる
- 医学への知識が不十分でさらに学び続けなければならない

そして，IPW実習の魅力は，実際の現場で，患者さんや家族と，彼らを取り巻く医療スタッフの姿を見ることができること，他職種との考え方の違いに，学生のうちに気付けること，理想のプラン，理想の医師像，連携について学生の今だから感じられる想いがあること，甘えが通用しない場に飛び込み，考え，もがき，葛藤することを通して自分を高めることができること，人を"尊重する"ことを考えること，チーム形成を学んで，実際の現場でどのように活かせるかを考えるきっかけになることであると述べています。このような気付きを持った医学生が，現場で患者さんを診療する時代が近づいています。

第 2 部　教育プログラム

受け入れ側の施設にとっての意味

◆ IPW 実習の受け入れから考えた実践現場における重要性

　　　　　　　　　　　　　　　社会福祉法人杏樹会　特別養護老人ホーム　杏樹苑爽風館
　　　　　　　　　　　　　　　　　　　　　　　　　　　施設長　酒本隆敬

　特別養護老人ホームおける，IPW 実習受け入れの一番の効果とは，職員が自分と異なる職種の卵である学生からインタビューを受けることで，自分の職種に対する専門職としての自己覚知が深まり専門職として成長し，実践現場での職種間の連携・協働を促進するようになるということです。なかでも IPW 実習等で大学から依頼される施設ファシリテータという調整役になる担当職員は，学生同士のチーム形成過程に関わるので，その対話や合意形成に至るまでのプロセスを見ることができます。この担当職員となった彼らは，学生の様子を自分たちに置き換え，職場の連携を振り返り，後の自分たちの実践活動に活かしています。

　IPW とは，異なる職種が，各自の持つ知識を他の人と共有し，組織的に活用する技法であり，IPW 実習の機会を通じて専門職同士が学習しあう関係で活動することは，その関係性を促進しながら支援活動を行うことへの OFF-JT となっています。

　特別養護老人ホーム等では，介護職や相談職が，看護職や医師などの専門職と連携と協働する力が必要になります。この IPW 実習受け入れで共に学ぶことで，専門職として倫理性や責任感を持ち，援助を必要とする人の視点から連携と協働の実践をすることなど，恒常的に対人関係をセルフコントロールすることの必要性も理解できると考えています。

　今，現に保健医療福祉分野の第一線で働く専門職であっても，資格を取得した経緯や現状の環境次第で，IPW には，一緒に働くチームメンバーに対して，お互いに学習しあうという姿勢で関わることが求められていることすら知らない人もいるのではないでしょうか。

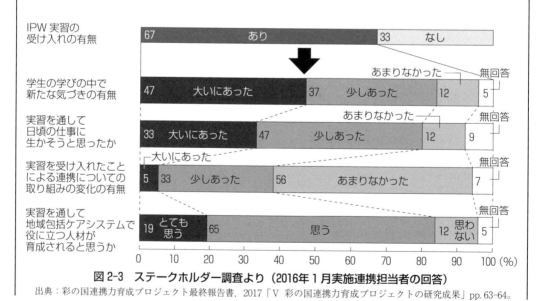

図 2-3　ステークホルダー調査より（2016年1月実施連携担当者の回答）

出典：彩の国連携力育成プロジェクト最終報告書，2017「Ⅴ 彩の国連携力育成プロジェクトの研究成果」pp. 63-64。

IPW を促進する立場にある専門職の役割は，保健医療福祉分野での対人援助の基本的能力と，多職種と協働する力に加え，チームを動かす力であるということを IPE では学びます。このような IPW の理論を学ぶ機会である IPE の重要性をもっと真剣に考え，IPW の基礎知識を持った専門職が 1 人でも増えることが，今後の埼玉県にとって保健医療福祉分野における最大の強みになると考えています。

———————————————・———————————————

◆鮭の稚魚を放流するおじさんのキモチ

　　　　　　　　　　　　　　　　埼玉医科大学国際医療センター　総合診療・地域医療科
　　　　　　　　　　　　　　社会福祉法人埼玉医療福祉会　丸木記念福祉メディカルセンター
　　　　　　　　　　　　　　　　　　在宅療養支援診療所 HAPPINESS 館クリニック
　　　　　　　　　　　（元　医療法人社団満寿会鶴ヶ島在宅医療診療所　副院長）
　　　　　　　　　　　　　　　　　　　　　　　　　　　　　　　　　　齋木　実

　在宅医療に携わる医師として，いかに多職種が「顔の見える連携・同じ目線の連携」でささえあう「ケア」が大切であるかを痛感します。SAIPE の IPW 実習では前職の鶴ヶ島在宅医療診療所勤務当時，在宅の施設側ファシリテータとして参加させていただき，逆に学生さんたちから多くのことを学びました。社会に出ると専門職間で暗黙の順位のようなものが形成されてしまい，実際に多職種間で本当に「顔の見える・同じ目線の連携」ができているのか疑問に感じることがあります。

　例えば，医師には時にリーダーシップが求められますが，「上から目線」であってはなりません。社会的には無垢な学生さん同士の取り組みを通じて，患者さん・利用者さんの生活や人生に想いを馳せるのみならず，多職種のお互いの立場をも想いやることができる，その当たり前であるはずの姿勢の大切さを再認識することができました。このプロジェクトに協力したのは，将来この地域で最期まで自分らしく過ごしたい，「ケアを受ける立場」の自分のためでもあります。たくさんの先生方や学生さん，地域の多職種の皆さんとの新たなご縁がつながったことは，私にとって貴重な財産です。そして，IPW 実習に参加した稚魚が大海を知り，やがて 1 人でも多く我々の故郷埼玉に戻り，地域をささえる立派な成魚に育ってくれることを願っています。

第3部
資料編① 解説集

　この「解説集」では，まず，専門職連携に関する教育（授業）を行う上で，学生に教えるであろう知識についての解説を集めています。各項目では，①その概念の要点，②なぜそれがIPW／IPEに重要なのか，③その概念の特徴，④その概念の経緯や他の論者にどのように理解されてきたのかをまとめました（図3-1）。

　例えば，授業でIPWについて説明しようと思ったときには，IPW／IPEの項を見れば，概要を把握し，重要な文献における定義なども見ることができます。もちろん授業で引用する際には原典に当たる必要がありますが，どの本を探せばよいのか，自分で何を調べる必要があるのか等を考える手掛かりになるでしょう。教育（授業）の準備のための手引き・資料としてご活用ください。

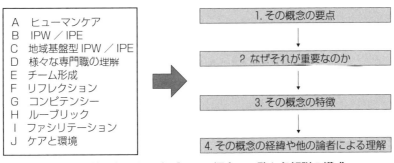

図3-1　第3部で取り上げている概念の一覧と各解説の構成

A ヒューマンケア

1 ヒューマンケアとは

「ヒューマンケア」とは，IPW を行う上で各専門職が持つべき支援に対する考え方の「共通基盤」です。またそれと同時に，すべての専門職がめざすべき支援のあり方・目標として捉えることもできます。「生」「老」「死」「病」「障害」などが「人」にとってどのような意味を持つのかを考え，人間として，そして，専門家として，これらにどのように向き合い，ケアをしていけばよいのかについて，「考え続ける力」を養うことをめざします。

2 IPW・IPE になぜ重要か

（1）一般論として

IPW を進めるに当たっては，様々な職種の共通基盤をもとに，援助職と支援を必要とする人の全員が「我々意識」を持つことが大切です。そうすることなしには，それぞれの専門職が「固有に持つ」と考えている視点・方法のみを用いて支援を必要とする人や地域の課題を把握し，そして他の専門職の視点・方法との差異や独自性ばかりに目が行き，結果としてバラバラな認識のまま支援に向かうことになりかねません。その共通基盤となりうる概念の1つが「ヒューマンケア」です。

「ヒューマンケア」という考え方は，様々な論者によって説明がなされていますが，学術的に確立した概念ではありません。患者・利用者中心の IPW を行うための各専門領域の共通基盤となる考え方として，そしてそれぞれの立場を超えて追求しつづけるものとして位置付けることができます。

（2）SAIPE における位置付け

彩の国連携科目において，「ヒューマンケア」は初期に学ぶべきものであり，かつ，学年進行に伴って配置される他の IPE 科目の中でも，絶えず「ヒューマンケア」で学んだことを問い返しながら学びなおす必要のある概念です。地域基盤型 IPW コンピテンシーでは，「ヒューマンケアマインド」として，次の諸点を挙げています。

① 人間・地域・社会について関心を持つ
② ケアについての基本的な知識を身に付けている
③ 自己と他者に関心を持ち，自他の多様性・個別性・具体性（思い，個性，状況，環境等）を理解する
④ 相手と対等な立場で，相手を尊重し，相手に配慮した態度や行動をとることができる
⑤ 相手の変容から自分の喜びを感じることができる

3 特　徴

（1）生命の尊厳，人間の尊厳と支援を必要とする人の権利

　共通基盤になりうるテーマには様々なものが考えられますが，その1つとして，歴史的到達点としての支援を必要とする人の権利について学ぶ必要があります。第2次世界大戦中の反省も踏まえて行われてきた医療の倫理や患者の権利の確立に関する度重なる議論と「宣言」は，医療提供者側の倫理観の基盤となり，患者や人間に対する見方の拡大や進化をもたらしました。そのプロセスで確認されてきたのは，「生命の尊厳」や「人間の尊厳」を根幹に据えることの大切さです。「生命の尊厳」とは，どんな命も，等しく平等に尊重されるという認識です。一方で，「人間の尊厳」は，「生」のみならず，どのように「死」を迎えるのかという生と死の両方を尊重した考え方でもあります。単に命がある，というだけではなく，いかに生きるかということ，そして死を受け入れがたいものとして考えるのではなく，いかにその人らしく死ぬかも含めて考え，支援を必要とする人と関わることは，援助職の共通基盤とすべきものです。

　そしてこれらの「尊厳」を基盤とすると，支援を受けるに当たりその内容について説明を受け，同意・選択することを意味する「インフォームド・コンセント」や，自らの支援に関することは支援を必要とする人本人が決定する権限を有するという「自己決定権」など，支援を必要とする人の権利の重要性が浮き彫りになってきます。

（2）支援関係における非対称性の自覚

　支援を必要とする人の権利に関する議論が進む中で確認されたのは，支援は一方的に行うものではなく「相互行為」であることです。そしてそのことは，一方で，医療提供者と患者との関係性に内在する「非対称性」を自覚することにもつながります。医療提供者は，患者に対して診療・治療という行為の提供や，治療のための薬の処方など，様々な資源にアクセスできる大きな力を持っており，患者にとってはこの医師の意向を無視できません。この関係性は，医療のみならず，保健医療福祉や生活環境の創造など，他の支援行為にも同じことがあてはまるでしょう。

　疾病や障害，生活課題を抱えた支援を必要とする人にとって，多種多様な選択肢の中から医療や介護を選択することは，それほど容易なことではありません。また，自らの生命や生活の安定がかかっていることもあり，不都合が生じたからといって選択した支援者との関係をすぐに断ち

切ることも困難です。相互行為としての支援の提供場面において，専門職側は，保持する資源や役割の大きさという点で，支援を必要とする人よりも力を持っていること，その力関係は非対称であること，そして非対称性が時に支援を必要とする人に対して不利益をもたらすような権力の行使につながりうることを，自覚する必要があります。

（3）「ケア」は援助する側・される側双方の成長を促す

　支援が相互行為である，という認識からは，支援は単に受け手に利益をもたらすだけではなく，支援の担い手や社会の側がその行為によって豊かに成長しうるという理解にもつながります。こうして医療や福祉に関する議論の中で「ケア」（配慮・世話・介護）という考え方が注目されるようになりました。

　この「ケア」とは，ケアの受け手の成長や自己実現を支援することであると同時に，ケアを行う側もその行為により成長し自己実現をする相互行為として捉えることができます。このことは，欧米での「ケア」「ヒューマンケア」に関する議論を受けて定着するに至りました。わが国でも，知的障害児を支援することを通じ支援者自身や社会の側がケアされうることを示した先達がいます。

　このように，ケアすることは，ケアを受ける側にだけ利益をもたらすのではなく，ケアを提供する側にも認識の広がりや成長を促すという視点は，どの専門職をめざす学生にも確認しておいてほしいことです。

（4）生活の質の重視と自立生活

　疾病・受傷によって急性期における治療（キュア）が必要とされる状況は今も昔も変わりません。しかし，現在は生活スタイルの変化や医療技術の進歩によって，以前よりも罹患・受傷後の生存率が高くなり，治療の後の療養生活や，後遺症や障害と共に生活すること，医療的管理だけではなく介護や生活支援を利用しながら生活を継続することが一般的になっています。また一方で，どんなに医療技術が進歩しても，手の施しようのない状況においては，その終末期を安らかに過ごしたいという思いもあるでしょう。病気やケガが「治る」ことを志向するだけではなく，治癒後の生活，病気や障害と共に生きる生活，そして安らかな死を迎えるための生活において，その質を高めたいという思いに，どのように寄り添うことができるでしょうか。

　その際に重要なのは，「自立」という概念の吟味であると考えられます。ここでいう自立は，「すべて自分の力で行うことができる状態」を意味しません。病気や障害によって様々な他者への依存が必要となりますが，そもそも人間とは相互依存によって生活を成り立たせています。その人が，望む生き方・望む状態を志向していること，あるいは志向しうることに価値を置き，どんな人でも，他者の支えを受けながら自立した生活をすることができる，と捉えることが大切です。この観点からいえば，支援するということは，単にサービス提供を行うだけではなく，支援を必要とする人がより良く生きるための相談相手・伴走者という側面があることが理解できると

思います。

（5）支援を必要とする人を中心に据えること

人間は多面性・多様性を持っていることを認識することも大切です。支援を必要とする人の健康問題や生活課題の要因には複雑な様相があることでしょう。その人のライフサイクルや様々な出来事，家族関係・社会関係の変遷に目を向けることなしに，全体像の理解にはつながりません。そして人々にはその生きてきた歴史と環境に応じて多様な価値観が形成されているはずです。これらが相互に絡み合って統合した存在となっているのが人間である，という認識を持つことが重要です。

支援を行う上では，その支援を必要とする人を常に「中心」に据える必要があるという点も忘れてはなりません。支援者と支援を必要とする人が非対称な関係性の中では，支援を必要とする人のために行っているはずの支援が，いつの間にか支援者自らの専門性の発揮のための「道具」や「手段」となってしまいがちであることに注意しなくてはならないでしょう。

さらに言えば，この「中心」という概念も多面的に捉える必要があるでしょう。例えば「支援を必要とする人の安全」という観点は，必ずしも，支援を必要とする人からすべてのリスクを遠ざけることを意味するとは限りません。すべての面で安全が用意され，お膳立てされた生活は，果たして「その人」の人生でしょうか。この「安全」概念の吟味や，その優先性については，支援を必要とする本人と，その人に関わる様々な専門職の間で，多面的に議論することが求められます。

（6）コミュニケーション能力

支援を必要とする人と良好な人間関係を築き，主訴や思いを十分に理解するため，そして支援を行うに当たりチームメンバー間での円滑な意思疎通を図るために，どんな職種であっても豊かなコミュニケーション能力が必要とされています。

コミュニケーションの方法としては，言語によるものと非言語によるものがあります。特に初年次の学生などは，コミュニケーションがすべて発話や文字によるものであると考えがちです。そのため，発語・発声が困難であったり，言語の構築が困難である支援を必要とする人に対し，「自分の問いかけが伝わらない」「相手の言っていることがわからない」ということを切り取り，「コミュニケーションがとれなかった」と捉える学生も少なくありません。支援を必要とする人は誰もが意志を持ちうること，その可能性があること，そして何らかのカタチ（表情，声，息づかい，身体表現など）でその意思を表出しうること，その「理解」も多面的に捉える必要があることを，学生たちには感じてもらいたいと思います。

4 資料編

ヒューマンケアに関する主要な文献から重要なポイントを示しました。授業資料を作成する際に参考にしてください。

(1) 共通基盤の必要性

埼玉県立大学において「ヒューマンケア論」を長年担当してきた朝日雅也は,「ヒューマンケア」を,「人が人に対して人間らしい細やかな気づかいをすること」とし,専門領域を越えた理念や概念,共通基盤となる考え方などの総称として位置付けています。そしてこの「共通基盤とは何か」を追求し,新たに共通基盤となる価値観を創造する営みそのものが,「ヒューマンケア」であるとしています。[1]

(2)「患者の権利」確立の歴史的変遷

第2次世界大戦における非人道的な人体実験や大量殺戮などの医療犯罪の反省を踏まえ,世界医師会は1948年に医療の人道的な目標に向けた医師の宣言として「ジュネーブ宣言」を採択しました。ここでは「患者の健康を第一に考える」など,患者・利用者中心の医療観が宣言されています。

その後1964年には「ヘルシンキ宣言」が採択されました。ここでは,医師の責務を基盤として臨床研究を行う際の指針が示されています。この修正版である「ヘルシンキ宣言1975年東京修正」において,「インフォームド・コンセント」の考え方が導入されました。これは1950年代のアメリカでの判例をもとに,1970年代初頭までに確立したもので,医療提供者側の十分な説明と患者側の同意を前提とした医療の提供の重要性を明示しています。

1981年,ポルトガルのリスボンで開催された第35回世界医師会総会では,「患者の権利に関するリスボン宣言」が採択されました。そこでは,患者の自己決定権やインフォームド・コンセント,秘密保持の他に,「尊厳のうちに死ぬ権利」や「精神的慰安や道徳的慰安を受ける権利あるいは辞退する権利」などが定められています。[2]

(3) ケアと双方向性

滋賀県で知的障害のある子どもの教育施設である「近江学園」や,重症心身障害児施設の「びわこ学園」などを創設した糸賀一雄は,1965(昭和40)年,知的障害のある人々の生き方が「世

---

[1] 朝日雅也,2009「IPWの基盤となるヒューマンケア」埼玉県立大学編『IPWを学ぶ──利用者中心の保健医療福祉連携』中央法規出版,pp.83-103.

[2] 朝日雅也,2009,同前。
これらの宣言はすべて,日本医師会のWebサイト(http://www.med.or.jp/)で見ることができる。

の光」となり,それを支援する者や世の中の人々が,人間の生命の真実に目覚め救われていくことを著書において述べました。知的障害のある子どもたちを,社会の中で単に支援の対象として見なすことになる「この子らに世の光を」という言葉ではなく,「この子らを世の光に」としたのは,まさに,知的障害児をケアすることを通じ,支援者自身や社会の側がケアされうるということを示しています[3]。

　また,アメリカの哲学者ミルトン・メイヤロフは,著書の中で,「一人の人格をケアすることは,最も深い意味で,その人が成長すること,自己実現をすることを助けることである」「他の人々をケアすることを通して,他の人々に役立つことによって,その人は,自身の生の真の意味を生きているのである」と述べました。ケアという行為が,相手の自己実現を助けることと,そしてケアを行う側もその行為により成長していくことを示しています[4]。

---

(3) 糸賀一雄,1965『この子らを世の光に──近江学園二十年の願い』柏樹社／【復刻版】NHK出版 2003年。
(4) ミルトン・メイヤロフ／田村真・向野宣之訳,1998『ケアの本質──生きることの意味』ゆみる出版。

B
IPW／IPE

1 IPW／IPE とは

　IPW（Interprofessional Work）とは、「複数の領域の専門家が、それぞれの知識と技術を提供しあい、相互に作用しながら、共通の目標の達成を援助を必要とする人と共にめざす援助活動」のことを指します。また、IPE（Interprofessional Education）とは、「複数の領域の専門職者が、連携及びケアの質を改善するために、同じ場所で共に学び、お互いから学びあいながら、お互いのことを学ぶこと」を指します。[5]

2 IPW・IPE はなぜ重要か

（1）一般論として

　IPW の必要性については、これまで様々な場面で述べられてきました。その論点は大きく分けて次のような点にまとめられるでしょう。

　第1に、支援を必要とする人の QOL 向上のために必要であるということです。支援を必要とする人のニーズに見合った適切で効果的な支援を行い、支援を必要とする人の QOL を高めるためには、様々な職種が協働して支援することが必要です。

　第2に、様々な資源の有効活用のために連携が必要とされています。限られた医療や福祉などの資源を効率的かつ効果的に活用するために、連携が求められています。

　第3に、支援者の「働きやすさ」のためにも連携は重要な営みです。連携によって仕事のしやすさを追求し、労働意欲や専門職としての満足度を高めることは重要です。

　そして第4に、連携によって事故や事件を予防するという観点もあります。他の職種や他機関との協働を通じて、一面的・独善的ではないサービス提供を行い、事故や事件を予防・回避することが可能となります。

　これらの背景から、IPW が求められており、その IPW の実現のためには、学部学生の基礎教育段階からの IPE が必要とされているといえるでしょう。

---

[5] 埼玉県立大学編，2009『IPW を学ぶ——利用者中心の保健医療福祉連携』中央法規出版。

(2) SAIPEにおける位置付け

　SAIPEは，特に埼玉県内のIPWを進める担い手を育てるために，埼玉県内の4つの大学が協働して開発したプロジェクトですが，まさに，このプロジェクトの内容がIPEです。教育科目としてはIPW論で基礎知識を学び，IPW演習，IPW実習で実践的に連携する力を育成します。

　さらに，このプロジェクトを進めるために，各大学の教職員の連携する力，すなわちIPWの力が試されました。今後もプロジェクトの継続のためには教員のIPWの力量形成が求められます。各大学の内部においても，異なる学科や領域を超えた教育プログラムを創造するために，また，IPW実習など学外の医療機関や社会福祉施設などの協力を得るためにも，IPWの力が求められます。学生のIPEを創造するためには，教職員や地域の専門職のIPWとその力量の向上が求められるといえるでしょう。

3 特　　徴

(1) 現代の専門家の2つの課題

　医療・福祉・教育・デザインなどの支援を通じ，人々の幸福のために働く人々を，私たちは「専門家」と呼びます。現在では，独自の体系を持つ各専門分野の養成課程を修めた「専門家」が，様々な分野で活躍しています。

　しかし，これらの分野は，本来，支援を必要とする人やその家族，そして地域社会の複雑なニーズを把握し，解決するために機能分化したにすぎません。したがって単一の専門家によるアプローチでは限界があることは明らかです。そして私たちは，自らの専門的知識と技術をさらに深めるとともに，目の前の支援を必要とする人をはじめとする地域社会に生きる人々のもとに，多様な専門領域を統合させる努力が必要です。

　現在，チーム医療・在宅医療・地域包括ケアなど，連携が必要とされる場面は様々に指摘されています。今後はますます，専門性を深化させる努力と，それぞれの専門領域を統合して援助しようとする努力，この2つを同時に追求していくことが必要であると言えるでしょう。そして，この2つの課題に向き合い，絶えず追求する姿勢を持つことができて初めて，「専門家」と呼ぶにふさわしい職業人と言えるのではないでしょうか。

(2) 特に重視したい事件・事故や権利侵害の予防という観点

　一般論としてなぜIPWが必要なのかについては前述しましたが，特に重視したいのは，事件や事故の予防のために，専門職の連携による実践が必要であるということです。IPEに早くから取り組んできた英国では，「IPEがなぜ必要か」という議論の中で，必ずと言っていいほど児童虐待や医療事故の事例が取り上げられています。これらの事件は，マスコミでも大きく取り上げられ，政府を中心として検証委員会が設置されました。数百ページにわたる報告書では，「個人を非難すべきではなく，システムの問題として捉える必要がある」と示され，国・地方自治体・

保健医療福祉関係機関・警察・非営利組織・教育機関などに向けて様々な提言が行われています[6]。

わが国でも，医療事故，児童・高齢者・障害者に対する虐待，様々な不正や権利侵害などの報道が後を絶ちません。これらは一個人や一組織の責任として捉えられがちですが，果たしてそうでしょうか。今や１つの職種，１つの組織のみで医療・福祉サービスの提供や生活支援を行うことは稀で，ほとんどの場合，様々な職種や機関が関わりあいながら支援を行っているはずです。

私たちは，医療や福祉にまつわる事故や事件，そして権利侵害などの事案を，「専門職間の相互作用の仕組みの問題」，すなわち，システムの課題によるものであると捉える必要があるでしょう。１人の人・１つの職種・１つの組織だけの判断や援助実践では不十分であり，場合によっては事故や事件を引き起こし，支援を必要とする人の命をも奪いかねない。権利を奪っているかもしれない。このことを前提として，他者・他職種・他組織としっかりと関わりあいながら援助を行うことが求められます。

（３）IPWの基本的な機能

では，IPW は何をもたらすのでしょうか。あるいはどのような機能を持っているのでしょうか。山中京子は，これまでの連携や協働に関する定義をもとに４つの機能を示しています[7]。

①支援者の限界性認識機能：自己の限界を認識した支援者が，当事者のニーズに応えようとして，多職種に問題解決過程への援助あるいは関与を依頼する機能。
②支援のための目標達成機能：メンバー間で支援に関連して共有された何らかの目標を達成することを目指す機能。
③支援のための知識・判断・方法の交換機能：目標達成をするために，自分の計画，行動，知識，技術などを他の職種と積極的に交換する機能。
④支援のための協力的関係の形成・維持機能：人間関係を基盤として③の相互交換をスムーズに行うことを可能にする機能。

（４）IPWを阻害する要因

しかし，これらの機能はなかなか発揮されないこともあり，むしろそれを背景としてIPEの充実が求められています。例えばIPWを阻害する障壁としてまず挙げられるのは，他の専門職や組織に対して持つ悪い固定観念（ステレオタイプ）や，その職種や組織への理解不足による誤解があります。この２つの点については，お互いの職種や組織の役割を十分に理解しあうIPEの取り組みによって，改善されるものでしょう。また，支援を必要とする人がもつニーズの理解やそれへの対応についての，専門職や組織の持つ価値観や文化の違いによる相克があります。これは実際の援助の場面でコンフリクトをもたらす要因になりますが，IPEの中で，各専門領域を

---

[6] 新井利民，2007「英国における専門職連携教育の展開」『社会福祉学』第48巻第1号，pp. 142-152。
[7] 山中京子，2015「もう一人の他者との連携・協働」児島亜紀子編著『社会福祉実践における主体性を尊重した対等な関わりは可能か』ミネルヴァ書房，pp. 97-122。

学ぶ学生が，チームの中でのコンフリクトを自覚し，それを乗り越える術を身に付けることができれば，より質の高いケアを創造することが可能となるのではないでしょうか。

加えて，専門機関ごとに書類の形式や予算のサイクルが異なるなどの手続き的な側面や，組織同士の役割・責任の境界について合意が取れていないこと，そして例えば医療保険と介護保険など制度が異なることによる障壁も存在します。これらの課題に対しては，組織レベル，地域レベル，そして国レベルで議論し合い，新たな仕組みなどを創造するほかありません。ここでも，IPE で培うチームによる問題解決能力が，力を発揮するのではないでしょうか。

(5) IPW を進めるための基本的な力＝IPE に求められるもの

以上のように，社会的背景に鑑みれば IPW の充実は必至であり，そのための IPE の推進は卒前教育および卒後教育においてさらに充実させる必要があるでしょう。現に，様々な保健医療福祉関係職種の養成カリキュラムには，他の職種や機関との連携に関わるテーマが掲げられています。

では，IPW を進めるためには，どのような力の獲得が必要なのでしょうか。IPE のプログラムを構築するに当たって，以下の力量形成が図れるような内容にすることが必要でしょう。

①専門職連携の意義を理解し，自らの課題とその解決策を考え続けること

IPW を学ぶに当たってまず重要なのは，これまで述べたような専門職連携が必要とされている背景や学ぶ意義を理解し，現在はもちろんのこと，将来にわたって，専門職連携を行う上で自分にはどのような課題があるのかを，考え続けることができる力です。基礎教育において IPE を行う意義は，このように IPW を学び続ける，という姿勢を各専門職のベースにしうることにあります。IPW を行う能力は専門的知識やスキルが備わってから獲得するものではなく，各専門の知識・技術と共に獲得し，そして活用しうるものです。専門的な力を獲得することは，IPW の力も獲得することであるということなのです。

②チームワークの考え方を理解し，プロセスに主体的に関わること

IPW では，チームによる課題解決のために，メンバーのために貢献し，チームワークが発揮されるように，個々人が意識的に努力することが重要です。私たちがめざしている「チーム」とは，目標が共有され，目標達成のための情報が共有され，チームメンバー相互が理解しあい，相互に支援しながら，共同して意思決定・役割分担を行い，行動に移すことができるものです。しかし，このような理想的なチームはすぐに形成されるわけではありません。様々な段階を経て機能するチームに成長し，また様々な環境の変化によって再び機能不全に陥る可能性もあります。また，いわゆる「フリーライダー」の問題や，「リスキーシフト」をはじめとする「集団浅慮」など，集団が持つ負の側面も克服する必要もあります。

チームメンバーそれぞれが，このようなチームの特性を理解し，できるだけ早く機能するチームに到達できるよう，チームの一員としての役割を果たし，必要に応じてリーダーシップを発揮することが必要なのです。

③チームワークの深化のためのスキルを用い，省察しながら改善する

　IPWを進めるためのチームワークを深めるには，ある一定のスキルの獲得が求められます。例えばコミュニケーション技術でいえば，簡潔に要点を絞って話すことや，相手の話を傾聴すること，話し合う部屋などの環境をセッティングすること，話し合いを円滑に行うためのツールを活用すること，時間を管理することなどが挙げられます。

　これらは通常，各専門職養成教育はもちろんのこと，義務教育段階から取り組まれているものばかりです。しかし，専門職を取り巻く複雑な状況やIPWを阻害する要因がある中で，これらのスキルを発揮しながら生産的な話し合いと行動ができるかどうか，ということがポイントです。また，職種や組織が持つ知識や機能，そして文化の相違によって発生しうる「コンフリクト」を認知し，そこから目をそらさずに十二分に議論し，「患者・利用者中心」の問題解決ができる力を養うことが求められます。

　そのためには，IPEでは異なる職種や背景のメンバーからなる「チーム」の活動を実践し，そこから学ぶ機会があることが必須となります。チーム活動において，チームワークのスキルを発揮できるかどうか，課題があるとしたらどのように改善すればよいのか。しっかりとリフレクションを行い，それをチームメンバーと共有することを，個人や組織の日々の実践の中に組み込む力を養うことも，IPEの重要な学習トピックであるといえるでしょう。

4 資 料 編

　IPW／IPEに関する主要な文献から重要なポイントを示しました。授業資料を作成する際に参考にしてください。

（1）定　義

○IPW（Interprofessional Work：専門職連携，専門職連携実践）

　IPWという言葉は，日本では1999年代頃から紹介されるようになりました。埼玉県立大学では，専門職同士の相互関係を基盤とした実践活動を強調し，「複数の領域の専門職者（住民や当事者も含む）が，それぞれの技術と知識を提供しあい，相互に作用しつつ，共通の目標の達成を援助を必要とする人とともに目指す協働した活動」と定義づけています[8]。

○IPE（Interprofessional Education：専門職連携教育）

　IPEは，英国の専門職連携教育推進センター（Center for the Advancement of Interprofessiponal Education：CAIPE）が2002年に定義したものを，埼玉県立大学で2005年に実施したIPE国際セミナーにおいて次の日本語訳が提案されました。「複数の領域の専門職者が連携およびケアの質を改善するために，同じ場所でともに学び，お互いから学びあいながら，お互いのことを学ぶこ

---
[8] 大塚眞理子他，2009「IPW／IPEの理念とその姿」埼玉県立大学編『IPWを学ぶ――利用者中心の保健医療福祉連携』中央法規出版，pp. 12-24。

と」。

○**チーム医療**

　2010（平成22）年3月19日の厚生労働省「チーム医療の推進に関する検討会」報告書には，チーム医療とは「医療に従事する多種多様な医療スタッフが各々の高い専門性を前提に，目的と情報を共有し，業務を分担しつつも互いに連携・補完し合い，援助を必要とする人の状況に的確に対応した医療を提供すること」であるとされています。ここでは看護師の業務拡大と共に，それ以外に連携する職種の業務の拡大が提案されており，医療事務や介護職員との連携，緩和医療や在宅医療介護に関わる地域横断的な連携についても示されています。

（2）歴　史
①日本のIPW・IPEの源流

　英国では1960年代からIPEがスタートしています。1990年代になりコミュニティケアの進展や保健医療福祉現場での医療過誤や虐待などの事件が起こったことにより，専門職同士が連携することの重要性が強調されるようになりました。2001年には英国政府が専門職の取得課程で連携教育を行うことを提起しています。CAIPEは1987年にIPE推進を目的として設立されました。IPEを推進する団体としては，現在までにThe International Association for Interprofessional Education and Collaborative Practice（InterEd），The European International Education Network（EIPEN）等が設立されており，わが国にも2008（平成20）年に日本保健医療福祉連携教育学会（Japan Association for Interprofessional Education：JAIPE）が設立され，連携教育推進のための取り組みが行われています。[9]

　日本におけるIPW・IPEの源流の1つは，医師を頂点とした医療提供体制から様々な職種がフラットに関わりあいながら患者・利用者中心の医療を行うことをめざした「チーム医療」の考え方であると言えます。[10]　もう1つは，1990年代から提唱されていた，地域の福祉部門と保健医療部門の連携です。これは，現在の「地域包括ケアシステム」の議論に連なっています。[11]　これらの2つの流れが重なり合って，現在では，様々な保健医療福祉職種の養成カリキュラムの中に，多職種連携に関わる教育内容を盛り込むことが要請されるようになりました。

②専門職養成教育や産業界からの要請

　近年，各専門職養成のための「コアカリキュラム」や，日本学術会議による「教育課程編成上の参照基準」などをみると，多くの分野でIPEに関わる内容の充実が提起されています。[12]

　また，経済産業省は2005（平成17）年より「前に踏み出す力」「考え抜く力」「チームで働く力」からなる「社会人基礎力」を大学において育成することを推進しています。ここで言う「チ

---

(9)　日本保健医療福祉連携教育学会ホームページ　https://www.jaipe.net/（2018年4月17日閲覧）
(10)　チーム医療の推進に関する検討会，2010『チーム医療の推進について』厚生労働省．
(11)　地域包括ケア研究会，2010『平成21年度老人保健健康増進等事業「地域包括ケア研究会　報告書」』三菱UFJリサーチ＆コンサルティング．

第3部　資料編①　解説集

ームで働く力」は,「発信力」「傾聴力」「柔軟性」「情報把握力」「規律性」「ストレスコントロール力」から構成されています。[13]

---

(12) 例えば『医学教育モデル・コア・カリキュラム　平成28年度改訂版』では,チーム医療や地域包括ケアの観点から多職種連携を学ぶカリキュラムの構築が求めている。また,日本学術会議健康・生活科学委員会看護学分科会の『大学教育の分野別質保証のための教育課程編成上の参照基準　看護学分野』(2017年9月29日)には,24の看護実践能力の1つとして,「保健医療福祉における協働と連携を行う能力」を位置付けている。
(13) 経済産業省社会人基礎力に関する研究会,2006『社会人基礎力に関する研究会「中間とりまとめ」』経済産業省。

C 地域基盤型 IPW／IPE

1 地域基盤型 IPW／IPE とは

　地域基盤型教育は，特定のコミュニティの持つ課題を解決するプロセスに実際に学生が参加することを通じて，その地域の施設や歴史，文学，文化遺産，自然環境を含むコミュニティでの体験と学校での学習を関連付けて学ぶことができる教育手法です。こういったコミュニティの課題を，実際の現場で，2つ以上の専門職，あるいは専門職をめざす学生が，相互に関係し合いながら活動したり学んだりすることを地域基盤型 IPW／IPE と呼びます。

　その人，その地域，その集団の生命・生活・人生に関わる課題を，支援を必要とする人，家族，関わる専門職，行政等とともに，発見し，解決するために連携協働（活動）することが地域基盤型 IPW（Interprofessional Work：専門職連携実践）であり，そのような課題を発見，解決する力（連携力）を身に付けることをめざし，同じ場所で共に学び，お互いから学びあいながらお互いのことを学ぶのが地域基盤型 IPE（Interprofessional Education：専門職連携教育）です。

●類似概念との違い

・チーム医療

　チーム医療は医療を提供することを前提としていますが，IPW／IPE においては，専門職が連携協働するという**プロセス**を表しており，連携協働する目的は様々です。その目的は保健・医療・福祉も当然含まれていますが，地域基盤型 IPW／IPE では，地域住民の質の高い暮らしの実現のために，課題を解決することを目標としています。第3部BのIPW／IPEの定義にも示されているように，チーム医療の定義が，在宅医療介護の地域横断的な連携までを含むことから，医療を中心とした専門職連携はチーム医療と類似しています。

・多職種連携，専門職連携

　多職種連携は多くの職種が連携することですが，少なくとも複数の職種がいて初めて連携が成立することから，「多職種」ではなく，「専門職」を用いることを推奨する専門家もおり，多職種連携と専門職連携は併用されています。

　IPW／IPE は CAIPE の定義のとおり，ケアや連携の質の向上をめざしていること，専門職間に

> 相互作用があることが前提となるため，ただ同じ場所で活動するだけでは厳密にはIPW／IPEには当たりません。その連携の質が担保された活動を表す概念です。IPW／IPEの中で，地域を基盤としているものが地域基盤型IPW／IPEです。

2　IPW・IPEになぜ重要か

（1）一般論として

　第2次世界大戦後70年が経過し，右肩上がりであったわが国の社会おいて，少子高齢化，人口減少社会が目の前の問題として迫ってきています。地域社会においては，生活スタイルや価値観が多様化し，解決すべき課題の質が変化しています。従来，地域の課題は，支援を必要とする人の訴え，検査データや人口統計の指標など，見えている，あるいは予測できる課題や困難さでした。それが，今日では，精神障害，発症早期の軽度認知症，貧困，虐待，孤独等の見えない，あるいは隠れている課題や困難さ，つまりその人1人ひとり異なる複雑な課題が，社会の中で顕在化してきています。このような状況において，猪飼は，21世紀のわが国の医学医療には，20世紀の治療医学中心の「医学モデル」から，生活の質を重視する「生活モデル」への転換が求められていることを提唱しています。[14]

　このような中，厚生労働省は，2025年を目途に，高齢者の尊厳の保持と自立生活の支援の目的のもとで，可能な限り住み慣れた地域で，自分らしい暮らしを人生の最期まで続けることができるよう，地域の包括的な支援・サービス提供体制（地域包括ケアシステム）の構築を推進しています。

　地域包括ケアを行うためには専門分化したそれぞれの領域の専門職が連携して住民の質の高い暮らしの実現に努めるIPWが必要とされていますが，専門職は従来の自らの専門性を高め，それらを発揮して連携することだけでなく，対象とする個人の生活的価値（Quality of Life：QOL）を実現することをめざすケア（生活モデル）に取り組むことを求められています。保健医療福祉の施設内においても支援を必要とする人が住み慣れた場所で最期までいきいきと暮らすために，それぞれの専門職が他の職種と協働しながらどのようなケアを行うことが必要かを考えることは，まさに生活モデルにおける連携をテーマにしていることになります。

　その際本人が訴えている課題・困難さだけでなく，虐待，貧困，精神障害，発達障害など本人も気付いていない，あるいは見えない課題や困難さを連携して発見し，解決に取り組むといった視点も重要です。高齢者だけでなく，誰もが地域社会に主体的に参画し，人と人，人と資源が世代や分野を超えてつながり，住民1人ひとりの暮らしと生きがいのみならず，地域を共に創っていく社会（地域共生社会）を構築していく際に役に立つ連携力を育成することは，今後の地域社会にとって重要な意味を持っています。

---

[14]　猪飼周平，2010『病院の世紀の理論』有斐閣，p.4。

この「生活モデル」の医学医療を意図的に学び，地域包括ケアを支える人材を育成するために，地域の場で地域の課題を解決する教育（学習）方法を取り入れることが必要になります。すなわち，多様な1人ひとりの人を尊重したケアを提供するためには，医療機関の中だけでなく，地域において地域住民の暮らしを支える連携が必要とされ，さらに，そのための教育は，地域の現場を基盤として行うことが重要なのです。

（2）SAIPEにおける位置付け

SAIPEで育成する人材は「地域住民の質の高い暮らしを支える連携力の高い専門職」です。連携する目的は，病気を治す・予防することだけではなく，その人が幸せに暮らす・生活することです。また，このように生活・暮らしに焦点を当て（生活モデル），支援を必要とする人が，入院中だけでなく，退院後も本人が希望する暮らしを続けるために何が必要かを明らかにするために，単一の専門職がばらばらに支援するのではなく，多職種でチームとして支援を行うことが重要であると捉えています。

このため，SAIPEでは，チームでこのような生活・暮らしに焦点を当てて支援するという意識と技法を習得するために，様々な方法で教育を行っています。SAIPEの最終科目であるIPW実習では，地域の施設に出向き，支援を必要とする人の人生や生活に触れ，抽象化・一般化できないその人の暮らしをいかに支えるかをチームで検討します。このように，地域基盤型IPEがSAIPEの基本となっています。

3 特　徴

（1）生活・暮らしに焦点を当てる

地域基盤型IPW／IPEでは，支援を必要とする人の生活・暮らしに焦点を当てます。生活・暮らしに焦点を当てた場合には，病気や生活上の困難に関する情報だけでなく，これまでの生活歴（居住歴，学歴，職歴など）や現在の趣味・特技・社会活動の状況，本人の性格や強みも，貴重な情報であり資源となりえます。このような情報から，生活や暮らしの課題を発見・解決するためには，ケアを提供する専門職だけでなく，実際に課題や困難を持っている本人や家族も，そのチームのメンバーであることが必須です。なぜなら，このような情報や資源を最もよく把握しているのは，本人や家族だからです。また，実際に地域での生活・暮らしを支えるためには，民生委員や近隣住民など，日頃からその人に関わっている人々も，IPWのチームメンバーとして関わってもらうことが必要になります。

このような多様なメンバーが地域で連携して課題を解決するためには，相手の状況に応じて自分の専門性を柔軟に使い分けることが必要です。専門職の専門性には重なりがあると同時に，集まったメンバーによってはカバーされていない領域も出てきます。また，専門性は，高度な職業的な専門性から，人としての特性や人間性，経験まで含めて幅広い意味で捉えています。そして，

ここまでが職業的専門性で，ここからは個性，と切り離せない連続したものでもあります。このような専門性を柔軟に発揮して，お互いの隙間を補完し合うためには，支援を必要とする人の課題や地域の課題を明らかにし，目標を設定し，「自分には何ができるか」という視点で考えることが有効でしょう。

> **具体例**
>
> 地域の専門職が連携する現場では地域基盤型 IPW が求められています。同じ場所で共に仕事をしていても，各々の専門の視点で収集した情報を共有するだけでは単なる役割分担に過ぎず，専門性を寄せ集めただけで真の意味の連携とならない場合が多く見られます。支援を必要とする人の生活や人生の課題を発見するためには，単に情報を共有するだけでなく，一歩踏み込んで支援を必要とする人の**本人像を共有し**，課題を抽出した後に本人の目標を設定するというプロセスが必要です。このプロセスこそが，専門職にとっても自らの専門性への気付きや向上心，学び続ける意欲を引き出し，ケアをすることによる良い効果を期待することができます。

（2）地域社会で学ぶということ

社会保障費の増加と若者の負担が増える人口減少社会においては，現在の社会システムの持続可能性を考え，自ら行動する力が求められます。この点で，地域基盤型 IPE は，「現代社会の課題を自らの問題として捉え，身近なところから取り組む（think globally, act locally）ことにより，それらの課題の解決につながる新たな価値観や行動を生み出すこと，そしてそれによって持続可能な社会を創造していくことをめざす学習や活動」である ESD（Education for Sustainable Development：持続可能な開発のための教育）としての側面も持っています[15]。

また，地域で学ぶ上では，支援を必要とする人は，単なる個人というだけではなく，その人が暮らしている地域の課題を反映した1人ひとりであるという視点を持つことが必要です。公衆衛生のようにその地域を集団として見る観点だけでなく，「個別の事例（課題）を通して，その人が暮らす地域の課題に気付く」という臨床的な視点が養われるのも，この地域基盤型 IPE の魅力です。

（3）支援を必要とする人中心（患者・利用者中心）

地域基盤型 IPW は，高度なチーム医療・チームケアではなく，"より良い生活"を実現する支援をめざしています。支援を必要とする人のより良い暮らしを支えるためには社会資源が必要ですが，社会資源には限界があります。このため，これからの社会においては，どのような場面においても，支援を必要とする人本人の意志，意欲を中心として，それを支える支援が重要となり

---

[15] 阿部治他，2011『高等教育と ESD ——持続可能な社会のための高等教育』大学教育出版，p.6。

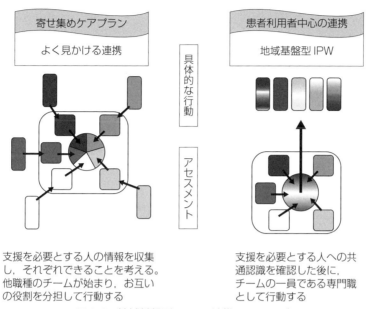

図 3-2　地域基盤型 IPW の連携のイメージ

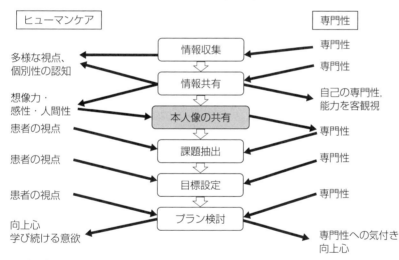

図 3-3　地域基盤型 IPW に重要なプロセス

ます。

　このとき，支援を必要とする人中心（患者・利用者中心）と言っても，各専門職がばらばらに，それぞれの専門的援助に必要な情報を収集し支援するだけでは，寄せ集めの連携にしかならず，その人の生活や暮らしを支え切ることはできません（図3-2）。その人の生活や暮らしを支え切るためには，機械的に支援のニーズを査定するのではなく，その人の人生や生活の全体像を捉えること，つまり，支援を必要とする人の本人像を連携するチームの中で共有することが重要になってきます（図3-3）。その上で，支援を必要とする人も含めて目標を共有し，必要なところは補い

合いながら、様々なレベルの専門性を柔軟に発揮することが、支援を必要とする人の暮らしを支えるためには必要です（第1部前掲，図1-2）。

4 資料編

地域基盤型IPW／IPEに関する主要な文献からの重要なポイントをまとめました。授業資料を作成する際に参考にしてください。

（1）定　義

◯**地域基盤型教育**（community-based Education）[16]

地域に出て、地域の需要に適切に応じる体験を通して、将来直面するであろう種々の問題への対処の仕方を学ぶことを可能にする教育方法のことを指します。これらの教育を学生の能動的な学習を中心に地域の現場で実施することを地域社会立脚型学習（community-based Learning）[17]と呼び、地域で展開されている事例を体験することを通して、学生は、教室で学ぶ理論と現場での実際の学びとの相違点を実感することになります。

◯**ESD**（Education for Sustainable Development：持続可能な開発のための教育）

ESDは、現在世界に存在する環境・貧困・人権・平和・開発といった様々な地球規模の課題を、地球に存在する人間を含めた命ある生物が遠い未来までその営みを続けていくことを目的とし、貧困撲滅、社会的公正、女性に対する差別、異文化理解等、幅広く対象としています。これらの課題を自らの問題として捉え、1人ひとりが自分にできることを考え、実践する（think globally, act locally）という姿勢を身に付け、課題解決につながる価値観や行動を生み出し、持続可能な社会を創造していくことをめざす学習や活動であり、持続可能な社会づくりの担い手を育む教育であると言われています。高齢化が進む日本社会において、増大する医療費をいかに効率よく使い、社会のニーズに応えていくかという点では、生活に困難さを持つ地域住民をケアするための方法を学ぶための方法として、ESDの価値観を取り入れていくことが必要です。

ESDで求められる観点には、①人格の発達や、自律心、判断力、責任感などの人間性を育むこと、②他人との関係性、社会との関係性、自然環境との関係性を認識し、「関わり」「つながり」を尊重できる個人を育むことの2つがあります。ESDで育みたい力としては、①持続可能な開発に関する価値観（人間の尊重、多様性の尊重、非排他性、機会均等、環境の尊重等）、②体系的な思考力（問題や現象の背景の理解、多面的かつ総合的なものの見方）、③代替案の思考力（批判力）、④データや情報の分析能力、⑤コミュニケーション能力、⑥リーダーシップの6つの力が示されています[18]。

---

[16]　日本医学教育学会　医学教育情報館　http://www.meal-jsme.jp/glossary/index.php/（2019年1月29日閲覧）
[17]　IPE/IPW glossary JAIPE 2014, 日本保健医療福祉連携教育学会（JAIPE）発行，2014年。
[18]　文部科学省　日本ユネスコ国内委員会　http://www.mext.go.jp/unesco/004/1339970.htm（2018年4月13日閲覧）

◯地域共生社会[19]

社会構造の変化や人々の暮らしの変化を踏まえ，制度・分野ごとの「縦割り」や「支え手」「受け手」という関係を超えて，地域住民や地域の多様な主体が参画し，人と人，人と資源が世代や分野を超えてつながることで，住民1人ひとりの暮らしと生きがい，地域を共に創っていくのが，地域共生社会です。

（2）歴　史

地域での専門職の連携は，従来から，生活に困難がある人々に対して，行政や民生委員，学校と児童委員などの間で行われていました。ただし，これは限定的でした。地域住民の質の高い暮らしを実現するために専門職が連携するという価値観が取り上げられるようになったのは，1990年代になってからです。

医療を例に挙げると，20世紀の医療は治療医学によって救命を最大の目標とし，医学・医療技術の発達と共に医師は専門医として養成されるようになりました[20]。この専門分化と患者のニーズの多様化に伴い，治療を担う専門職が国家資格化され，専門の機関で養成されるようになりました。しかし，社会の変化に伴い，1990年代半ば頃から医学モデルから治療モデルへ，キュアからケアへとパラダイムシフトが求められるようになりました。

実際には，2000（平成12）年度から介護保険制度が導入されましたが，分野を超えた連携はなかなか進みませんでした。そのような中，総合診療力を持った医師の不足，診療科の偏在が問題となり，2012（平成24）年度，地域包括ケアシステム構築をめざした介護保険法の改正が行われました。地域包括ケアシステムとは，住み慣れた地域で自分らしい暮らしを人生の最後まで続けることができるよう，住まい・医療・介護・予防・生活支援が一体的に提供される体制であり，保険者である市町村や都道府県が，地域の自主性や主体性に基づき，地域の特性に応じて作り上げていくことが必要だとされています。これによって，多職種連携による地域ケア会議の開催などが行われるようになり，地域における専門職の連携が現実的に進展するようになりました[21]。2016（平成28）年以降，厚生労働省は我が事丸ごと地域共生社会実現本部を立ち上げ，地域共生社会，ニッポン一億総活躍社会の実現に向けて，地域を基盤とする包括的支援の推進をはじめとする改革を進めています[22]。

---

[19]　厚生労働省ホームページ＞「地域共生社会」の実現に向けて　http://www.mhlw.go.jp/stf/seisakunitsuite/bunya/0000184346.html（2019年1月29日閲覧）
[20]　猪飼周平，2010『病院の世紀の理論』有斐閣，p.4。
[21]　厚生労働省ホームページ＞介護保険制度改正の概要及び地域包括ケアの理念　http://www.mhlw.go.jp/stf/shingi/2r9852000001oxhm-att/2r9852000001oxlr.pdf（2019年1月29日閲覧）
[22]　厚生労働省ホームページ＞「地域共生社会」の実現に向けて　http://www.mhlw.go.jp/stf/seisakunitsuite/bunya/0000184346.html（2019年1月29日閲覧）

D
様々な専門職の理解

1　地域基盤型 IPW における専門職とは

　地域基盤型 IPW におけるチームには，様々な専門職が参加します。しかし，これは必ずしも国家資格を持つ専門職だけとは限りません。地域基盤型 IPW では，その支援の目標を共有し，その支援に必要な人（専門職に限らない）がチームメンバーとなります。支援を必要とする人本人は自分の人生の専門家としてチームの一員であると捉えます。

2　IPW・IPE になぜ重要か

（1）一般論として

　IPW は多職種との連携・協働であり，自分の職種以外の専門職のことを理解していないと実践できません。IPW のパートナーとして，一緒に活動するメンバーとなる人々を理解することが必要です。逆に，IPW がうまくいかない理由として，相手を誤解していたり，壁があってコミュニケーションが取れないこと，あるいは相手の役割を勝手にイメージして，これはやってもらえるはずと期待しすぎることなど[23]，他の専門職に関する理解が不足していることに起因しているものも多くあります。

　また，他の専門職を理解することは，自分の専門分野を理解することにもつながります。

（2）SAIPE における位置付け

　SAIPE において，専門性は，「自他の専門性を理解し，柔軟に発揮することができる」としてコンピテンシーの1つに位置付けられています。ここでの，「自他の専門性の理解」とは，その専門職の役割や専門技術，専門用語等を理解するだけではなく，同じ言葉でも含まれる意味が違うこと，価値観やものの見方，考え方を理解することなども含まれます。さらに，できることや役割だけではなく，その専門職にはできないことや，他の専門職と重複している役割等に関する理解も重要です。このような生きた実践としての専門性の理解は，専門職についての知識を持つ

---

[23]　埼玉県立大学編，2009『IPW を学ぶ——利用者中心の保健医療福祉連携』中央法規出版，p.120。

ているだけでは難しく，実際に専門職に話を聞いたり，他の専門性を持った学生同士が交流したりする中で培われます。

このために，SAIPEでは，IPW論において様々な専門職について一般的な知識を得，IPW演習やIPW実習で他の専門職を目指す学生と学ぶことによって他職種の理解を深めることをめざしています。

また，先に述べたように，SAIPEでは，専門職は国家資格のあるものだけを専門職と捉えるのではなく，支援を必要とする人本人は，その思いや人生，状況などについて最もよく知っているという意味でその人自身に関する専門性を持っており，また，支援を必要とする人の家族は，支援を必要とする人に対して，日常的あるいは精神的な細やかなケアを行うという点で独自の専門性を持っていると捉えています。

様々な専門職の理解とは，このような多様な専門職の深い理解を意味しているのです。

3 特　徴

以下は医療・福祉分野における国家資格等を有した専門職を列挙し，そのうちから地域基盤型IPWで連携する主な専門職についてその役割を解説します（表3-1）。

○**医療分野**：医師・歯科医師，薬剤師，
　　　　　　看護師，助産師，保健師，
　　　　　　管理栄養士・栄養士，診療放射線技師，臨床検査技師，
　　　　　　理学療法士，作業療法士，言語聴覚士，視能訓練士，
　　　　　　義肢装具士，臨床工学士，救急救命士，
　　　　　　歯科衛生士，歯科技工士，公認心理師など
○**医療関連**：あん摩マッサージ指圧師，はり師，きゅう師，柔道整復師など
○**福祉分野**：社会福祉士，精神保健福祉士，介護福祉士，
　　　　　　保育士，介護支援専門員（ケアマネジャー）など

表3-1　様々な専門職

分野	専門職名	根拠法令	業務内容	IPWにおける役割
医療	医師	医師法	医療および保健指導のすべて	医療における最終責任者
	歯科医師	歯科医師法	歯科医療および保健指導のすべて	歯科医療の視点から支援を必要とする人のQOLをみつめ，施設内での歯科診療や訪問歯科診療をとおして，食行動や栄養，生活習慣病等の健康課題を把握

分野	専門職名	根拠法令	業務内容	IPWにおける役割
医療	薬剤師	薬剤師法	調剤，医薬品の供給その他薬事衛生	調剤（処方内容の確認と薬剤の調整），服薬指導や薬剤管理指導
	看護師	保健師助産師看護師法	傷病者若しくはじょく婦に対する療養の世話または診療の補助	ア 支援を必要とする人・家族の状況について情報共有を推進する役割 イ 様々な職種とタイムリーに連携を推進する役割
	助産師	保健師助産師看護師法	助産または妊婦，じょく婦もしくは新生児の保健指導を行う	安全で幸せな妊娠・出産と子育て支援，女性のライフサイクル全般を支援する。次世代育成に関わるチームでは推進役
	保健師	保健師助産師看護師法	保健指導 ＊行政，産業，学校，医療機関などで勤務	ア 早期発見から医療につなぐ役割 イ 保健指導 ウ 退院支援 エ 在宅ケアにおけるマネジメントなど ＊医療・看護分野だけでなく，介護，福祉分野，地域における社会資源などすべてに関わることのできる職種として，在宅ケアチームの中心的役割をとれる職種
	管理栄養士・栄養士	栄養士法	栄養士：栄養の指導。 管理栄養士：①傷病者に対する療養のため必要な栄養の指導，②個人の身体の状況，栄養状態などに応じた高度の専門的知識および技術を要する健康の保持増進のための栄養の指導，③特定多数人に対して継続的に食事を供給する施設における支援を必要とする人の身体の状況，栄養状態，医療の状況などに応じた特別な配慮を必要とする給食管理およびこれらの施設に対する栄養改善上必要な指導	支援を必要とする人の身体所見，背景（嗜好，社会的背景，身体活動量），栄養アセスメント，嚥下機能評価，褥瘡リスクアセスメント，主観的包括的アセスメントといった多職種からの情報をもとに，栄養指導，栄養の維持，改善を図る具体的プランを提案し，多職種と協働して支援を行う
	診療放射線技師	診療放射線技師法	放射線を人体に対して照射（撮影を含み，照射機器または放射性同位元素を人体にそう入して行うものを除く。）する	一例として 放射線照射時における配慮や得られた情報の共有など
	臨床検査技師	臨床検査技師等に関する法律	微生物学的検査，血清学的検査，血液学的検査，病理学的検査，寄生虫学的検査，生化学的検査および厚生労働省令で定める生理学的検査を行う	一例として 検査値の時系列変化や適切な検査時期などの提案など
	理学療法士	理学療法士及び作業療法士法	身体に障害のある者に対して，主としてその基本的動作能力の回復を図るため，治療体操その他の体操を行わせ，及び電気刺激，マッサージ，温熱その他の物理的手段を加える	一例として 在宅移行へ向けて基本動作のリハビリと環境整備など

D 様々な専門職の理解

分野	専門職名	根拠法令	業務内容	IPWにおける役割
医療	作業療法士	理学療法士及び作業療法士法	身体または精神に障害のある者に対し，主としてその応用的動作能力または社会適応能力の回復を図るため，手工芸その他の作業を行わせる	一例として 在宅移行へ向けて，日常生活動作の拡大と環境整備　家庭内での役割拡大など
	言語聴覚士	言語聴覚士法	音声機能・言語機能または聴覚に障害のある者についてその機能の維持向上を図るため，言語訓練その他の訓練，これに必要な検査および助言・指導その他の援助	一例として コミュニケーション評価，コミュニケーションリハビリ，嚥下訓練など
	視能訓練士	視能訓練士法	両眼視機能に障害のある者に対するその両眼視機能の回復のための矯正訓練およびこれに必要な検査	一例として 眼疾患の検査などから全身疾患の状況を把握。眼鏡の処方，残像視機能を活用する日常生活訓練など
	義肢装具士	義肢装具士法	義肢および装具の装着部位の採型ならびに義肢および装具の製作および身体への適合	一例として 障害を補助する装具の作成，身体活動の拡大のための装具開発など
	臨床工学技士	臨床工学技士法	生命維持管理装置の操作（生命維持管理装置の先端部の身体への接続または身体からの除去であって政令で定めるものを含む）および保守点検	一例として 在宅医療における生命維持管理装置の保守点検など
	救急救命士	救急救命士法	救急救命処置	一例として 救急搬送時の連携や対応など
	歯科衛生士	歯科衛生士法	歯牙および口腔の疾患の予防処置を行う	一例として 在宅療養で口腔ケア，嚥下リハビリなど
	歯科技工士	歯科技工士法	歯科技工（特定人に対する歯科医療の用に供する補てつ物・充てん物または矯正装具を作成・修理または加工すること）を行う	一例として 歯科医療を通して歯科技工の専門的役割を担う
	公認心理師	公認心理師法	心理学に関する専門的知識・技術をもって，次の行為を行う ア　心理に関する要支援者の心理状態を観察し，その結果を分析すること イ　要支援者に対し，心理に関する相談に応じ，助言，指導その他の援助を行うこと ウ　要支援者の関係者の相談に応じ，助言，指導その他の援助を行うこと エ　心の健康に関する知識の普及を図るための教育および情報の提供を行うこと	一例として 精神科での心理テスト，心理療法，がん患者など精神科以外の科での心理評価・心理サポートなど 活動領域は医療に限らず教育・福祉・保健・労働産業・司法など特定分野に限定されない「汎用性」「領域横断性」を特長とする

分野	専門職名	根拠法令	業務内容	IPWにおける役割
医療関連	あん摩マッサージ指圧師, はり師, きゅう師	あん摩マッサージ指圧師, はり師, きゅう師に関する法律	あん摩・マッサージ・指圧・はりまたはきゅう	一例として 本人が施術を受けている場合などは, 疼痛緩和や機能回復など
	柔道整復師	柔道整復師法	打撲, 捻挫などに対し, 手技療法により機能回復を図る	同　上
福祉	社会福祉士	社会福祉士及び介護福祉士法	専門的知識および技術をもって, 身体上または精神上の障害があること, または環境上の理由により, 日常生活を営むのに支障がある者の福祉に関する相談に応じ, 助言, 指導, 福祉サービスを提供する者または医師その他の保健医療サービスを提供する者その他関係者との連絡および調整, その他の援助	社会福祉制度の利用, 保健福祉医療サービス提供者との連絡調整など
	介護福祉士	社会福祉士及び介護福祉士法	専門的知識および技術をもって, 身体上または精神上の障害があることにより日常生活を営むのに支障がある者につき, 心身の状況に応じた介護（喀痰吸引等を含む）を医師の指示のもとに行い, ならびにその者およびその介護者に対して介護に関する指導を行う	介護に関する知識や技術に基づく援助方法などの提案や実践など
	精神保健福祉士	精神保健福祉士法	精神障害者の保健および福祉に関する専門的知識および技術をもって, 精神科病院その他の医療施設において精神障害の医療を受け, または精神障害者の社会復帰の促進をはかることを目的とする施設を利用している者の社会復帰に関する相談に応じ, 助言, 指導, 日常生活への適応のために必要な訓練その他の援助を行う	精神保健医療福祉制度の利用に関する調整や関係者の連絡調整など
	保育士	児童福祉法	専門的知識および技術をもって, 児童の保育および保護者に対する保育に関する指導を行う	一例として 子育て支援センターでの相談や支援活動, 子どもの発達に合わせた遊びや関わり方など
	介護支援専門員（ケアマネジャー）	介護保険法	要介護者または要支援者（以下「要介護者等」）からの相談に応じ, 要介護者等がその心身の状況等に応じ適切なサービスを利用できるよう, 市区町村, サービス事業者等との連絡調整等を行う	介護保険サービス利用者のケアマネジメントおよび関係者間の連絡調整を行う

（1）医療分野の専門職

①医　　師

医師法第17条に「医師でなければ，医業をなしてはならない」とあります（業務独占）。医師は基本的に医療のすべてを行う職であり，そのために生涯にわたり知識と技術の向上に努めなければなりません。また，医師として人格者たることも求められています。

基本的には医療行為は医師でなければ行えません。しかし，現在の医療においては，種々の医療職が医師の行うべきものの一部を分担できるようになってきています。医師には，本来自身が行うべきことを分担してもらっていることを忘れずに，その内容，過程，結果を十分理解し，把握することが求められます。医師は医療において最終責任者です。決して独善的，自己中心的にならず，チームの各医療者の意見に耳を傾ける姿勢を忘れてはいけません。

IPWは単に専門職がその専門分野を分担して支援するだけではなく，チームとして目標を共有し，切れ目のない狭間のない支援をしていくことが重要となります。医師は本人や家族の思いを中心にした支援チームの一員であるとともに医療における最終責任者としてその核となるべき存在なのです。

②歯科医師

歯科医師は，歯科医師法第1条で「歯科医療及び保健指導を掌ることによつて，公衆衛生の向上及び増進に寄与し，もつて国民の健康な生活を確保する」とされています。歯科医師は，歯科医療に関して医師と同様の義務（療養指導義務・応召義務・診断書交付義務・処方箋交付義務・未診察診療の禁止）を負います。

基本的に歯科医療は歯科医師でなければ行えません。歯科医師は，歯科医療の視点から援助を必要とする人のQOLをみつめ，施設内での歯科診療や訪問歯科診療をとおして，食行動や栄養，生活習慣病等の健康課題を把握し，支援チームメンバーとしての役割を担います。

③薬　剤　師

薬剤師は，薬剤師法第1条で「調剤，医薬品の供給その他薬事衛生をつかさどることによつて，公衆衛生の向上及び増進に寄与し，もつて国民の健康な生活を確保する」とされています。薬剤師の専属的（独占的）業務は調剤業務です。

現在の薬剤師は，①調剤（処方内容の確認と薬剤の調整）以外にも，②医薬品の購入，在庫，供給と品質管理（薬品管理），③市販されていない薬剤の調整（製剤），④医薬品情報の収集，評価，加工，提供（医薬品情報業務，drug information：DI），⑤射剤の無菌調整，患者別供給（注射剤調整），⑥抗がん剤に関する患者への指導・レジメン管理，⑦入院患者への総合的な薬学管理（服薬指導を含む，薬剤管理指導業務），⑧薬物の血中濃度測定，解析，投与設計（薬物治療モニタリング，therapeutic drug monitoring：TDM），⑨医薬品関連事故防止のためのリスクマネジメントなど幅広い業務に携わっています。

④看　護　師

看護師は，保健師助産師看護師法第5条で，「厚生労働大臣の免許を受けて，傷病者若しくは

じょく婦に対する療養上の世話又は診療の補助を行うことを業とする者をいう」と定められています。診療の補助とは，医師の指示を必要とする行為であり，医療器械の使用や医薬品の投与などが含まれます。多くの看護師は医療機関で働いていますが，訪問看護ステーションや介護保険施設，福祉施設，学校の保健室，企業の健康管理部門，海外での看護活動に従事している者もいます。

　看護師のチームの中での主な役割は以下のようなものです。

ア）支援を必要とする人・家族の状況について情報共有を推進する役割

　看護師は，支援を必要とする人にとって身近な存在であり，他の職種と比べると家族と接する機会も多い職種です。看護師は，支援を必要とする人が今までの生活や現在に至るまでの病気の経過をどのように考えているか，今後どのように生活していきたいか，家族はどのように考えているかなどその思いを傾聴しています。支援を必要とする人・家族がチームの中心として主体的に参加できるよう，チームの情報共有を推進する役割が求められます。

イ）様々な職種とタイムリーに連携を推進する役割

　看護師は，病棟などで他の専門職との接点が多く，コミュニケーションをとりやすい立場にあります。様々な専門職と協働しながら，各専門職が連携を取れるように関わることができます。特に退院前には，施設を超えたチームの構成が必要となります。退院後の支援を必要とする人・家族の生活にどのような職種の支援が必要かを考え，タイムリーに支援チームを作っていく必要があり，医師と共にチームの基盤づくりの中心的な役割を担うことが多いと言えるでしょう。

⑤助産師

　助産師とは，保健師助産師看護師法第3条で「厚生労働大臣の免許を受けて，助産又は妊婦，じょく婦若しくは新生児の保健指導を行うことを業とする女子をいう」と定義されています。助産師には女性の正常な妊娠，出産という経過において，診断し，助産ケアを実施できる権限があります。妊娠・分娩・産褥期の母子の生命を守る業は助産師と医師のみの独占業務です。しかし，助産師が関わる助産とは正常な分娩であり，臨時応急的な場合を除いては医師の指示なしでは医薬品使用の処置はできません。

　助産師は，医療施設内で助産師外来，院内助産所を開設し，妊婦健診，助産，褥婦と新生児ケア（母乳外来など含む）を実施しています。また，地域に助産所を開設し，地域に密着した助産，子育て支援，性教育など女性の生涯にわたるリプロダクティブヘルスを支援する専門的な職種です。

　助産師は，安全で幸せな妊娠・出産と子育て支援，女性のライフサイクル全般を支援するという専門領域の特性を，チームの中で発揮しています。特に，子を産み養育するという次世代育成に関わるチームではリーダー的存在となりうるでしょう。

⑥保健師

　保健師とは，保健師助産師看護師法第2条で「厚生労働大臣の免許を受けて，保健師の名称を用いて保健指導に従事することを業とする者」と定められています。保健師の働く場所は行政，

産業界，学校，医療機関など多岐にわたり，その多くは都道府県・市町村などの保健所や保健センター・介護保険・障害福祉分野です。

保健師の具体的な活動は，健康診査，健康相談，健康教育，家庭訪問，地区組織育成などが挙げられます。対象は乳幼児から高齢者までの住民全体を対象とし，個人，集団，地域の健康課題解決へ向けて活動する職種です。

チーム内での保健師の役割として，①早期発見から医療につなぐ役割，②保健指導，③退院支援，④在宅ケアにおけるマネジメントなどがあります。特に在宅ケアにおいては，各専門職の所属が異なり，関係者が一堂に会する機会も少ない傾向にあります。情報や目標の共有は，ケアの質の保証や支援を必要とする人のQOL向上にとって重要な要素です。保健師は，医療・看護分野だけでなく，介護，福祉分野，地域における社会資源などすべてに関わることのできる職種として，在宅ケアチームの中心的役割を取れる職種です。

⑦管理栄養士・栄養士

管理栄養士・栄養士は，栄養士法第1条により定められており，栄養士は，「都道府県知事の免許を受けて，栄養士の名称を用いて栄養の指導に従事することを業とする者」，管理栄養士は，「厚生労働大臣の免許を受けて，管理栄養士の名称を用いて，傷病者に対する療養のため必要な栄養の指導，個人の身体の状況，栄養状態等に応じた高度の専門的知識及び技術を要する健康の保持増進のための栄養の指導，並びに特定多数人に対して継続的に食事を供給する施設における利用者の身体の状況，栄養状態，利用の状況等に応じた特別な配慮を必要とする給食管理及びこれらの施設に対する栄養改善上必要な指導を行うことを業とする者」をいいます。

医療分野における管理栄養士は，支援を必要とする人の栄養状態の評価，栄養ケアプランの作成および栄養ケアマネジメントの実施，適切な栄養管理の遂行を業務としています。

管理栄養士の業務は多岐にわたりますが，医療現場における業務は，①入院患者の病態に応じた給食の献立・衛生管理，②病態に応じた栄養指導，③NTS（栄養サポートチーム）を中心とした入院患者の栄養評価，④在胎栄養管理の4つに分類できます。これらの業務の中で管理栄養士は，患者の身体所見，背景（嗜好，社会的背景，身体活動量），栄養アセスメント，嚥下機能評価，褥瘡リスクアセスメント，主観的包括的アセスメントといった多職種からの情報をもとに，栄養指導，栄養の維持・改善を図る具体的プランを提案し，多職種と協働して支援を行っています。

⑧診療放射線技師

診療放射線技師とは，「厚生労働大臣の免許を受けて，医師又は歯科医師の指示の下に，放射線を人体に対して照射（撮影を含み，照射機器又は放射性同位元素（その化合物及び放射性同位元素又はその化合物の含有物を含む。）を人体にそう入して行なうものを除く。）することを業とする者」をいいます（診療放射線技師法）。

診療放射線技師は，放射線検査（骨・関節や胸部などのX線単純撮影，X線透視検査，X線CT検査，骨塩定量検査），放射線医学を用いた検査（MR検査，超音波検査，眼底検査），放射性医薬品を用いた核医学検査（シンチグラフィ，SPECT検査，PET検査）の撮影・検査と画像解析に従事し，

これらの装置の保守管理を行います。また，がん治療における放射線治療（X線，γ線の光子線，電子線，重粒子線を用いた外部照射，線源を子宮・膣などに挿入する膣内照射，線源を前立腺や舌に射す組織内照射など）に従事します。

⑨臨床検査技師

臨床検査技師とは，「厚生労働大臣の免許を受けて，臨床検査技師の名称を用いて，医師又は歯科医師の指示の下に，微生物学的検査，血清学的検査，血液学的検査，病理学的検査，寄生虫学的検査，生化学的検査及び厚生労働省令で定める生理学的検査を行うことを業とする者」をいいます（臨床検査技師等に関する法律）。

臨床検査技師の業務は，大別して検体検査と生理学的検査があります。検体検査には微生物・血清・血液・生化学・病理検査があり，生理学的検査には心電図・心音図・超音波・脳波・呼吸機能・筋電図・聴力・その他の検査が含まれます。

⑩理学療法士

理学療法士（physical therapist：PT）とは，「厚生労働大臣の免許を受けて，理学療法士の名称を用いて，医師の指示の下に，理学療法を行なうことを業とする者」をいいます（理学療法士及び作業療法士法）。

理学療法とは，身体に障害のある者に対し，主としてその基本的動作能力の回復を図るため，治療体操その他の運動を行わせ，電気刺激・マッサージ・温熱その他の物理的手段を加えることです。

⑪作業療法士

作業療法士（occupational therapy：OT）とは，「厚生労働大臣の免許を受けて，作業療法士の名称を用いて，医師の指示の下に，作業療法を行なうことを業とする者」を指します（理学療法士及び作業療法士法）。

作業療法とは，身体または精神に障害のある者に対し，主としてその応用的動作能力または社会的適応能力の回復を図るため，手芸・工芸その他の作業を行わせることです。

⑫言語聴覚士

言語聴覚士とは，「厚生労働大臣の免許を受けて，言語聴覚士の名称を用いて，音声機能，言語機能又は聴覚に障害のある者についてその機能の維持向上を図るため，言語訓練その他の訓練，これに必要な検査及び助言，指導その他の援助を行うことを業とする者」をいいます（言語聴覚士法）。近年の人口の高齢化，疾病構造の変化などにより，脳卒中などに起因する言語障害や聴覚に障害のある人々に対し，その機能の維持・向上のための検査・訓練・助言などを行う専門家が求められ，1997（平成9）年に言語聴覚士の資格制度ができました。

言語聴覚士は，医師または歯科医師の指示のもとに，嚥下訓練，人工内耳の調整などの行為を行うことができます。

なお，ヨーロッパではスピーチセラピスト（speech therapist：ST），アメリカではオーディオロジスト＝聴覚療法士，スピーチ・ランゲージ・パソロジスト＝言語療法士などの名称で制度化

されています。

⑬視能訓練士

視能訓練士とは、「厚生労働大臣の免許を受けて、視能訓練士の名称を用いて、医師の指示の下に、両眼視機能に障害のある者に対するその両眼視機能の回復のための矯正訓練及びこれに必要な検査を行なうことを業とする者」をいいます（視能訓練士法）。眼科医療の進歩により、斜視、弱視など両眼視機能に障害のある者を幼少期の段階で矯正治療することが可能となり、眼科医の指示の下、長期間にわたる矯正訓練や必要な検査を行う専門技術者が必要となりました。そのため、1971（昭和46）年に視能訓練士の資格制度が定められました。

⑭義肢装具士

義肢装具士とは、「厚生労働大臣の免許を受けて、義肢装具士の名称を用いて、医師の指示の下に、義肢及び装具の装着部位の採型並びに義肢及び装具の製作及び身体への適合を行うことを業とする者」をいいます（義肢装具士法）。

⑮臨床工学技士

臨床工学技士とは、「厚生労働大臣の免許を受けて、臨床工学技士の名称を用いて、医師の指示の下に、生命維持管理装置の操作（生命維持管理装置の先端部の身体への接続又は身体からの除去であつて政令で定めるものを含む。）及び保守点検を行うことを業とする者」をいいます（臨床工学技士法）。

近年の医療機器の進歩にともない、人工透析・人工心肺装置・人工呼吸装置などの生命維持管理装置は医療現場に欠かせない重要な役割を担っています。この生命維持管理装置の操作および保守点検には、医学的知識だけでなく工学的知識も必要であり、それらの装置はますます複雑・高度化しています。そのため1987（昭和62）年に臨床工学技士の制度が設けられました。

⑯救急救命士

日本の救急医療については、受入側の医療機関体制は概ね整備されてきていますが、搬送されるまでの救急救命処置については課題となっていました。そこで、搬送途上における必要な救急救命処置を行うことができる資格制度として、1991（平成3）年に救急救命士が誕生しました。

救急救命士とは、「厚生労働大臣の免許を受けて、救急救命士の名称を用いて、医師の指示の下に、救急救命処置を行うことを業とする者」をいいます（救急救命士法）。

救急救命処置とは、症状が著しく悪化する恐れがあり、生命が危険な状態にある傷病者が医療機関に搬送されるまでの間に行われる気道の確保、心肺の回復その他の処置であって、症状の悪化防止、生命の危険回避のために緊急に必要なもののことです。

⑰歯科衛生士

歯科衛生士とは、「厚生労働大臣の免許を受けて、歯科医師（歯科医業をなすことのできる医師を含む。）の指導の下に、歯牙及び口腔の疾患の予防処置として次に掲げる行為を行うことを業とする者」をいいます（歯科衛生士法）。

一　歯牙露出面及び正常な歯茎の遊離縁下の付着物及び沈着物を機械的操作によつて除去する

こと。
二　歯牙および口腔に対して薬物を塗布すること。

歯科衛生士は歯科診療の補助および歯科保健指導を行うことを業としています。

⑱歯科技工士

歯科技工士とは、「厚生労働大臣の免許を受けて、歯科技工を業とする者」をいいます（歯科技工士法）。歯科技工とは、特定人に対する歯科医療の用に供する補てつ物・充てん物または矯正装置を作成・修理または加工することを指します。

⑲公認心理師

心理職初の国家資格が公認心理師であり、その資格を定めた公認心理法が2015（平成27）年に誕生しました。

公認心理師とは、公認心理師の登録を受け、「公認心理師の名称を用いて、保健医療、福祉、教育その他の分野において、心理学に関する専門的知識及び技術をもって、次に掲げる行為を行うことを業とする者」をいいます（公認心理師法）。

一　心理に関する支援を要する者の心理状態を観察し、その結果を分析すること。
二　心理に関する支援を要する者に対し、その心理に関する相談に応じ、助言、指導その他の援助を行うこと。
三　心理に関する支援を要する者の関係者に対し、その相談に応じ、助言、指導その他の援助を行うこと。
四　心の健康に関する知識の普及を図るための教育及び情報の提供を行うこと。

（2）医療関連の専門職

①あん摩マッサージ指圧師、はり師、きゅう師

医師以外の者で、あん摩・マッサージ・指圧・はりまたはきゅうを業としようとする者は、それぞれの国家試験に合格し、厚生労働大臣の免許を受けなければなりません。

あん摩マッサージ指圧師、はり師、きゅう師などの施術者は、外科手術を行い、薬品を投与し、もしくはその指示をするなどの行為をしてはならないことになっています。また、あん摩マッサージ指圧師は、医師の同意を得た場合のほかは、脱臼または骨折の幹部に施術してはならず、はり師は、はりを施そうとするときには、はり・手指および施術の局部を消毒しなければなりません。

②柔道整復師

医師以外の者で、柔道整復を業としようとする者は、柔道整復師国家試験に合格し、厚生労働大臣の免許を受けなければなりません。

柔道整復師は、外科手術を行い、薬品を投与し、もしくはその指示をするなどの行為をしてはならず、また、医師の同意を得た場合のほかは、脱臼または骨折の患部に施術してはなりません。ただし、応急手当をする場合は差し支えないとされています。

（3）福祉分野の専門職

①社会福祉士

社会福祉士とは，社会福祉士及び介護福祉法第2条で厚生労働省の社会福祉士登録簿に登録を受け，「社会福祉士の名称を用いて，専門的知識及び技術をもって，身体上若しくは精神上の障害があること又は環境上の理由により日常生活を営むのに支障がある者の福祉に関する相談に応じ，助言，指導，福祉サービスを提供する者又は医師その他の保健医療サービスを提供する者その他の関係者との連絡及び調整その他の援助を行うことを業とする者」をいいます。

②介護福祉士

介護福祉士とは，社会福祉士及び介護福祉法第2条第2項で厚生労働省の介護福祉士登録簿に登録を受け，「介護福祉士の名称を用いて，専門的知識及び技術をもって，身体上又は精神上の障害があることにより日常生活を営むのに支障がある者につき心身の状況に応じた介護（喀痰吸引その他……を含む）を行い，並びにその者及びその介護者に対して介護に関する指導を行うことを業とする者」をいいます。

③精神保健福祉士

精神保健福祉士とは，精神保健福祉士法第2条で厚生労働省の精神保健福祉士登録簿に登録を受け，「精神保健福祉士の名称を用いて，精神障害者の保健及び福祉に関する専門的知識及び技術をもって，精神科病院その他の医療施設において精神障害の医療を受け，又は精神障害者の社会復帰の促進を図ることを目的とする施設を利用している者の地域相談支援の利用に関する相談その他の社会復帰に関する相談に応じ，助言，指導，日常生活への適応のために必要な訓練その他の援助を行うことを業とする者」をいいます。

④保育士

保育士とは，都道府県の保育士登録簿に登録を受け，「保育士の名称を用いて，専門的知識及び技術をもって，児童の保育及び保護者に対する保育に関する指導を行うことを業とする者」です（児童福祉法）。

⑤介護支援専門員（ケアマネジャー）

介護支援専門員については介護保険法第7条第5項に定めがあります。そこでは，介護支援専門員とは，要介護者又は要支援者（以下「要介護者等」という。）からの相談に応じ，及び要介護者等がその心身の状況等に応じ適切な……サービス……を利用できるよう，市区町村，サービス事業者等との連絡調整等を行う者であって，要介護者等が自立した日常生活を営むのに必要な援助に関する専門的知識及び技術を有するものとして介護支援専門員証の交付を受けたものと定義されています。

介護保険制度では，保険給付の対象者である要介護者等に対し，ケアマネジャーが中心となってケアマネジメントが行われることになっています。このケアマネジメントで重要なのは，個々の要介護者等の解決すべき課題や状態に即した「支援を必要とする人本位の介護サービス」が適切かつ効果的に提供されるよう調整を行うことであり，その責任を担っているのがケアマネジャ

ーです。

　ケアマネジャーの多くは,「居宅介護支援事業所」に所属しています。居宅において受けられる介護サービスなどの紹介,ケアプランの作成とサービスの調整,サービス給付費の計算や請求などを,支援を必要とする人に代わって行います。これらの業務を実際に手がけるのがケアマネジャーです。また,施設に入所している人についても,ニーズに応じて施設サービスが適切に提供される必要があり,介護保険施設でもケアマネジメントが行われ,それを担う立場としてケアマネジャーの配置が義務付けられています。

E チーム形成

1 チーム形成とは

　「チーム」とは，目標を共有し，同じ方向に向かって力を合わせて前進する人材の集合体のことです。「チーム形成」とは，1つの目標，目的，仕事について，個人ではなく複数名で対応する際に行われる「プロセス」を意味します。「チーム・ビルディング」「チームづくり」「チーム・プロセス」とよばれることもあります。「チーム形成」はビジネス分野でも用いられていますが，ビジネス分野では，リーダーシップやマネジメントを強く意識する傾向があり，IPWでのチーム形成が協働や対等性を意識する傾向がある点で少し異なると考えられます。

○類似概念との違い

グループ	チーム
人材の集合体ではあるが，メンバーが個々に目標，目的，仕事に対応する。	同じ方向に向かって力を合わせて前進する人材の集合体。

⇔

2 IPW・IPEになぜ重要か

（1）一般論として
　IPWでは，様々な局面で相手の意見を引き出し，チームとしての意思決定を行い，行動することになります。したがって，良いチームでは目標の共有がなされ，メンバー全員が状況に応じてリーダーになれる関係性を持っています。このようなチームが形成されていくためには，目標を共有し，メンバー全員が同じ方向性を持っていながら，その方向性が正しいかどうかを，感情論ではなく論理的に議論できる関係性を持つことが重要になります。IPWにおいて，この「チーム形成」をいかに効果的・効率的に行えるかが重要になります。

（2）SAIPEにおける位置付け

　彩の国連携科目では，IPE・IPWを学ぶ中で，複数の領域の専門職が，それぞれの知識と技術を提供しあい，相互に作用しつつ，支援を必要とする人と共に，共通の目標の達成を目指す援助活動をチームで行うことになります。その過程で「チーム形成」について学び理解していきます。彩の国連携科目であるヒューマンケア論，ヒューマンケア体験実習，IPW論において，チームを作る過程に参加し，チームの一員として自覚を持って適切に行動できるようになります。その際，チームの構成要素を意識しながら，目標の共有，情報の共有，相互理解，相互支援，意思決定，役割分担をメンバーそれぞれが合意し，活動に結び付けることを経験的に理解し，いかに信頼関係を結ぶのか，どのように相互作用の基盤ができるのかについて学びます。さらに，「時間の管理」「チームワーク」「話し合いの型」「ツールの活用」なども理解し，適切な「チーム形成」を効果的に実施するための基本を学びます。その後のIPW演習やIPW実習において，より実践的に専門性を意識した「チーム」での活動を経験する中で，より具体的な目標の共有，意見の違いを理解し，コンフリクトを乗り越え，発展的にチーム活動ができるように，「チーム形成」について実践しながら学びます。

3　特　　徴

（1）チーム形成の特徴

①タックマンのモデル[24][25]

　タックマン（B.W. Tackman）が1965年に発表したチームに関する論文の中で，チーム形成プロセス（チームがチームとして成長し機能していく過程）は，4つの段階を経るとされています。すなわち，形成期（Forming），混乱期（Storming），統一期（Norming），機能期（Performing）の4期を経てチームが形成されます。

　形成期：集団として形成されているが，互いのことを知らず，共通の目的がわからず模索している段階。

　混乱期：目的，各自の役割と責任などについて意見を発し，対立が生まれる段階。

　統一期：他人の考え方を受容し，目的，役割，期待などが一致しチーム内の関係が安定する段階。

　機能期：結束力と一体感が生まれ，チームの力が目標達成に向けられる段階。

②話し合いの型

　チームでの話し合いでは，まず，枠組みの共有→対話による考えの発散→考えの収束→成果の共有，の流れでメンバーの考えを共有し多様な課題を見つける「発散収束型」の話し合いが基本

---

[24] 蓮見礼子・新甫知恵・三田五月子・奥永秀子・小林清典・竹澤三代子・鈴木佑，2017「受診者の状態に適したピロリ菌検査実施への取り組み——多職種連携・協働における看護師の役割」『総合検診』第44巻第5号，pp. 25-29。

[25] Tackman's stages of group development WIKIPEDIA, Tuckman, Bruce W., 1965, Developmental sequence in small groups. *Psychological Bulletin*, 63(6), pp. 384-399.

となります。この「発散収束型」の話し合いを繰り返して，問題，問題の原因，原因に基づく解決策，解決策の中からどれをどのように採用するのかを意思決定するのが「問題解決型」の話し合いです。これは「チーム形成」の基本的要素であり，重要なプロセスです。[26]

③チームとは何か[27]

中村誠司は著書『対人援助職のためのファシリテーション入門』の中で，「対人援助（ヒューマン・ケア）の仕事は『チーム』で取り組みます。『チーム』は職員1人ひとりの人材の集合体です。"群衆"や"集団"とは異なります。目的がバラバラで集まった集合体は"群衆"と呼び，同じ目的を持っていても方向性や考え方がバラバラな集まりは"集団"と呼びます。同じ目標を共有し，同じ方向に向かって力を合わせて前進し，1人では達成できない成果を生み出すのが『チーム』です。言い換えれば，『チーム』の活動に期待されるのは，構成員個々の力の合計以上の成果を生み出すことといえる」としています。したがって，「チーム形成」において，各メンバーの能力が活かされ相乗的に機能することが重要になります。

④チーム医療における4つの志向性[28]

細田満和子が2001年に発表した「『チーム医療』とは何か——それぞれの医療従事者の視点から」において，チーム医療の困難の要因として，「専門性志向」「患者志向」「職種構成志向」「協働志向」の4つの要素が互いに緊張関係にあることがチーム医療を困難にしていること，また逆に各要素が相補的な関係になり統合されることが「理想型」になる可能性も報告しています。したがって，医療分野に関わる「チーム形成」においては，この4つの要素についても，各要素が対立しないよう相補的な関係になるように意識することも重要になります。

専 門 性 志 向：各専門職は，各専門職が固有の高い専門性を備えていること，専門性が他職種からも認められること，各職種の専門性が発揮されることなど，チームでの高い専門性の要求に応えるために，専門性を発揮しようとする。

患 者 志 向：患者やその問題を中心，最優先にしようとする。

職種構成志向：どのような職種がメンバーとなるかなど，チームメンバーとして複数の職種が位置付けられていることに関心を寄せる。

協 働 志 向：複数の職種が対等の立場で協力して業務を行うことに関心を寄せる。

4 資料編

チーム形成に関する主要な文献からの重要なポイントの抜き書きです。授業資料を作成する際に参考にしてください。

---

[26] 堀公俊，2004『ファシリテーション入門』日本経済新聞出版社，pp.66-74。
[27] 中村誠司，2017『対人援助職のためのファシリテーション入門』中央法規出版。
[28] 細田満和子，2001「『チーム医療』とは何か——それぞれの医療従事者の視点から」『保健医療社会学論集』第12号，pp.88-101。

(1) 定義・歴史

「チーム形成」は「チーム」が成熟し機能していく過程を表していますが、「チーム」についての定義は定まっていないのが現状です。

●Tackman's stages of group development WIKIPEDIA, Tuckman, Bruce W, 1965「Developmental sequence in small groups」『Psychological Bulletin』63(6), pp. 384-399。

The forming-storming-norming-performing model of group development was first proposed by Bruce Tuckman in 1965, who said that these phases are all necessary and inevitable in order for the team to grow, face up to challenges, tackle problems, find solutions, plan work, and deliver results.

●細田満和子, 2001「『チーム医療』とは何か――それぞれの医療従事者の視点から」『保健医療社会学論集』第12号, pp. 88-101。

今日、医療従事者の間では「チーム医療」に対する関心が高まっているが、その必要性が訴えられているのと同時に、困難さも指摘されている。本稿では、「チーム医療」が困難である要因のひとつが、「チーム医療」に対する認識や実践が多様であることと考え、それらを整理することを目的とする。その際フィールドワークなどを基に、医療に従事する当事者の捉える「チーム医療」について把握する。そして「チーム医療」という認識と実践をその志向性から、「専門性志向」「患者志向」「職種構成志向」「協働志向」の4つの要素に類型化してまとめ、それぞれの要素についてフィールドワークなどに立ち返りながら分析を試みた。その結果、「チーム医療」の各要素は緊張関係にあり「チーム医療」を困難にしていること、また逆に各要素が相補的な関係になり統合されることが、当事者にとっての「チーム医療」の理想型となることが導かれた。(p.88)

●中村和彦・塩見康史・高木穣, 2010「職場における協働の創生――その理論と実践」『南山大学「人間関係研究」』第9号, pp. 1-34。

6. グループの発達とチーム・ビルディング

グループが発達するほど、メンバー間に協働的な関係性が築かれていくと想定できる。グループでの協働の創生を間接的に検討するために、以下ではグループの発達理論を紹介していく。グループの発達理論にはさまざまなものがあるが、それらの中で、防衛的な風土から相互依存の風土への発達モデルを取り扱った、Gibb (1964) の理論を取り上げる。

(1) Gibbの理論

Gibbは、人と人との関わりがある様々な場面において、他者や関係に対する基本的な懸念(気がかり：concern) があるとした。互いの関係が発達していない状態では、防衛的な風土から生まれる恐怖や不信頼があり、それが懸念となるとした。たとえば、異国の地で全く知らない人から声をかけられた場合、そのような不安が大きい状況で防衛的に反応し、相手のことを信頼できないために懸念を持つことは自然なことである。そして、相手との関係ができ、相手に対して

信頼できるようになって，相手や関係性に対する懸念も解消されていくものである。この例のように，関わりを通して懸念が解消され，関係が発達するとGibbは考えた。

　Gibbは，様々なグループを観察し研究した上で，成熟したグループは相互依存的であり，懸念が解消されていることを，また，未成熟なグループでは関係性に対する懸念が高いことを見い出した。そしてグループの発達は，懸念を解消し，相互依存性を獲得していくことだと考えた。彼はグループにおける基本的な懸念として4つの懸念を想定した。受容懸念，データ流動的表出懸念，目標形成懸念，社会的統制懸念である。グループがこれら4つの懸念を解消していくことで，グループの各メンバーはより参加し関与するようになり，相互依存性が高まり，グループが成長していくのである。以下では4つの懸念のそれぞれについて概説していく。ちなみにGibbは，これら4つの懸念は相互に関連しながらも，この順番で解消されグループが発達していくと想定した。(p.13)

○加藤和美，2015「『チーム医療』活性化に関する研究――医師と看護師間のコミュニケーションに注目して」『北海学園大学経営論集』第13巻第3号，pp.149-214。

　4-3.「チーム」の起源

　そもそもチームは英語のTeamに始まる。"Together everyone achieves more"が原語とされている。直訳すると，"皆で共同して，より多くの事を成し遂げる"という意味になる。大橋ら（2003）は，その語源を「チームは複数人による集合的結合的作業（協働）形態の1つであり，組織形態の1つである」と説明している。

　由藤（2007）は，経営学でのチーム研究の出発点は，1927年から1932年のMayoらが中心に行ったホーソン研究で，「彼らが注目したのは公式集団（formal groups）というより，むしろ非公式集団（informal groups）であり，したがって，今日のいうチームではない」と述べている。それでは，チームの起源をどこに求めるか。研究者の間でも見解が様々とされ，一致しておらず，「十分に議論がしつくされてきたとは言い難い（大橋ら2003，由藤2007）」。だが，大橋らと由藤は，共通した，チームの源流を指摘している。それは，Trist, E. and Bamforth, K.の研究である。「炭鉱における機械化がそこで働く人々の社会的関係にいかなる影響を与えるのか（大橋ら2003）」をTrist, E.らが，調査した。「従来行っていた採炭の「手掘りシステム」方法では3〜4人，多いときで7〜8人の多能工で炭鉱過程の全てにおいて責任ある自律性を持った集団が構成されていた。これに対し，機械化による量産のために導入された長壁方式は，作業人員を増やしシフト制として，作業も分解し1つの作業のみ割り当てた。この大規模作業集団は，作業者同士のコミュニケーションや，助け合い作業は失われた。調整は各シフトの監督者が行った。暗い地下，作業者は広範に分散する中，機能せず，緊張度を高めた（由藤2007）」。この研究において，責任ある自律的集団は，良好なコミュニケーションと結果を集団にもたらしうるということであった。Teamの原語にしろ，ホーソン実験にしろ，Tristにしても集団の効率への人間の関心は高いことがわかった。(p.174)

○草野千秋，2016「プロフェッショナルのチームワークに関する考察――チーム医療のインプットからプロセスに向けたチーム・マネジメント」『文京学院大学経営学部経営論集』第26巻第1号，pp. 65-83。

（1）チームは，社会心理学（Kozlowski & Bell, 2003 他），経営学における組織行動論（Robbins, 1997 他）など学際的でなおかつ実務家（Katzenbach & Smith, 1993 他）も関心をよせるテーマであり，ある程度の共通見解がみられるが，定義が一致しているわけではない。本稿ではチームと捉えるための条件として，①明確な目的・目標があること（West, 2004；山口，2008），②タスクとコミュニケーションの相互作用があること，③チーム内外の境界が明確であること（Hackman, 2002；山口，2008），④チームの意思決定と責任を共有すること（West, 2014）とする。さらに，グループとの明確な違いを特徴づけるものとして，業績は個々の投入量の総和より高い水準をもたらすシナジー効果を生む（Robbins, 1997）ことを加える。(p. 79)

（7）チーム・プロセスとは何かという統合した概念はまだないが，少し挙げておく。メンバーや外部者との間で生じるコミュニケーションとコンフリクトのような相互作用（Cohen & Bailey, 1997），集団の目標を達成するために，タスクワークを組織化する認識的，言語的，行動的活動を通してインプットをアウトプットに変えるメンバーの相互依存活動（Marks, Mathieu, Zaccaro, 2001）など。(p. 79)

○中村誠司，2017『対人援助職のためのファシリテーション入門』中央法規出版。

「チーム」は職員一人ひとりの人材の集合体で，"群衆"や"集団"とは異なります。
一人では達成できない成果を生み出すのが「チーム」です。
構成員個々の力の合計以上の成果を生み出すことといえます。(p. 14)

○蓮見礼子・新甫知恵・三田五月子・奥永秀子・小林清典・竹澤三代子・鈴木佑，2017「受診者の状態に適したピロリ菌検査実施への取り組み――多職種連携・協働における看護師の役割」『総合検診』第44巻第5号，pp. 25-29。

タックマン（B. W. Tuckman）は，タックマンモデル（Tuckman's team development model）の中で，グループがチームになるまでの過程を以下の5つのプロセスにより分析している。

第1段階：形成期（Forming）：集団として形成されているが，互いのことを知らず，共通の目的がわからず模索している段階である。

第2段階：混乱期（Storming）：目的，各自の役割と責任などについて意見を発する，対立が生まれる段階である。

第3段階：統一期（Norming）：他人の考え方を受容し，目的役割期待などが一致しチーム内の関係が安定する段階である。

第4段階：機能期（Performing）：結束力と一体感が生まれ，チームの力が目標達成に向けられる段階である。

第5段階：解散期（Adjourning）：時間的な制約，事態の急変，目的の達成等の理由によりメンバー間の相互関係を終結させる。

参考文献

加藤和美，2015「「チーム医療」活性化に関する研究──医師と看護師間のコミュニケーションに注目して」『北海学園大学経営論集』第13巻第3号，pp. 149-214。

草野千秋，2016「プロフェッショナルのチームワークに関する考察──チーム医療のインプットからプロセスに向けたチーム・マネジメント」『文京学院大学経営学部経営論集』第26巻第1号，pp. 65-83。

中村和彦・塩見康史・高木穣，2010「職場における協働の創生──その理論と実践」『南山大学「人間関係研究」』第9号，pp. 1-34。

中村誠司，2017『対人援助職のためのファシリテーション入門』中央法規出版。

蓮見礼子・新甫知恵・三田五月子・奥永秀子・小林清典・竹澤三代子・鈴木佑，2017「受診者の状態に適したピロリ菌検査実施への取り組み──多職種連携・協働における看護師の役割」『総合検診』第44巻第5号，pp. 25-29。

細田満和子，2001「「チーム医療」とは何か　それぞれの医療従事者の視点から」『保健医療社会学論集』第12号，pp. 88-101。

Tackman's stages of group development WIKIPEDIA, Tuckman, Bruce W. 1965, Developmental sequence in small groups, *Psychological Bulletin*, 63(6), pp. 384-399.

F
リフレクション

1　リフレクションとは

　リフレクション（Reflection）とは，自らの行為や起こったことについて振り返ること。リフレクションすることによって得られた気付きから課題を見いだすことにより，新たな課題の解決に向かうことができます。

> ◯類似概念との違い
>
> ・リフレクションには，省察，反省，反省作用，自省，内省などの訳がある。[29]
>
> | 反省 | リフレクション |
> |---|---|
> | 行動をかえりみて，その可否を改めて考える。 | たんに行動について振り返るだけでなく，感情の動きについても深く振り返る。 |

2　IPW・IPE になぜ重要か

（1）一般論として

　従来，専門職に求められてきたのは「技術的熟達者」でした。それは，必要とされる知識・技術（科学的に裏付けされた）を使いこなし，反復し，技術が熟達し，エキスパートとなる人です。しかし，技術的熟達者は，行為の中にある実践知，暗黙知と言われるものに対して無意識（あるいは認めない）です。しかし，科学だけでは解明・対処できない現実があります。省察的実践家は，自分自身の行為をリフレクションし，行為の中にある「知」を理解し，具体化できる人です。省察的実践家は，実践知，暗黙知などを明らかにし，新しい行為を生み出していくことが可能となります。どの分野の専門家になるにしても，リフレクション力を身に付けておくことが，社会から求められています。

　このように専門家になるためには，エビデンスに基づく技術的合理性に基づいた行動を追求す

---

[29]　埼玉県立大学編，2009『IPW を学ぶ——利用者中心の保健医療福祉連携』中央法規出版．

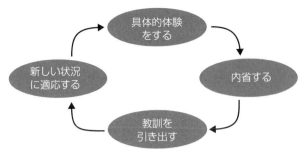

図3-4 コルブの学習サイクル
出典：Kolb, David, 1984, *Experiential learning: experience as the source of learning and development*, Englewood Cliffs, NJ: Prentice Hall. および，松尾睦，2011『職場が生きる 人が育つ「経験学習」入門』ダイヤモンド社。

るだけでなく，その枠組みを踏み越えて，実践から知見を見つけ出していく必要があります。リフレクションは，コルブ（David A. Kolb）の学習サイクルの重要なステップの1つに位置付けられている"内省"がこれにあたります（図3-4）。専門職連携実践においては，その取組みに正解はなく，その時その状況で最良の判断を積み重ねていくしかないので，リフレクションの力は不可欠となります。

　IPWはチームで活動を行います。チーム活動は他者との相互作用であり，複雑な要素が絡み合っています。他者や環境との関係性の中で，主体的に必要な役割を創造できるようになるには，チーム活動の経験から新たな発見をして，次に活かすスキルを磨くことが必要です。また，同じ体験を共有したチームメンバーが，チーム活動のプロセスを俯瞰し，振り返ることによって，個人では気付かないチーム形成のノウハウや課題と解決策に気付くことができ，チーム活動を活性化することができます。

（2）SAIPEにおける位置付け

　彩の国連携科目「IPW論」において，リフレクションの意義や意味，方法に関する知識と技術を学びます。ここで得た知識や技術を用いて，「IPW演習」および「IPW実習」で実践します。
　IPW実習では，1日に1回できるだけ実習終了直前に，チームでのリフレクションの時間を持ちます。また，気になることが生じたら必要に応じて提案し，リフレクションを随時行います。IPW実習では様々な体験をしますが，その体験を表面的な感想に終わらせず，リフレクションによって自己の成長の機会にします。自分とチームがどのように変化をしたのかについてリフレクションし，チームの中で今後自分がどのような行動をとる必要があるのかを考えます。さらにチームとしてリフレクションで話した内容を踏まえて各自の理解を深め，個人のリフレクションの内容，およびチームのリフレクションの内容について，1日の終わりにリフレクションシート

---

[30] Kolb, David, 1984, *Experiential learning: experience as the source of learning and development*, Englewood Cliffs, NJ: Prentice Hall. および，松尾睦，2011『職場が生きる 人が育つ「経験学習」入門』ダイヤモンド社。

を記載し,翌日ファシリテータに提出します。

3 特　徴

(1) リフレクションのプロセス

リフレクションを1人で行う方法として日記や記録,1対1で行う方法として対話,チーム（複数）で行う方法としてカンファレンスや事例検討会などがあります。

チーム活動をリフレクションする際には,自由な雰囲気づくりに努め,必ずすべてのチームメンバーが発言できるようにします。必要に応じて相互に質問やコメントをしあい,翌日ないしは今後の学びや行動の糧となるような時間を創造します。

例えば,次のようなプロセスでリフレクションを進めると良いでしょう。

① チームの中でも様々な役割分担で行動することがあるため,改めて1日のチームや個人の動きについて全員で共有し,その中での自分の感情の動きも含めて相互に語り合います。

② リフレクションの際には,「チーム形成」「多領域の理解」「援助を必要とする人・集団・地域の理解と課題解決の検討」,および自分の目標について,達成できたこととその要因,達成できなかったこととその要因を考え,チーム全体で共有します。

③ 他者の発言に対し批判せず,肯定的に受け止めて聴くことが重要です。時には,なぜそう思ったのかを問いかけたり,別の観点の提示を行ったりし,相互に認識を深められるようにします。ただし,目標達成や未達成の原因および解決策について,メンバー全体で結論を出す必要はありません。

④ 話した内容を踏まえて各自の理解を深め,個人のリフレクション内容およびチームのリフレクション内容についてリフレクションシートに記述します。

具体例

○　1日の終わりにリフレクションの時間を十分とり,自己やチームの行動だけでなく,感情の変化についても深く振り返った。そのことを通じて,じつは発言を遠慮していたメンバーがいたことに気付けた。

×　目標や課題の解決にばかり集中し,リフレクションの時間が足りなくなった。

←せっかく良い経験をしても気付きが生まれず,学習効果が低くなる恐れがある。

---

(2) リフレクションの方略

リフレクションの方略として,行動の後だけでなく行動の最中にも振り返ること,他者のフィードバックを積極的に求めること（批判的な意見にもオープンな姿勢で次につなげる）,聴く人は安心して話せることを保障すること,などがあります。

①行動の最中に振り返る（reflection in action）とは，行動の意味や背景について疑問を持ち，考えながら行動するということです。なぜ行動の中で内省する必要があるかというと，後から振り返っていると，その時の感覚を忘れてしまうからです。行動の最中によく考え工夫することが，新しい知識やスキルを生み出す上で重要となります。

②経験から学ぶためには，行動の中で振り返るだけでなく，行動の後で振り返る（reflection on action）ことも必要です。行動後のリフレクションで欠かせないのは，他者からのフィードバックを積極的に求めることです。他者からのフィードバックは必ずしも言葉によるものとは限らないので，他者の見せる顔つきや雰囲気からも，何らかの情報を収集し，自分の振る舞いの適切さを振り返る必要があります。

③他者から率直な意見をもらった際，その内容が今の自分を批判するものであると，受け入れることができないかもしれません。ここで大切なのは，他者からのフィードバックをすべて受け入れるのではなく，取捨選択して本質的なものを見きわめて受け入れ，次につなげることです。

4 資料編

リフレクションに関する主要な文献からの重要なポイントの抜き書きです。授業資料を作成する際に参考にしてください。

（1）定　義
■リフレクション

◯信州大学教育学部臨床経験ハンドブック。https://www.shinshu-u.ac.jp/faculty/education/clinical/pdf2013/p5.pdf

英語の「リフレクション（Reflection）」には，①鏡に映った自分やものごとの像，②過去の行為・決定について注意深く考え直すこと，という2つの意味があります。臨床経験における「リフレクション」とは，臨床の現場で経験した様々な出来事を振り返ることによって，そこに映し出される自分自身の姿を見つめ返すことを意味します。

◯竹淵真由，2009「実践の省察に関する一考察——社会教育・生涯学習実践研究方法論の確立に向けて」『人間文化創成科学論叢』第12巻。

ジョン・デューイは，省察を「単に考えの連続というだけではなく，結果を含むもの，つまり，適切な成果として次のものを決定したり，後ろのものを前のものに順々に傾けたりする方法における連続的な順序である」と定義しています。

◯錦織宏，2012「ポートフォリオとアウトカム／コンピテンシー基盤型教育」『医学教育』第43巻第4号，pp. 296-298。

「内省（Reflection）」という言葉は，1980年代にドナルド・ショーンが著作『反省的実践家——

専門家は行為の中でどう思考するか』の中で述べた概念です。ショーンは理論を実践現場で厳密に適用しようとする専門家が，複雑で多様な問題を抱える現状について十分に機能できていないことに気付き，「反省的実践家（reflective practitioner）」を新しい専門家のモデルとしました。[31]

○ドナルド・ショーン／佐藤学・秋田喜代美訳，2001『専門家の知恵——反省的実践家は行為しながら考える』ゆみる出版。

■「行為の中の省察（reflection in action）」にもとづく「反省的実践家（reflective practitioner）」

専門家の専門性とは，活動課程における知と省察それ自体にあるとする考え方であり，思考と活動，理論と実践という二項対立を克服した専門家モデルです。反省的実践家の知をとらえる鍵は，「行為の中の知（knowing in action）」「行為の中の省察（reflection in action）」「状況としての対話（conversion with situation）」という三つの概念です。

ショーンは，実践に携わる専門家の知を日常活動の遂行に埋めこまれた，あるいは活動を行う対象の中に埋めこまれた無意識の知としてとらえ，マイケル・ポラニーの暗黙知をひきつつ，それを「行為の中の知」という概念で説明しています。

■「技術的合理性（technical rationality）」にもとづく「技術的熟達者（technical expert）」

現実の問題を対処するために，専門的知識や科学的技術を合理的に適用する実践者として専門家をみる見方です。19世紀の実証主義の影響を受けた理論と実践という二項対立的思考に基づいて，厳密な科学的手法で解明される基礎と呼ばれる純粋科学を頂点に，その下に応用科学，それらを適用する臨床実践という，知識と技術の階層構造，研究と実践の階層分化がつくりだされてきました。専門は細分化され，実践者には，問題を解決するための標準化された知識・技術を獲得することが求められてきたのです。しかし，現代社会が抱える諸問題は複雑かつ不確実，独自的で価値観が葛藤する場合が多いため，厳密に細分化された専門知識と技術の適用だけでは問題を解決できず，専門的知識の有効性に対する信頼は失墜してきます。技術的熟達者の専門家像では，問題を「解決する」モデルは提示できても，問題を認識する，「問題（課題）を設定する」ことができないのです。なぜなら問題状況を問題（課題）として認識し，さらに対処可能な活動のデザインへと変化することは技術の問題ではないからです。

(2) スキル

○和栗百恵，2010「『ふりかえり』と学習——大学教育におけるふりかえり支援のために」『国立教育政策研究所紀要』第139，pp. 85-100。

■リフレクションを深めるために

確実な振り返りのために，書く際には設問を，ディスカッションの場合には質問を構造化する方法があります。米国のサービス・ラーニング分野における振り返りの知見では，『ふりかえり

---

[31] ドナルド・ショーン／柳沢昌一・三輪建二監訳，2007『省察的実践とは何か プロフェッショナルの行為と思考』鳳書房，および，ドナルド・ショーン／柳沢昌一・村田晶子監訳，2017『省察的実践者の教育——プロフェッショナル・スクールの実践と理論』鳳書房，参照。

の 3 ステップ』として，何を（what?），だから何／なぜ（so what?），ゆえに何／どうする（now what?）という構造化が広く知られています。あるいは，学習の目的に応じて入念な設問を用意することも可能です。学習者自らが既に持っている知識やこれまでの体験，価値観などを引き出すためには，『学習者自身の』を強調する設問にすると効果的です。

■ファシリテーションによるリフレクションの促し

ふりかえりのプロセスは，他者とのやりとりによって深化すると言われています（Brockbank & McGill, 1988：Moon, 2004）[32]。Brockbank & McGill（1998）は，学習が起こる場の「関係性（relationship）」が学習に与える影響を指摘し，ふりかえりが促されるためには，以下のような関係性が必要だとしています。

・一方向性でなく，双方向性
・既定のアウトカムにがんじがらめになるのではなく，違いや不確実性に開かれていること
・すでに確立されているとされる考えを問えること
・他者と隔離されているのではなく，「対話」でつながっていること
・学習者が持つ個人的な知や暗黙知の価値を無視するのではなく，知にまつわる社会的かつ政治的な文脈が存在するのを認識すること

この関係性のもと，一定の目的・意図性に従って対話を促すということは，専門家として専門知を教えるやり方とは別な工夫が必要となります。その工夫は，ファシリテーターとしての表情から，座り方，そして傾聴の方法，確認や承認の方法，やりとりから芽生える学習者やグループメンバー，あるいはファシリテーター個人の感情の扱い方等，多方面に渡ります。また，学習者と教員が一対一でやりとりをする場合の他，グループでふりかえりをする場合のプロセスに着目したグループダイナミクスの扱い方など，やりとりをマネッジするという意識及びノウハウが必要となります。

（3）歴　史

○**佐藤学，2014『教育方法学』岩波書店。**

リフレクションについての議論は，ジョン・デューイの反省的思考が最初であったと言われています。デューイはアメリカの教育を根底から再構築したと言われる教育学者であり，その理論はわが国の教育界においても『問題解説学習』や『反省的思考』という名称でよく知られています。ここでは「その人の信念の根拠を評価すること」とされています。このデューイに影響を受けてリフレクションを専門家の中にある智恵として取り上げたのがドナルド・ショーンです。ショーンは，実証主義に基づくいわゆる科学的知識だけでは，複雑性，不確実性，不安定さ，独自性，価値葛藤という現象を抱える現実の実践においては不十分であるとし，多くの現実を扱う専

---

[32] Brockbank, A., & McGill, I., 1998, *Facilitating reflective learning in higher education*, Society for Research into Higher Education and Open University Press. And, Moon, Jennifer, 2004, *A Handbook of Reflective and Experiential Learning: Theory and Practice*, Routledge Falmer.

門家が「Reflection-in-Action（行為の中の省察）」を行い，実践知を生み出していることを明らかにしました。ショーンの「反省的実践家」の概念は，アメリカの医療，建築，教育，福祉，経営などの専門職の実践と専門家教育に多大な影響を及ぼしただけでなく，日本の建築や医療や教育の領域にも大きな影響を与えています。

参考文献

埼玉県立大学編，2009『IPWを学ぶ──利用者中心の保健医療福祉連携』中央法規出版。

佐藤学，2014『教育方法学』岩波書店。

ドナルド・ショーン／柳沢晶一・三輪建二監訳，2007『省察的実践とは何か──プロフェッショナルの行為と思考』鳳書房。

ドナルド・ショーン／佐藤学・秋田喜代美訳，2015『専門家の知恵──反省的実践家は行為しながら考える』ゆみる出版。

ドナルド・ショーン／柳沢晶一・村田晶子監訳，2017『省察的実践者の教育──プロフェッショナル・スクールの実践と理論』鳳書房。

信州大学教育学部「臨床経験ハンドブック」。https://www.shinshu-u.ac.jp/faculty/education/clinical/pdf2013/p5.pdf

竹淵真由，2009「実践の省察に関する一考察──社会教育・生涯学習実践研究方法論の確立に向けて」『人間文化創成科学論叢』第12巻。

ジョン・デューイ／植田清次訳，1955『思考の方法』春秋社。

錦織宏，2012「ポートフォリオとアウトカム／コンピテンシー基盤型教育」『医学教育』第43巻第4号，pp. 296-298。

松尾睦，2011『職場が生きる 人が育つ「経験学習」入門』ダイヤモンド社。

和栗百恵，2010「『ふりかえり』と学習──大学教育におけるふりかえり支援のために」『国立教育政策研究所紀要』第139集，pp. 85-100。

Brockbank, A., & McGill, I., 1998, *Facilitating reflective learning in higher education*, Society for Research into Higher Education and Open University Press.

Kolb, David, 1984, *Experiential learning: experience as the source of learning and development*, Englewood Cliffs, NJ: Prentice Hall.

Moon, Jennifer, 2004, *A Handbook of Reflective and Experiential Learning: Theory and Practice*, Routledge Falmer.

G コンピテンシー

1 コンピテンシーとは

　コンピテンシーは，観察可能な行動特性のことを意味します。フランク（Frank, J. R.）らは，「コンピテンシーは医療専門職の観察できる能力であり，知識，技能，価値観，態度など，複数の要素が統合されたもので，観察可能であるため，測定し評価して修得を保証することができる」としています。

> **◯類似概念との違い**
>
> 　アウトカムは学習の成果のことで，卒業時に学生は何ができる（コンピテンシー）ようになっているのかをはっきりと示した学修成果基盤型教育で用いられます。
> 　ここでのアウトカムは，それぞれの教育プログラムに伴ったものであり，教育者によって定義付けられています。その一方で，コンピテンシーはその教育を終えた学生のものであり，学生が自ら行動で示すことができます。当たり前のことですが，見方を変えて学生の側からすれば，これらは同じものであると言えます。

2 IPW・IPE になぜ重要か

（1）一般論として

　学習とは単に与えられた知識を記憶（暗記）することではありません。学習者個人が自ら置かれた環境の中で様々な情報を取得し，それまでに修得した知識や技能と共に活用することで，新たな経験を積み，必要な能力を獲得していくことこそ，学習の本質と言えます。したがって，一斉授業のように，教育にあたる者が一方的に指導するだけでは不十分です。さらに，教育環境が同じであっても学習者個々の学びの質や量は異なるため，1つの集団として捉えた教育では学習

---

(33) Frank, J. R., Snell, L. S., Cate, O. T., et al., 2010, Competency-based medical education: theory to practice. *Medical Teacher*, 32, pp. 638-645.
(34) 田邊政裕編，2013『アウトカム基盤型教育の理論と実践』篠原出版新社．

者の能力を伸ばすことは困難です。そこで，専門職養成教育では，限られた時間で，専門職の実践に活用できる能力を学習者中心のカリキュラムで習得し，その成果を評価する教育をめざすようになってきています。

（2）SAIPEにおける位置付け

SAIPEでは，2015年から2016年にかけて，地域基盤型IPWのコンピテンシーを4大学の教職員で検討し，SAIPEの目標が「地域住民の質の高い暮らしの実現」であることを踏まえて，5つのコンピテンシーを設定しました（図3-5）。それが，「ヒューマンケアマインド」「コミュニケーション能力」「チームを形成し行動する力」「専門性を志向し，柔軟に発揮する力」「自己とチームをリフレクションする力」です。この5つのコンピテンシーとそれぞれの下位項目を示すことで，SAIPEの目標や学修成果がより明確となり，修得すべき具体的なコンピテンシー（行動特性）をイメージしやすくなりました。

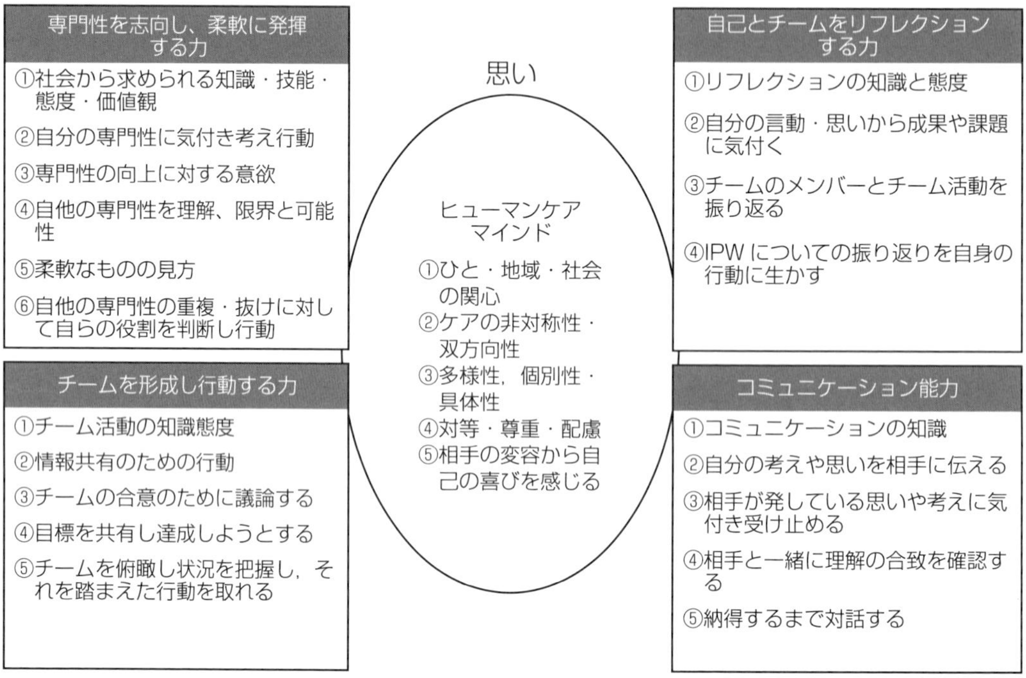

専門性を志向し、柔軟に発揮する力
①社会から求められる知識・技能・態度・価値観
②自分の専門性に気付き考え行動
③専門性の向上に対する意欲
④自他の専門性を理解、限界と可能性
⑤柔軟なものの見方
⑥自他の専門性の重複・抜けに対して自らの役割を判断し行動

自己とチームをリフレクションする力
①リフレクションの知識と態度
②自分の言動・思いから成果や課題に気付く
③チームのメンバーとチーム活動を振り返る
④IPWについての振り返りを自身の行動に生かす

思い

ヒューマンケアマインド
①ひと・地域・社会の関心
②ケアの非対称性・双方向性
③多様性，個別性・具体性
④対等・尊重・配慮
⑤相手の変容から自己の喜びを感じる

チームを形成し行動する力
①チーム活動の知識態度
②情報共有のための行動
③チームの合意のために議論する
④目標を共有し達成しようとする
⑤チームを俯瞰し状況を把握し，それを踏まえた行動を取れる

コミュニケーション能力
①コミュニケーションの知識
②自分の考えや思いを相手に伝える
③相手が発している思いや考えに気付き受け止める
④相手と一緒に理解の合致を確認する
⑤納得するまで対話する

図3-5　SAIPE地域基盤型IPWコンピテンシー

具体例

SAIPEが地域基盤型のコンピテンシーを作ろうとしたのには，2つの理由があります。1つは，医学教育，薬学教育における教育の質保証の方法として，学修成果基盤型教育（Outcome Based Education：OBE）が必要であったからです。もう1つは，保健医療福祉の専門職だけでなく，建築系の学生，教員も参加して取り組むプロジェクトであったということでした。

前者は，まさに埼玉医科大学と城西大学の2つの医療系大学の学内での取り組みが進んでいました。これに取り組むことが本プロジェクトの成否に関係すると直感的に感じ，時には上記の2大学が中心となって作業を進めるという段階を踏むことによって，結果としては，4大学での合意形成ができました。これにより，常に4大学で合意してから事業を進めなければならないわけではなく，必要性を強く感じている大学が中心となってある程度進めてから，4大学の合意を形成するという連携の仕方があることに気付きました。

　後者は，医療福祉分野を越えた専門職が加わっていることで，改めて言葉の十分な理解が必要であり，チームとして関わる1人ひとりがそれに配慮することが重要であるという共通認識が醸成されたことにつながっています。SAIPEのコンピテンシーの検討は，医師，薬剤師，理学療法士，社会福祉士の教員だけでなく，建築を専門とする教員や事務職員，時には当事者や地域住民も加わって行われており，これまで国内で示されている看護師，医師，理学療法士などの専門職が中心になって取り組んだIPWコンピテンシーとは価値観が大きく異なります。このコンピテンシーによって，我々が養成する専門職は真の意味で地域で役に立つ人材像にまた一歩近づいたと言えるかもしれません。

3　特　　徴

（1）課題に対応する観察可能な行動特性である

　経済協力開発機構（OECD）では，コンピテンシー（能力）とは，単なる知識や技能以上のものであり，技能や態度を含む様々な心理的・社会的なリソースを活用して，特定の文脈の中で複雑な要求（課題）に対応することができる力だと定義しています。[35]

　他方，フランクらは，「医療専門職の観察できる能力であり，知識，技能，価値観，態度など，複数の要素が統合されたものである。コンピテンシーは観察可能であるため，測定し評価して修得を保証することができる」としています。[36]

　つまり，コンピテンシーは，ある特定の成果を出すための，観察可能な行動特性と言い換えることができます。

（2）学修成果基盤型教育とコンピテンシー

　学修成果基盤型教育（Outcome Based Education：OBE）は，「修了者が到達すべき目標を明確化し，これらの目標を達成できるような教育の提供を，説明責任を持って行うもの」と定義されます。[37]

---

[35]　OECDホームページ　http://www.oecd.org/education/skills-beyond-school/definitionandselectionofcompetenciesdeseco.htm（2018年5月16日閲覧）

[36]　Frank, J. R., Snell, L. S., Cate, O. T., et al., 2010, Competency-based medical education: theory to practice, *Medical Teacher*, 32, pp. 638-645.

第3部 資料編① 解説集

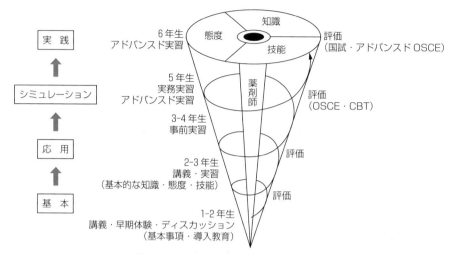

図3-6 螺旋型カリキュラムの概念図（薬剤師教育を例に）
出典：Harden and Stamper, 1999を改変。

　より具体的に言うと，卒業目標（学習成果）を設定し，それを達成できるように目標，方略，評価など教育全体をデザインする教育法であり，卒業目標を達成できるように1年次から順次性のある学習目標を設定する螺旋型カリキュラムです[38]。薬剤師教育の螺旋型カリキュラムを図3-6に示します（ハーデン〔Harden, R. M.〕らの概念図を改変）。この螺旋型カリキュラムにはいくつかの特徴があります。①コミュニケーションや臨床技能には同じテーマで繰り返し学習すること，②繰り返し学習をする際，そのテーマは常に新しい知識や技能の習得であり，より高度で熟達したコンピテンスとして設定されること，③新しい学習は過去の学習内容をさらに強化するように設定されること，④学生の修得する構成要素は科目やコース，学年ごとに高度化し統合されて，最終的にコンピテンシーが達成されるよう設計されること，などです。

　このように，学習成果基盤型の教育を行うためには，まず最初に，学習成果とはどのようなものかを示さなくてはなりません。このときに示される学習成果として，コンピテンシーが用いられるのです。

（3）具体的な文脈においてこそ意味がある

　コンピテンシーは，ある状況や専門領域において優れた成果をあげる人の行動特性です。このため，具体的な文脈やどのような成果を求めるのかが異なれば，評価されるコンピテンシーも異なります。そこで以下では，いくつかの具体的なコンピテンシーを紹介して，コンピテンシーの理解の一助とします。

---

[37] Smith, S. R., 2009, Outcome-based curriculum. In, Dent, J. A., Harden. R. M., eds., *A practical guide for medical teachers* (3rd ed.), pp. 161-167. Edinburgh, Elsevier.

[38] Harden, R. M., Stamper, N., 1999, What is a spiral curriculum?, *Medical Teacher*, 21, pp. 141-143.

G　コンピテンシー

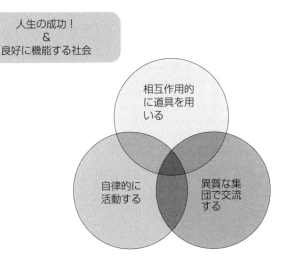

図3-7　キー・コンピテンシーの3つの広域カテゴリー

① OECDのキー・コンピテンシー[39]

　教育の成果と影響に関する情報への関心が高まり，「キー・コンピテンシー（主要能力）」の特定と分析に伴うコンセプトを各国共通にする必要性が強調される中，OECDはプログラム「コンピテンシーの定義と選択」（DeSeCo）を1997年末にスタートし，2003年に最終報告を行いました。これが，その後のPISAの学力調査の概念枠組みの基本となっています。

　さらに，OECDは，日常生活のあらゆる場面で必要なコンピテンシーをすべて列挙するのではなく，人生の成功や社会の発展にとって有益であり，様々な文脈の中でも重要な要求（課題）に対応するために必要であり，特定の専門家ではなくすべての個人にとって重要なコンピテンシーを「キー・コンピテンシー」として抽出しました（図3-7）。

【キー・コンピテンシー】

1．社会・文化的，技術的ツールを相互作用的に活用する能力（個人と社会との相互関係）
　・言語，シンボル，テクストを活用する能力
　・知識や情報を活用する能力
　・テクノロジーを活用する能力

2．多様な社会グループにおける人間関係形成能力（自己と他者との相互関係）
　・他人と円滑に人間関係を構築する能力
　・協調する能力
　・利害の対立を御し，解決する能力

---

[39] OECD ホームページ　http://www.oecd.org/education/skills-beyond-school/definitionandselectionofcompetenciesdeseco.htm（2018年5月16日閲覧）

3．自律的に行動する能力（個人の自律性と主体性）
　・大局的に行動する能力
　・人生設計や個人の計画を作り実行する能力
　・権利，利害，責任，限界，ニーズを表明する能力

> **具体例**
>
> 　ESD（Education for Sustainable Development）でめざす力は具体的には，①持続可能な開発に関する価値観（人間の尊重，多様性の尊重，非排他性，機会均等，環境の尊重等），②体系的な思考力（問題や現象の背景の理解，多面的かつ総合的なものの見方），③代替案の思考力（批判力），④データや情報の分析能力，⑤コミュニケーション能力，⑥リーダーシップの向上であり，このプロセスには，体験学修になくてはならない省察が必須です。具体的な学び方・教え方で重要なのは，「関心の喚起→理解の深化→参加する態度や問題解決能力の育成」を通じて「具体的な行動」を促すという一連の流れの中に位置付けることです。単に知識の伝達にとどまらず，体験，体感を重視して，探求や実践を重視する参加型アプローチをとること，活動の場で学習者の自発的な行動を上手に引き出すことが重要です。[40]

②医学・薬学教育におけるコンピテンシー

　医療教育，特に医学・薬学教育では，学修成果基盤型教育の到達目標として，コンピテンシーを設定することが一般的であり，そのコンピテンシーが学修成果基盤型教育の価値を決めているといっても過言ではありません。例えば，2011（平成23）年に改訂された医学教育モデル・コア・カリキュラムでは，その緒言で「学生が卒業までに修得して身につけておくべき実践的能力（competences）を『到達目標』として，客観的に評価できるよう，可能な限り具体的かつ明確に示した」と記され，学修成果基盤型教育と目標としてのコンピテンス，コンピテンシーを医学教育に導入することの必要性を示しています。[41]さらに2016年の改訂では，一般目標と到達目標を「ねらいと学修目標」に変更し，学生が卒業時までに身に付けておくべき実践的能力を明確にして，客観的に評価できるよう示しました。[42]また，薬学教育モデルコア・カリキュラムでは，2015年の改定で学修成果基盤型教育が導入され，その基本理念で「大学卒業時に薬剤師としてふさわしい基本的な資質や能力を身に付けさせる教育が行われることが求められる」とし，「卒業時までに学生が身に付けておくべき必須の能力（知識・技能・態度）の到達目標を分かりやすく提示した」としています。[43]

---

[40]　日本ユネスコ国内委員会ホームページ　http://www.mext.go.jp/unesco/004/1339970.htm（2018年6月1日閲覧）
[41]　田邊政裕編著，2013『アウトカム基盤型教育の理論と実践』篠原出版新社。
[42]　「医学教育モデル・コア・カリキュラム　平成28年度改訂版」文部科学省ホームページ　http://www.mext.go.jp/component/b_menu/shingi/toushin/__icsFiles/afieldfile/2017/06/28/1383961_01.pdf（2018年6月1日閲覧）

G　コンピテンシー

> **具体例**
>
> 　医学教育，薬学教育においては，それぞれモデル・コア・カリキュラムでコンピテンシーとして位置付けられる基本的な資質を提示しています。2013（平成25）年薬学教育モデル・コア・カリキュラムでは，薬剤師として求められる基本的な資質として，①薬剤師の心構え，②支援を必要とする人本位の視点，③コミュニケーション能力，④チーム医療への参画，⑤基礎的な科学力，⑥薬物療法における実践的能力，⑦地域の保健・医療における実践的能力，⑧研究能力，⑨自己研鑽，⑩教育能力が挙げられています。一方で2016（平成28）年医学教育モデル・コア・カリキュラムでは，医師として求められる基本的な資質・能力として，①プロフェッショナリズム，②医学的知識と問題対応能力，③診療技能と患者ケア，④コミュニケーション能力，⑤チーム医療の実践，⑥医療の質と安全の管理，⑦社会における医療の実践，⑧科学的探究，⑨生涯にわたって共に学ぶ姿勢が挙げられています。両者とも多様なメンバーと生涯かけて学び続けること，医療者として支援を必要とする人本位の視点でケアすることの必要性が書かれています。

③地域基盤型IPWコンピテンシーの特徴

　SAIPEの特徴的なコンピテンシーは，ヒューマンケアマインドです。このヒューマンケアマインドでは，単に自他の多様性や個別性，具体性を理解するだけでなく，相手と対等な立場で相手を尊重し，相手に配慮した行動をとることが重要であり，支援を必要とする人も専門職と同じメンバーの一員と考えています。このとき，我々が大切にしていることばがあります。それは「思い」です。すなわち支援を必要とする人の「思い」をメンバー間で共有することこそ，ヒューマンケアマインドをベースにしたSAIPEのコンピテンシーを身に付けるカギになります。コンピテンシーを明確にすることで第三者もその教育のアウトカムを理解しやすくなり，保健医療福祉の専門職に限らず，多領域や他分野への導入も容易になると考えています。

4　資料編

（1）学修成果基盤型教育

　学修成果基盤型教育（Outcome Based Education：OBE）とは，「修了者が到達すべき目標を明確化し，これらの目標を達成できるような教育の提供を，説明責任を持って行うもの」と定義されます[44]

---

[43]「薬学教育モデル・コアカリキュラム　平成25年度改訂版」文部科学省ホームページ　http://www.mext.go.jp/component/a_menu/education/detail/__icsFiles/afieldfile/2015/02/12/1355030_01.pdf（2018年6月1日閲覧）

[44] Smith, S. R., 2009, Outcome-based curriculum. In, Dent, J. A., Harden. R. M., eds., *A practical guide for medical teachers* (3rd ed.), pp. 161-167, Edinburgh, Elsevier.

表 3-2 多職種連携コンピテンシー開発チームによる多職種連携コンピテンシー

●コア・ドメイン
患者・利用者・家族・コミュニティ中心：Patient-/Client-/Family-/Community-Centered
患者・サービス利用者・家族・コミュニティのために，協働する職種で患者や利用者，家族，地域にとっての重要な関心事／課題に焦点を当て，共通の目標を設定することができる。
職種間コミュニケーション：Interprofessional Communication
患者・サービス利用者・家族・コミュニティのために，職種背景が異なることに配慮し，互いに，互いについて，互いから職種としての役割，知識，意見，価値観を伝え合うことができる。
○コア・ドメインを支え合う4つのドメイン
職種としての役割を全うする：Role Contribution
互いの役割を理解し，互いの知識・技術を活かし合い，職種としての役割を全うする。
関係性に働きかける：Facilitation Relationship
複数の職種との関係性の構築・維持・成長を支援・調整することができる。また，時に生じる職種間の葛藤に，適切に対応することができる。
自職種を省みる：Reflection
自職種の思考，行為，感情，価値観を振り返り，複数の職種との連携協働の経験をより深く理解し，連携協働に活かすことができる。
他職種を理解する：Understanding for Others
他の職種の思考，行為，感情，価値観を理解し，連携協働に活かすことができる。

（2）医療保健福祉分野の多職種連携コンピテンシー

　多職種連携の分野については，2012年に日本保健医療福祉連携教育学会を中心に「医療保健福祉分野の多職種連携コンピテンシー」の開発が行われ，日本医学教育学会，千葉看護学会，日本薬学会，日本理学療法士協会など，大変多くの学会，職能団体により，合意形成がなされ，2016（平成28）年に最終案が作成されました[45]（表3-2）。

---

[45] 多職種連携コンピテンシー開発チーム「医療保健福祉分野の多職種連携コンピテンシー　第1版」2016，医療介護分野における多職種連携ホームページ　http://www.hosp.tsukuba.ac.jp/mirai_iryo/pdf/Interprofessional_Competency_in_Japan_ver15.pdf（2018年6月1日閲覧）

H
ルーブリック

1 ルーブリックとは

　ルーブリックとは，パフォーマンスの質を段階的，多面的に評価するための評価基準を，文章で示した表のことです。個々のパフォーマンスを，公平かつ客観的に評価するための「ものさし」であると言えます。またルーブリックは，学習者に事前に提示することで学習の到達目標が明確になり，学習者が何を期待され，実際にどのように行動すればよいのか，学習者本人が理解しやすくなるという教育的効果もあります。

2 IPW・IPEになぜ重要か

（1）一般論として

　学修成果基盤型教育では，学生がその教育を終えた時に修得していると期待される能力（コンピテンシー）を設定し，学修成果を定義します。そしてこの学修成果を実践するための具体的なパフォーマンス（学習目標）を設定します。さらに学生がその学修成果に到達したか否かを評価する方法と基準を決めることになります。このパフォーマンス評価では，従来のテストでは見えにくい「思考力」や「表現力」などを具体的なパフォーマンスとして把握し，ルーブリックを用いて評価することができます。

　ルーブリックの様式は，課題・評価尺度・評価観点および評価基準の4つの基本的な要素から成ります（表3-3）。様々な観点から学習者を評価できるので，従来の方法では評価が難しいパフォーマンス課題（知識や技能だけでなく，思考力や問題解決能力を活用するような複雑な課題）も評価することができます。さらに，学習到達状況が一目でわかることから，学習者自身が今どの段階にいるのか容易に把握することができ，自らの学びを"振り返る"ことにより，さらに高次元

表3-3　基本的なルーブリック表

	評価尺度1	評価尺度2	評価尺度3	評価尺度4
評価観点1	評価基準1-1	評価基準1-2	評価基準1-3	評価基準1-4
評価観点2	評価基準2-1	評価基準2-2	評価基準2-3	評価基準2-4

（2）SAIPE における位置付け

　地域基盤型 IPW の 5 つのコンピテンシーそれぞれについて，「ルーブリック評価指標」を作成し，IPW 実習の評価に使用しています。IPW 実習では 4 大学の教員ファシリテータがこのルーブリックを用いて，3 日間の実習と 1 日の発表会を終了した時点における評価を行っています。

　ルーブリックは，地域基盤型 IPW コンピテンシー（地域住民の質の高い暮らしの実現を目指して支援を必要とする人・地域住民・専門職が連携する際の優れた行動特性）ごとに設定し，5 つの領域（1．ヒューマンケアマインド，2．コミュニケーション能力，3．チームを形成し行動する力，4．専門性を志向し，柔軟に発揮する力，5．自己とチームをリフレクションする力）ごと，右から「1（まっさらな状態・キャップストーン）」から左「5（社会に出てから・ベンチマーク）」に該当する特性が最上段に記されています。IPW 実習のマイルストーンは 4（卒業時，IPW 実習終了後）の項目です。さらにルーブリック作成時，2，3 のマイルストーンは彩の国連携科目のうち，IPW 実習を除く 4 科目を終了した時に修得できることを想定しています。4 大学では大学ごとに新規あるいは既存の科目に彩の国連携科目の要素が含まれるものを連携科目としているため，各大学で履修している学年が異なります。したがって，ルーブリックによる評価の際は，そのことを踏まえた上で評価を実施しています。

　ルーブリック評価に慣れていない教員であっても，なるべく迷わず評価できるようにコンピテンシーの下位項目を参考にチェック項目とその具体例を示しています（表3-4）。

H　ルーブリック

表3-4　SAIPEのルーブリック評価指標（再掲）

	スタンダード	5	4	3	2	1
ヒューマンケアマインド	相手を尊重し配慮した行動をとることができる	相手が選んだ人生を受け入れて、一緒に考え続ける	自他の個別性、多様性、具体性を理解し、それらを尊重して行動する	自他の個別性、多様性、具体性の重要性に気付いて表現し行動する	地域社会に暮らす人に関心を持ち、相手に配慮した行動について表現する	人の役に立ちたいと思う
コミュニケーション能力	自ら発信し、相手のメッセージを受け取り、相互に理解する	相手のメッセージを感じ取り、その理解が合致しているかを確認し、お互いが納得するまで向き合う	お互いの理解を深めるために話し合う	相手の背景をふまえて、メッセージを発信する	相手のメッセージを五感を使って感じ取り表現する	あいさつする
チームを形成し行動する力	チームの意義を理解し、チームの一員として行動する力	チームの目標を達成するために意見の違いに向き合い、発展的に乗り越え、適切に行動する	・チーム内の意見の違いに向き合って乗り越えるために行動する ・利用者の思いに寄り添ったケアの目標を設定するために行動する	・チーム内の意見の違いを理解するために発言する ・ケアの目標をチームメンバーと共に共有するために話し合う	チームを作る過程に参加し、チームの一員として自覚を持って適切に行動する	グループの活動に参加する
専門性を志向し、柔軟に発揮する力	自他の専門性を理解し、自らの役割を判断して行動する	自らの専門性を柔軟に発揮し、専門性の維持向上のために学び続けることができる	自他の専門性の限界と可能性を理解し、自らの役割を柔軟に発揮する	自他の専門性を理解し、自分の専門性に基づいて考え行動する	自分の専門性に気付き、求められていることについて表現する	自らの専門分野を学ぶ意欲がある
自己とチームをリフレクションする力	自己とチームの活動を振り返り、今後の行動に生かすことができる	チームメンバーと共にIPWを振り返り、自ら行動を変える	チームメンバーと共にIPW体験を振り返り、チームと自己の課題と自分のとるべき行動を具体的に示す	自己とチームに起こったことについて、自分がどう感じたかおよび課題を表現する	自分に起こったことについて自分がどう感じたかおよび課題を表現する	自分の行動を言葉で表現する

← スタンダード

ルーブリック評価を実施する際,「IPW実習終了時にめざす学生の姿」をコンピテンシーごとに明確にしておくとイメージしやすくなります（表3-5）。

表3-5 めざす学生の姿

ルーブリック課題（コンピテンシー）	IPW実習終了時にめざす学生の姿
ヒューマンケアマインド	1. その人の暮らしに関心を持ち情報収集する 　　情報収集する内容 　　　生活歴, 趣味, 職歴, 本人を取り巻く人々との関係 　　　ふだん関わる人の思い 2. その人の暮らしを理解しようとする 　　人の暮らしに関係する内容 　　　人柄, 生活の困難さや強み 　　　本人の思いや願い, 家族や関わる人の思いや願い 3. その人の思いを尊重した今後の暮らしについて表現する
コミュニケーション能力	1. チームメンバー以外の人にも挨拶する 2. 相手の発信に対して状況に応じて行動する 　　状況に応じた行動とは, 　　　同意する, 反対する, 質問する, 確認する 3. 相手から同意, 反対, 質問, 確認されたときは応答する
チームを形成し行動する力	1. チームの状況に応じた役割を担う 　　役割を担うとは, 　　　議論の状況を確認する　共通理解を確認する 　　　意見の違いを確認する　視覚化する 　　　時間管理する 2. 自分の専門（各自）の視点から意見を述べる 3. 利用者さんの発言や情報を根拠としてケアの目標について発言する 4. ケアの目標の主語は利用者である
専門性を志向し, 柔軟に発揮する力	1. 自他の専門性について体験に基づく気付きを表現する 　　体験に基づいた気付きの例 　　　自他の専門性の限界と可能性 　　　自他の役割の限界と可能性 　　　専門性と人間性 2. 専門性を踏まえた役割分担や共同するために発信する 　　発信するとは, 　　　自他の専門性について質問する, 相談する, 　　　依頼する, 役割を託す, 任せる, 推薦する, 　　　自ら引き受ける
自己とチームをリフレクションする力	1. チームでの振り返りの際に, 　　①他領域の相互理解 　　②チーム形成 　　③患者利用者の理解と課題解決のいずれかについて, 自分の思ったこと, 考えたことを発言する 2. チームと自己の課題ととるべき行動についてリフレクションシートに具体的に記述する, あるいはリフレクションの時に述べる

3 特徴[46]

(1) タイミングの良いフィードバック

ルーブリックは，評価の時間を節約し，学生に対してタイミング良く，さらに意味のあるフィードバックを容易にします。フィードバックは課題終了後できるだけ早く実施することが，学生の前向きな変化をもたらすとされています。言い換えれば，フィードバックまでの時間が空けば空くほど，フィードバックの価値が低下することが指摘されています。

(2) 批評的思考力の訓練

学習者は，繰り返し失敗する箇所や継続的に伸びている部分を自覚することができます。また，批評的な振り返りを促すことで，確実に「自己評価と自己改善」が習慣化し，学生の気持ちを奮い立たせることができます。

(3) コミュニケーションの活性化

新任の教員や経験の少ない教員でも，過去のシラバスやルーブリックを見ればその状況や概略を理解でき，感じ取ることができます。また，同じ授業や同じ学生を教えている教員間で，ルーブリックにより情報の共有が可能となります。ルーブリックは各レベルにおいて何がどのように教えられているかを見定めることができ，さらにルーブリックを共有することで，どの程度成績が一致しているかについても明らかにすることができます。

(4) 教員の教育技法の向上

ルーブリックを集約すれば，与えられた課題において学生がいかに行動すべきかを知る個別の記録になります。それによって，授業に存在する盲点や欠けているところを教員が素早く把握することができ，結果として指導ができるようになります。

(5) 平等な学習環境づくり

ルーブリックを使用することで，教員と同じ言語を学生も使用できるようになります。さらにどのような学生にとっても「何が評価されるのか」に関する情報を共有することができます。

---

[46] ダネル・スティーブンス，アントニア・レビ／佐藤浩章監訳，2014『大学教員のためのルーブリック評価入門』玉川大学出版。

I ファシリテーション

1 ファシリテーションとは

　ファシリテーション（facilitation）とは，人々の活動が容易にできるよう支援し，うまくことが運ぶよう舵取りすることで，集団による問題解決，アイディア創造，教育，学習等，あらゆる知識創造活動を支援し促進していく働きを意味します。その役割を担う人がファシリテータ（facilitator）であり，会議で言えば進行役に当たります。[47]

○類似概念との違い

コーチング 1対1の関係の中で，クライアントの力を引き出す。	ファシリテーション 集団の相互作用や力を引き出す。
誘導 話し合いの内容を進行役が思っている方向に合わせる。	ファシリテーション ファシリテータはプロセスに関わるが，内容には関わらない。

2 IPW・IPEになぜ重要か

（1）一般論として

　IPWは，チーム活動です。つまり，様々な局面で相手の意見を引き出し，チームとしての意思決定を行い，行動することになります。その時に，ただなんとなく集まって，言いたいことを言うだけ，あるいは黙っているだけでは話は進みません。「会して議せず，議して決せず，決して動かず」という言葉があるように，専門職が集まって連携しようとしても，話し合いがうまくいかなければ，「議論がかみ合わない」「合意形成ができない」「決まったことを誰も実行しない」

---

[47] 特定非営利活動法人日本ファシリテーション協会ホームページ　https://www.faj.or.jp/facilitation/（2019年1月30日閲覧）

ということが起こり得ます。

　このような事態を避け，生産的な話し合いを行い，チームの力を引き出し，チームの行動を促進するためのスキルがファシリテーションです。ファシリテーションはスキルであるので，知っていて訓練すれば誰もが使えるものです。ファシリテーションスキルを用いることで，IPWの現場のように時間のない中でも，納得感が高い合意形成を行い，チームの力を引き出し，実効性を高めます。チーム活動の質を高めることは，支援を必要とする人へのケアの質を高めることに直結しているのです。

（2）SAIPEにおける位置付け

　彩の国連携科目において，ファシリテーションは，まずIPW論の中で，話し合いをうまくいかせる技術として知識の提示，それを踏まえた話し合いの実践という形で登場します。ここで得たファシリテーションの考え方や技術を，学生自身が，その後のIPW演習やIPW実習におけるチーム活動で活かすことが期待されています。

　また，IPW演習やIPW実習では，教員が（教員）ファシリテータとして，原則として各チームに1名加わり，チーム活動をファシリテートします。教員ファシリテータの役割は，チーム形成を促進すること，チーム活動が学習目標に沿うように軌道修正等を行うこと，話し合いが表面的なものになりそうな時にはそれをとどめ，議論を深めるような働きかけをすること，リフレクションを支援することなどです。

　IPW実習では，さらに受け入れ施設側から1名以上のスタッフが，施設ファシリテータとして実習に参加します。施設ファシリテータの役割は，IPW実習の環境の整備，対象となる支援を必要とする人の選定，ご本人やご家族・施設スタッフへのインタビュー等の調整，学生の学びやリフレクションの支援などです。

3　特　徴

（1）プロセスに関わる

　ファシリテータは，コンテンツ（内容）に関わるのではなく，プロセスに関わります。例えて言うなら，お産婆さんです。産むのは妊婦さん，生まれてくるのは赤ちゃんで，お産婆さんは何も足さないし何も引きませんが，その場にいることで出産を助け，赤ちゃんが生まれてくるのを容易にします。ここでの妊婦さんに当たるのが，話し合い・活動の参加者，赤ちゃんに当たるのが話し合いや活動の成果，お産婆さんがファシリテータです。

　このため，コンテンツを知らなくてもファシリテートは可能であると言われています。

（2）話し合いのプロセス

　話し合いには，大きく，「共有，発散，混沌・葛藤，収束，共有」というプロセスがあります[48]

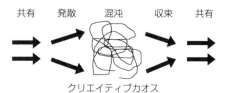

図3-8 話し合いのプロセス
出典:森雅浩,2009「ファシリテーションのスキル」中野民夫・森雅浩・鈴木まり子・冨岡武・大枝奈美『ファシリテーション——実践から学ぶスキルとこころ』岩波書店, p. 127注(9)の図より筆者作成。

(図3-8)。ファシリテータは,今話し合いがどの段階にあるのかを常に把握し,参加者が各ステップでするべきことに集中しやすいよう配慮します。それぞれのステージでしっかりすべきことをしてから次に進むようにすれば,アイディアが出なかったり話が戻ったり,あるいは決まったことが実行されなかったり,というような事態を防ぐことができます。

最初の「共有」では,前提となる情報や話し合いの目的・目標,進行,役割,ルールなどを共有します。同時に,参加者がお互いを知り合い,話しやすい場づくりを行います。この最初の段階は,チームの参加と相互作用の土台となる重要なステップです。

次の「発散」では,話し合う中身に関する情報を収集・共有しながら,自由な発想でアイディアを拡げ,多様な可能性を探ります。有名な方法として,ブレインストーミングがあります。どのような方法をとるにせよ,発散の段階では,出されたアイディアに対して批判や評価,判断を行わず,個々のアイディアの質より,アイディアの量を優先することがポイントです。

十分アイディアが広がった後に,すぐに収束の段階に移ることができるわけではありません。多くの情報とアイディアによって,方向性や解決策が見えなくなったり,混乱したり,意見の対立が生じます。しかし,この混乱や対立は全員が納得したり深く理解できるような「創造的な成果」を生み出すためにはなくてはならないプロセスの1つです。これを「クリエイティブカオス」ということもできます。このような「混沌や葛藤」の段階の存在を知っておくことで,衝突を避けるのではなく,自他の意見やその相違にチームとして真摯に向き合うことが重要です。

このような混沌・葛藤の段階を経ることで,意見を整理し判断するための基準が見えてきます。これを手掛かりに,十分に広がり,かつ深まったアイディアを整理し,具体的な成果に向かって意見を集約してまとめていきます。これが「収束」の段階です。

最後の「共有」では,決まったこと(および決まっていないこと)を確認し,今後の行動を共有します。ここで決まった成果や,次に向けて,誰がいつまでに何をするのか,を確認しておかなければ,結局,会議とは関係のないところで話が進んだり,担当者が一人で決断・行動をすることになったり,誰も何も動かないといった事態が起こります。話し合った成果をきちんと現実に

---

(48) 森雅浩,2009「ファシリテーションのスキル」中野民夫・森雅浩・鈴木まり子・冨岡武・大枝奈美『ファシリテーション——実践から学ぶスキルとこころ』岩波書店, pp.125-127。

つなげていくことが,「話し合うことには意味がある」という実感を生み,参加者の主体性を引き出すことにもなるのです。

> **具体例**
> ○ 発散時は,とりあえず評価はせずに自由にたくさんアイディアを出す。
> × 発散時に,出てきたアイディアに対して,「それは現実的ではない」「この意見がいいよ」と評価を始める。
> ←よいアイディアが生まれない危険性。
>   なんとなく案が決まっても,後で意見を否定された人や言い出せなかった人の不満が残り,納得感がなく,決まったことが実行されない危険性。

(3) スキルとマインド

ファシリテーションには様々なスキルがあります。ただし,基本となる考え方(マインド)を踏まえずに,形だけスキルを使ったのでは効果は上がらず,逆効果になることもあります。そのスキルが何を意味しているのか,そのためにはどのようにすることが効果的であるのかを考える必要があります。

また,チームの活動をファシリテート(促進)するということの意味を,ファシリテータは問い続ける必要があります。特に,教員が学生をファシリテートする場合,教員が意図しなくても学生のチームに大きな影響を与えることがあります。チームの参加者の考えや成果は,教員からすれば不十分なものに見えるかもしれません。その時は,答えを言ったり正解に誘導するのではなく,もう少し何をどう考えればよいのかを問うてみたり,自覚を促したり,リフレクションで振り返るなど,学生やチーム自身が考えるように働きかけましょう。

> **具体例**
> ○ メンバーの考えを引き出し,他のメンバーに投げ返す。
>   ファシリテータ:この患者さんは何を望んでいるのでしょう?
>   参加者:家に帰ることだと思います。
>   ファシリテータ:今の,家に帰ることが望みだというご意見について,皆さんどう思われますか?
> × メンバーの考えを引き出そうとした質問が,ファシリテータとの質疑応答になってしまう。
>   ファシリテータ:この患者さんは何を望んでいるのでしょう?
>   参加者:家に帰ることだと思います。
>   ファシリテータ:では家に帰るためにはどうしたらよいのでしょうか?

4 資　料　編

ファシリテーションに関する主要な文献からの重要なポイントの抜き書きです。授業資料を作成する際に参考にしてください。

（1）定　義

◯中野民夫，2003『ファシリテーション革命』岩波書店。

「ファシリテーション」とは，もともとは「促進する」「助長する」「（事を）容易にする」と言う意味の英語「ファシリテート（facilitate）」の名詞形であり，その機能を担う人が「ファシリテーター」と呼ばれる。(p. iv)

◯堀公俊，2016『ファシリテーション・ベーシックス』日本経済新聞出版社。

ファシリテーション（Facilitation）とは「促進する」「容易にする」「円滑にする」という意味です。その役割を主に担う人が，ファシリテーター（進行促進役）です。プロセスに関わることで，会議，ワークショップ，研修，プロジェクトといったチーム活動が手際よくいくように支援していきます。促進ですから，あくまでもチームが本来持っている力を引き出し，大きく育てていくための活動です。外から新たな力を注入したり，自らが主役となって推進したりするわけではありません。コンテンツではなくプロセスをリードすることに注力します。(p. 15)

◯日本ファシリテーション協会ホームページ。(https://www.faj.or.jp/facilitation/)

ファシリテーション（facilitation）とは，人々の活動が容易にできるよう支援し，うまくことが運ぶよう舵取りすること。集団による問題解決，アイデア創造，教育，学習等，あらゆる知識創造活動を支援し促進していく働きを意味します。その役割を担う人がファシリテーター（facilitator）であり，会議で言えば進行役にあたります。ここはファシリテーションの基礎知識についてご紹介しています。

■ファシリテーターはプロセスに関わる

ファシリテーターは，チーム活動の二つのプロセスに関わっていきます。一つは，段取り，進行，プログラムといった，活動の目的を達成するための外面的なプロセスです。もう一つは，メンバー一人ひとりの頭や心の中にある内面的なプロセスです。具体的には，考え方や筋道などの思考的なプロセスや，感情の動きやメンバー同士の関係性などの心理的なプロセスです。チーム活動を円滑に進めるには外面的なプロセスが大切ですが，成果や満足感を左右するのは内面的なプロセスです。チーム活動の中では，メンバーの考え方の枠組みや様々な思いがぶつかりあって，感情も関係性も常に変化しています。変化するからこそ，新しい考えが生まれたり，対立している人と合意形成ができます。まさにこれこそがチーム活動のダイナミズムであり，ファシリテーターは両方のプロセスに関わることで，人と人の相互作用を促進しているのです。

■相互作用を使って枠組みを打ち破る

チーム活動の成果の質を上げるには，精神論だけでは心もとなく，行動を変えなければいけません。そのためには，まずは考え方を変えることが求められます。ところが，これはまさに至難の業であり，そう簡単には固定化された思考の枠組みが打ち破れません。考え方を変えるには，大きく二つの方法があります。一つは，自分自身の心の中を深く省みる内省です。多くの場合，自分一人ではなかなか壁は砕けず，それを手助けしてくれるのがコーチやカウンセラーです。もう一つは，相互作用を使って自分の枠を打ち破る方法，すなわちファシリテーションです。他者とぶつかり合い，互いの違いを知ることで自分の壁を悟り，新しい自分を発見していくのです。もちろんどちらが一方的に優れているということはなく，単にアプローチが違うだけです。両者とも目指す姿は人と組織の活性化であり，課題や状況に応じて組み合わせて使うのが理想的でしょう。

　■ファシリテーションが人・組織・社会を変える

　ファシリテーションの応用分野は，大きく「組織系」「社会系」「人間系」の三つに分かれます。組織系とは，チーム活動の中での問題解決や組織活性化などに用いられるファシリテーションです。ビジネス活動に一番なじみが深い分野であり，合理的な成果とスピードが何よりも求められます。社会系とは，まちづくり，コミュニティ，NPOなど，社会的な合意形成が必要となる場面で用いられます。共通の目標や課題を発見することが成果であり，納得感を高めるために，そこにいたるプロセスが重要となります。企業でいえば労働組合やCSR活動などで用いられます。最後に人間系ですが，人間教育，社会教育，学校教育，国際教育など広範囲の分野を含むファシリテーション発祥の地です。ファシリテーターは内面的なプロセスに関わり，様々な学習のお手伝いをします。企業では，参加型研修やキャリアデザインなどに用いられています。

（2）スキル

○堀公俊，2016『ファシリテーション・ベーシックス』日本経済新聞出版社。

　ファシリテーターに求められるスキルは3層構造を持っています。

　底辺にあるのが，いかに有能で魅力ある人を居心地の良い場（環境・空間）に集めるか，「場づくり」や「チームづくり」と呼ばれるスキルです。料理に例えると，素材集めに当たります。…（中略）…ところが，いつもそうはいきません。…（中略）…

　そこで登場するのがアクティビティやフレームワークと呼ばれる，話し合いの手法です。料理でいえばレシピに当たります。

　親和図法，ワールド・カフェ，SWOT，ドット投票といったツールを巧みに組み合わせれば，どんな人が来ても，限られた時間の中でそれなりの味が出せるようになります。そのため，関心が一番高い領域です。

　ところが，いくら手法を用いても相手は生身の人間です。気分や体調もあれば，互いの相性によっても振る舞いが変わってきます。やってみないとわからないことも多く，予期せぬことも次々と起こります。

そうなってくると，最後は料理人の経験と腕前にかかってきます。…（中略）…最上段に乗っかる狭義のファシリテーションのスキルがものを言うわけです。(p.26-27)

○**日本ファシリテーション協会ホームページ。**(https://www.faj.or.jp/facilitation/)

1．場のデザインのスキル　〜場をつくり，つなげる〜

何を目的にして，誰を集めて，どういうやり方で議論していくのか，相互作用がおこる場づくりからファシリテーションは始まります。単に人が集まればチームになるのではありません。目標の共有から，協働意欲の醸成まで，チームづくりの成否がその後の活動を左右します。中でも大切なのが活動のプロセス設計です。問題解決プロセスをはじめ，基本となるパターンをベースに，活動の目的とチームの状態に応じて一つひとつ段取りを組み立てていかなければなりません。

2．対人関係のスキル　〜受け止め，引き出す〜

活動がスタートすれば，自由に思いを語り合い，あらゆる仮説を引き出しながら，チーム意識と相互理解を深めていきます。問題解決でいえば，発散のステップです。ファシリテーターは，しっかりとメッセージを受け止め，そこにこめられた意味や思いを引っ張り出していかなければなりません。具体的には，傾聴，復唱，質問，主張，非言語メッセージの解読など，コミュニケーション系（右脳系・EQ系）のスキルが求められます。

3．構造化のスキル　〜かみ合わせ，整理する〜

発散が終われば収束です。論理的にもしっかりと議論をかみあわせながら，議論の全体像を整理して，論点を絞り込んでいきます。図解を使いながら，議論を分かりやすい形にまとめていくのが一般的です。今度はロジカルシンキングをはじめとする，思考系（左脳系・IQ系）のスキルが求められます。加えて，図解ツールをできるだけ多く頭に入れておいて，議論に応じて自在に使い分けられなければいけません。

4．合意形成のスキル　〜まとめて，分かち合う〜

議論がある程度煮詰まってきたなら，創造的なコンセンサスに向けて意見をまとめていきます。問題解決でいえば，意思決定のステップです。多くの場合には，ここで様々な対立が生まれ，簡単には意見がまとまりません。対立解消のスキルが求められ，ファシリテーターの力量が最も問われるところです。ひとたび合意ができれば，活動を振り返って個人や組織の学びを確認し，次に向けての糧としていきます。

（3）歴　史

○**堀公俊，2016『ファシリテーション・ベーシックス』日本経済新聞出版社。**

■人間の成長を目的とした「人間系」

ファシリテーションという概念は1940年代のアメリカで産声を上げました。当時，グループが話し合うことを通じて，民主的な社会を担うリーダーを育成する方法が開発されました。そのときに，グループの中で起こったことを観察し，さらに促進していく役割を持った人がファシリテ

ーターの起源となりました。

ここから,「集団での教育や学習を支援・促進していく人」をそう呼ぶようになりました。人間系(教育系)ファシリテーターと名付けることにします。体験学習,社会(生涯)教育,環境教育,国際教育,キャリア開発といった分野から,演劇,美術,音楽などの自己表現の場でのファシリテーションを含みます。

最近では,総合的学習の時間,共同学習…(中略)…

■コミュニティの合意を支援する「社会系」

一方,1960年ごろから,住民が主体的に参加してコミュニティの問題を話し合う場で,合意形成に向けて話し合いの進行を司る人をファシリテーターと呼ぶようになりました。社会系(まちづくり系)ファシリテーターと名付けることにします。

自分たちのコミュニティのことは自分たちで決めたい。ところが,住民同士の利害がぶつかり合って前に進まない。そういう時に,中立的な立場から合意形成のプロセスを舵取りするのが社会系ファシリテーターです。…(中略)…

■問題解決を促進する「組織系」

これら2つの流れが広まるにつれ,1970年あたりから,組織内の会議やミーティングにおいて,議論をスムーズに進行するために働きかける人をファシリテーターと呼ぶようになりました。それが少しずつビジネス分野の問題解決に取り入れられ,ファシリテーターという言葉が一般に普及することになりました。組織系(ビジネス系)ファシリテーターと呼ぶことにします。

応用分野としては,会議進行,プロジェクト推進,業務(プロセス)改善,商品開発,マーケティング,組織改革,ビジョンづくり,チーム運営支援,協働型セールスなどがあります。ビジネスに限らず,医療,福祉,教育といった分野で,専門家が集まって問題解決を進める際(多職種連携)にも威力を発揮します。NPOなどの非営利組織の運営においても,たくさんのファシリテーターが活躍しています。…(中略)…

■出現する未来を描く「複合系」

これら3つのやり方を自在に取り交ぜ,人・組織・社会の変革を目指すのが複合系(変革系)ファシリテーターです。1990年あたりの欧米から出てきた比較的新しい分野です。

複雑な問題を解決するには,利害関係者が一堂に会して話し合うしかありません。これを集合的対話(マルチ・ステークホルダー・ダイアログ)と呼びます。そのための手法がホールシステム・アプローチです。多彩な手法が考案されており,企業,団体,NPO,コミュニティの変革やさまざまな紛争の解決に活用されています。…(後略) (pp. 22-25)

参考文献

中野民夫,2003『ファシリテーション革命』岩波書店。
日本ファシリテーション協会ホームページ(https://www.faj.or.jp/)
堀公俊,2004『ファシリテーション入門』日本経済新聞出版社。
堀公俊,2016『ファシリテーション・ベーシックス』日本経済新聞出版社。

J ケアと環境

1 ケアと環境とは

　支援を必要とする人の QOL を左右するのは，人による支援だけではなく，その空間，環境です。例えば，ベッドから起き上がるのに介助というケアが必要な人も，ベッドに手すりがあれば一人で起き上がることができるかもしれません。また，車いすなら自分で行動できる人が，自宅の廊下が狭すぎて車いすが使用できなかったために，結果的に寝たきりになってしまうということもあり得ます。このように，ケアと環境は，特に地域での生活や暮らしを基盤に考えたときには，切っても切り離せない関係にあります。

　本章では，具体的に高齢者と障害者に焦点を当て，ケアと環境について解説していきます。

2 IPW・IPE になぜ必要か

（1）一般論として

　IPE・IPW では「ケアと環境」を特に取り上げられることは少ないようです。それでも全くないとはいえませんが，ケアのある環境は住宅や施設の「供給状況」という面から捉えられることが多いようです。それは決して新しい事がらではないものの，救済措置的な意味合いが強く，量の多少を主に問題としているように受け取られます。現在のわが国では，高齢者の退院後の在宅生活において，ケアの質の維持の低下を防ぐためには，在宅医療の充実とともに，それらを包含する生活の環境（住環境）にも注目することは必要なことです。

（2）SAIPE における位置付け

　IPE においては，保健医療福祉等の専門職をめざす学生たちの中に建築の学生が入ることにより，医療・福祉の専門領域にとどまりがちな議論が，空間のあり方や住環境に目を向けることにつながり，一気に生活・暮らしまで視野が広がることが往々にして起こります。

　入院・入所から移行する在宅ケアのより良いあり方を考えるに当たって，その高齢者が受けたリハビリテーションの効果が維持できるような住環境の整備，またそれは，訪問看護等が効果的に行えるとともに，何より支援を必要とする人本人と同居の家族が気持ちよく生活を保持できる

J ケアと環境

住環境でもあるように，在宅におけるケアプランと共に話し合われるのです。

　このとき，（建築領域の）学生たちが，普段の住宅設計の授業で無意識に行っている，住人となる支援を必要とする人を含めた同居家族の生活の様子を，ライフステージ，季節ごとに，そして1日の時間の流れを意識してイメージしていることを連携メンバーに伝える機会をつくることが重要です。なぜならば，彼ら彼女らのこれまで人生経験はそれほど深いとはいえず，ともすれば，各専門領域で学んだ知識をひたすら復習するかのように，専門知識の集積であるケアプラン作成で満足しかねないからです。さらに，支援を必要とする人と家族の関係性をイメージする練習をすると効果的です。家族の中で支援を必要とする人が幸せに暮らすということは，家族の誰もが，その支援を必要とする人が共に暮らしていることで不自由になったり，不満に感じたりすることがないことです。人間のこころの問題は，精神の修養や身をやつすほどの鍛錬，および犠牲的な愛情等で解決できるかもしれませんが，生活空間（建築空間）の創り方で起きる，住み手の人たちの身体的・精神的疲労を消し去ってくれるマジックを信じて，ひたすらデザインを学んでいる建築系学生に発言させてみることの意義は，IPWを学ぶグループにとって決して無意味なことではありません。

3　特　　徴

A 高齢者のケアと環境

　高齢者のケアと環境では，高齢者の心身の老化に寄り添い，その人生の終末に向けた日常の生活の質をこれまでよりも下げることなく，ケアとともにある住環境が中心的なテーマとなります。

（1）個々に違う高齢者の環境づくり

　高齢者はゆっくりと老いてゆき，ほとんどの高齢者は介助される量も次第に増えていきます。例えば，足腰の弱った高齢者が使用するトイレでは，一般トイレであっても便器の片側の壁にL字型手すりが設置されていれば，立位と座位の変換時に役に立ちます。しかし，同じ人の場合でも，その後の身体機能の変化によって，同じ手すりで，一連の排泄動作を安全にサポートできるとはいいきれません。例えば，もしどちらかの腕や手首等に何らかの不都合が生じて手すりが握れなくなったとしたら，また，車いすで接近はできるが自力で立位を保てなくなる時が訪れ，介助が必要になるとしたら，さらには車いすと便器の接近角度がトイレ室の広さや形状等で制約され，下肢の不自由な高齢者が正しい向きで便座に腰掛けることができないなど，いくらでも問題が噴出することが考えられます（図3-9）。利き腕の変化に対応する建築的な工夫，手すりの種類に関する情報の収集力，車いすの性能や多様な寸法に対応する必要有効空間の見極め等に建築の専門家はその能力を発揮できます。しかし，対象とする高齢者（支援を必要とする人）がいつそのような身体的状況になり，あるいは介助も必要になるのかを予測をすることはなかなか難しく，

第3部　資料編①　解説集

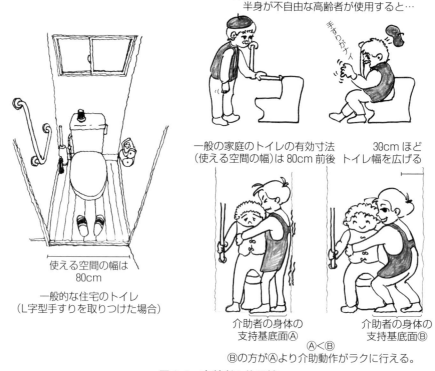

図3-9　高齢者と住環境

特に体調の変化などに関しては，建築の専門家には根拠を持って推測することができず，想像の域を出ることは難しいでしょう。つまり，保健医療福祉の専門家たちと連携し，何でも聞き合える関係性を築いていく中で，一人の高齢者のために，尊厳の保持にも深い関係がある排泄におけるケアの内容が話し合われ，その人にふさわしい環境づくりの案が生まれてくるのです。

（2）高齢者と同居の家族のライフスタイルの変化にも対応していく住まい

子ども家族が高齢者である親と同居する場合は，子ども家族の，特に孫の成長に合わせたライフスタイルの変化と，より親が高齢化していく場合のケアを念頭に環境づくりを考えなければなりません（図3-10）。建築の専門家は，家族それぞれのプライバシーの確保やその度合い，あるいは見守りや家族介護の必要性に対応し，将来の改修可能性を見込んで現在の住宅改修・改善を描きIPWのメンバーに提示します。他のメンバー（保健・医療・福祉など）からは，より詳細な高齢者に関する情報や知識が得られ，そこでの「ケアのある環境」の質について，スパイラルアップされる話し合いが行われていくのを目にすることでしょう。

（3）認知症になった（なっている）場合の高齢者と同居の家族関係は深刻

高齢者が認知症になる可能性は年齢とともに高くなります。家族が認知症になると共に生活する配偶者や子ども家族の精神的な負担は相当なものになることもあります。支援を必要とする人

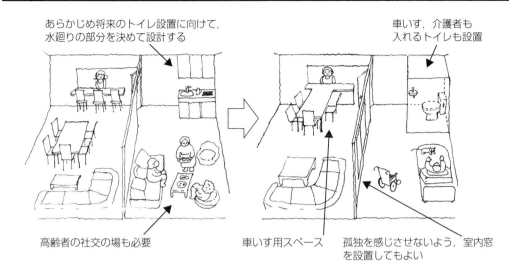

図 3-10　高齢者の変化に合わせた環境づくり

である高齢者の生活状況を詳細に聞き，安全なケア環境を整えると同時に，ともに暮らす介護者や家族の穏やかな生活も確保できる住環境を構成していくようになるまで，本人や同居家族も含めて話し合いができることが望ましいでしょう。何が正解かはわからない難しいテーマです。

（4）高齢者自らが地域づくりに参加できる可能性をつくる

　高齢者と地域社会との関わりは是非とも必要です。それは，地域内の方たちが高齢者を大事に労わる会を催すという敬老的なことではありません。高齢者自らが地域づくりに参画しているという意識を持つ機会を高齢者自身にもってもらうことを意味します。

　建築学科生活環境コース（旧生活環境デザイン学科）の学生たちが住居設計デザインで地域との交流を考える場合，一階部分に土間を設けて交流スペースとすることを提案するのは珍しくありません。古くからの近隣地域との付き合いがある高齢者にとって，土間のような屋外的な雰囲気もある場所で，知り合いと気軽に茶飲み話ができるなどの交流は，生活に豊かさをもたらしてくれます。独り暮らしの高齢者同士にとっては，緩やかな相互の見守り機能にもなるでしょう。しかし，高齢化がもっと進み，そのような交流すら億劫な状況になってしまっても諦めてしまってはいけません。自分だったらどうするだろうかと，専門領域の枠を超えて話し合うことを通じて，例えば，外の通りに面した窓際にスペースを造り，育てた花鉢を置くだけであっても地域との交流の一端になるという意見が出るかもしれません。窓の側を通る近隣の人たちがその花を見てきっと良い気分になるだろうと想像するという高齢者の心の活動が起こります。これは，その高齢者自身が生活の中で，地域づくりへの参画意識を持つことに他なりません。

　地域包括支援システムにあって多職種の専門職による連携は，支援を必要とする人である住民を主体とすると，その住民たちによる気のおけない関係性を土台として成り立つとも言えるでし

ょう。そのような住民が生活する「地域」は建築系（生活環境デザイン系）学生の「まちづくり」という概念に重なります。学生らのまちづくりに関する日ごろからの情報収集力や好奇心，そして想像力や創造力は IPW・IPE での話し合いをおおらかで楽しくさせてくれるといういくつかの報告があります。

B 障害のある人のケアと環境

2001年5月，世界保健機関（WHO）総会で，国際障害分類（ICIDH）の改訂版として採択された人間の生活機能と障害の分類法 ICF（International Classification of Functioning, Disability and Health,【第4部，F：課題の抽出方法（p.195）】を参照）の特徴は，生活機能というプラス面の視点に立ち，障害を機能障害，活動制限，参加制約という3つの次元で捉え，さらに環境因子等の観点が加わりました。この環境因子の定義は，「人々が生活し，人生を送っている物的な環境や社会的環境，人々の社会的な態度による環境を構成する因子のこと」[49]で，ここでいう「環境」とは，単に，建築や用具といった物理的な環境だけを指すのではなく，自然環境や，家族や友人，知人など本人の活動場面における人的な環境，また，制度や福祉サービスなどの社会的な環境も含んでいます。そのような意味では，ケアも環境因子と捉えることができます。

実際，身体障害のある人が社会参加していく上では，住宅や公共施設といった建築物や公共交通機関のバリアフリー，また，車いす等の移動支援機器の有無が大切な要素になります。知的障害や精神障害，また，発達障害のある人にとっては，周囲の人々の理解や対応がより大きな意味を持ち，中心となる環境因子であると言えます。

（1）個人モデルと社会モデル

例えば，車いすを使用する人にとって，平坦な道であれば不自由なく進むことができたとしても，いったん目の前に階段が現れると一歩も前に進めなくなり，障害を自覚せざるを得ない状況となります。それは単に前に進めないというだけではなく，そのことによって，外出ができない，そして，教育が受けられない，就職ができない，といった社会参加の制約につながります。「個人モデル」とは，障害に伴う問題の原因を個人の障害，すなわち，階段を上れないのは車いすを使用する人の問題として捉え，障害を治療したり，訓練して克服しようとする考え方で，「医学モデル」とも言われています。それに対して「社会モデル」とは，階段で前に進めないのはエレベーターやスロープが設置されていない建築物の問題だとして，その環境に働きかけるという考え方で，「障害」は社会が生み出していると考えます。環境因子の観点が加わった ICF の中にはこの「社会モデル」の考え方が含まれ，また，2006年12月に国連総会において採択された「障害者権利条約」の中にも，「社会モデル」の考え方が反映されています。

---

[49] 障害者福祉研究会編，2002『ICF 国際生活機能分類——国際障害分類改定版』中央法規出版。

（2）エンパワメントという目的

障害のある人の支援では，障害のある人のエンパワメントが重要で，当事者が主体的に自己選択，自己決定し，社会の中で，自身の持つ強み（ストレングス）や環境の持つ強みを活かしながら発揮していくことが目標となります。建築分野の環境整備も，医療，福祉・介護と同じく，支援の目的はそれらの実現です。

環境に着目すれば，治療や訓練に加え，課題を環境側の問題として捉え，環境を変えることが，その本人のエンパワメント，そして，自信と生きがいを持って生活を送ることにつながると考えます。すでに述べたようにケアは環境因子の1つですが，狭義の意味で環境整備はケアの一部で，ケアと連携して障害のある人の生活を支える支援の手法と言えます。

（3）長期にわたる経過に対応する

図3-11は，住環境を身体状況に合わせて継続的に整備している関節リウマチ患者の事例です。いったんは関節リウマチの症状が悪化し，自宅で車いすを使用する生活となりましたが，手術，リハビリテーションにより歩行が可能になる等，機能は低下する一方ではなく，変化していきました。その間，身体状況や生活スタイルに合わせて適切な住環境整備を行うことで，家庭の中で妻や母親の役割を担い，趣味活動や地域交流も含め，自立した豊かな生活を送っています。

このように，障害のある人の場合は，長期にわたる経過をたどることがあります。その間，適切な時期に適切な整備をする必要がありますが，障害は変化していくため，住環境整備のタイミングを図るのは簡単ではありません。このような場合，日頃から関わりのある医師や看護師，薬剤師，また，福祉職，介護職がニーズを発見し，住環境整備の専門職と連携して適切な時期に適

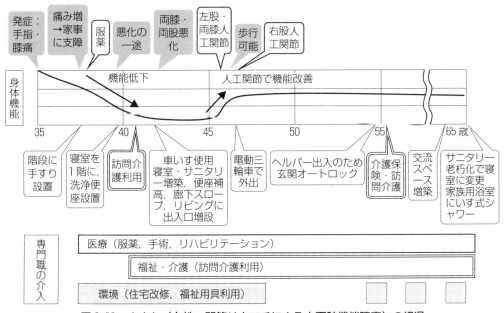

図3-11　Aさん（女性・関節リウマチによる上下肢機能障害）の経過

切な整備を行うことが大切です。そして、その住環境整備によって、その人の活動レベル、生活の質を向上させていくことができるのです。

4 資 料 編

(1) 高齢者の環境整備の経過

バリアフリーの概念は、1970年代ごろから人々に注目され始めました。日本の人口における高齢者の割合も増え始め、まちづくりや住宅内における段差解消がうたわれ始めました。また、1982（昭和57）年に国連によって「国際障害者年」が定められ、「バリアフリー」化が浸透してゆきました。さらに1985（昭和60）年には、米国のロン（ロナルド）・メイスによってユニバーサルデザインの概念が提唱され、両者の概念によって、現在では、高齢者や障害者が生活しやすいデザインを取り入れることは、建築デザインや産業デザインには必須となっています。

このような生活空間に関するデザインにおける潮流がある一方、2000（平成12）年には介護保険制度が始まり、高齢化とともに低下するADL（日常生活動作能力）を補い暮らせるようにと、65歳以上の人々に介護等サービスが実施されていますが、住宅改修もその中に含まれ、高齢者が、介護保険によって、居住環境のバリアフリー化を望めることはよく知られています。

(2) 障害のある人の環境整備の経過

1960～70年代、日本の障害者福祉のサービスは施設が中心でしたが、60年代後半から、障害のある人たちがまちの中で暮らそうとする当事者運動が各地に広まりました。その後、1981（昭和56）年の国連による国際障害者年は、1960年代に北欧から始まったノーマライゼーションや1970年代にアメリカで生まれた自立生活運動の考え方が広がっていく大きなきっかけになりました。

1990年代になると、ようやく日本でも福祉のまちづくりに関する法整備が進み、地方自治体が福祉のまちづくり条例を制定し、また、国レベルでは初めて建築物のバリアフリーを定めたハートビル法[50]が制定されました。2000（平成12）年には公共交通に対して、交通施設の新築あるいは大規模改修する際に整備義務が定められた交通バリアフリー法[51]が制定され、2006（平成18）年にはハートビル法と交通バリアフリー法が統合、拡充されバリアフリー法[52]となりました。

その間1980年代後半にアメリカで広がったユニバーサルデザインの考え方が日本にも浸透し、2005（平成17）年、国土交通省は「ユニバーサルデザイン政策大綱」を作成しました。その後、2006（平成18）年の国連による障害者権利条約の採択を受け、日本でも国内法が整備され、2013（平成25）年に障害者差別解消法[53]が成立、2014年に障害者権利条約を批准しました。そして、

---

[50] 正式には「高齢者、身体障害者等が円滑に利用できる特定建築物の建築の促進に関する法律」
[51] 正式には「高齢者、身体障害者等の公共交通機関を利用した移動の円滑化の促進に関する法律」
[52] 正式には「高齢者、障害者等の移動等の円滑化の促進に関する法律」
[53] 正式には「障害を理由とする差別の解消の推進に関する法律」

2020(平成32)年のオリンピック・パラリンピック開催に向け，バリアフリー法の改正や設計標準の改訂，ユニバーサルデザイン2020行動計画の策定等，レガシーとすべく福祉のまちづくりに関する取り組みが進展することになりました。

参考文献
小川喜道，杉野昭博編著，2004『よくわかる障害学』ミネルヴァ書房。
障害者福祉研究会編，2002『ICF 国際生活機能分類——国際障害分類改定版』中央法規出版。

第4部
資料編② 素材・ワーク集

　連携する力を育てるためには，座学で知識を理解するだけではなく，仲間とともに議論し，情報を収集し，合意を形成することが不可欠です。そのとき，教員にも，ただ知識を正確に伝えるという教え方だけではなく，学生が自分で考え，自分たちで議論し決めること，そしてその体験から学ぶことを支援するという姿勢，技術が求められます。

　このとき，教員は，指導者というよりは，ファシリテータとしての役割を担うことになります。第4部では，ファシリテータのスタンスを「A　ファシリテータのポイント」で，そのスタンスのもとで学習を促進するために使えるスキル（技法）やツールを「B」以降で紹介します。

A　ファシリテータのポイント
B　リフレクションの投げかけ
C　話し合いのテーマ，事例──ペーパーペイシェントを用いた模擬的体験
D　アイスブレイク
E　見える化
F　課題の抽出方法──目標に向けた ICF・KJ法・看護計画
G　ワールド・カフェ──楽しみながら，本音で，対等に，全員主役で，つながりを深め，アイディアをつなぎ合わせる対話の手法

図 4-1　第4部で取り上げている素材・ワーク

A
ファシリテータのポイント

1 ファシリテータとは

　ファシリテーションとは，集団による問題解決，アイディア創造，教育，学習等，あらゆる知識創造活動を支援し促進していく働きを意味する（⇒【前述，第3部　I　ファシリテーション】）。IPEにおいては，演習などの全体の進行役としてのファシリテータと，IPW実習のように各チームに付き添い，個々のチームの活動を促すファシリテータの2つのレベルがあるが，根本のスタンスは共通している。すなわち，「活動し，学習するのは学習者であり，ファシリテータはそれを支援し促進するものである」ということである。このスタンスが具体的に問われるIPW実習を例として，ファシリテータのポイントを解説する。

　IPW実習におけるファシリテータは，学生の実習を円滑に進めるための調整役である。特に多様な学生がチームを組んで能動的に学ぶ教育では，学生の中からファシリテータ役が出てくるまでの間は，教員がファシリテータとして機能するかどうかが，実習の学びを左右するといっても過言ではないだろう。SAIPEのIPW実習では教員ファシリテータと施設ファシリテータがおり，学生の議論を推し進める役割や，施設職員と学生のインタビューの調整を行う。

2 概　　要

（1）ファシリテータの養成

　IPW実習を通じて質の高い学習活動を可能とするためには，ファシリテータの養成[1]は欠かせない。ファシリテータに必要な基本的姿勢とスキルを以下に挙げた。質保証の観点から，実習前にファシリテータ研修会を実施するとともに，ファシリテーションのポイントをまとめた資料などを作成しておくとよいであろう。

---

(1) 新井利民・柴﨑智美編著，2016『彩の国連携力育成プロジェクト　IPW実習ファシリテータ・ガイド　2016年版』。

A ファシリテータのポイント

〈基本的姿勢〉
① 主体性を尊重する
② 学生を信頼する
③ 中立の立場をとる
④ 意図的な介入を行う
⑤ 学生間と施設の媒体となる

〈基本的姿勢スキル〉
① 傾聴のスキル
② 観察のスキル
③ 問いかけのスキル
④ 支持のスキル

（2）どんな時に介入するのか――タイミングとポイント

①チーム形成―自己紹介・アイスブレイク（⇒【後述，D：アイスブレイク】）

チームメンバーが集まった当初は互いにまだ名前や顔が一致しない。時には実習に心が向かっていない学生がいることもある。初めはファシリテータ自身が仕切らざるを得ない状況が多い。この時期のファシリテーションのポイントとして，以下のものが挙げられる。

・実習に対する率直な想いを共有し「われわれ意識」を形成する
・チーム内にある緊張を緩和する
・チーム活動を促進するためのチームのルールを決めてもらう

②チーム形成―リフレクションを促しチームでの学びを強化する（⇒【後述，B：リフレクションの投げかけ】）

リフレクションのために，学生が1日の活動を自由に振り返る時間を設けることが必要だが，実習初期には，ファシリテータがリフレクションを促さなくてはならないこともある。

③情報収集・理解

この専門職の学生が皆に説明できるはずだ，という項目について，その学生に促す声掛けをする。他の職種でも説明できるものがいる場合には助け舟を出してもらってもよい。気を付けなければならないのは，ファシリテータ自身が専門職である場合に，自分の専門性を発揮した発言を多くしてしまうことで，チームを誘導してしまうことである。

④情報の整理

情報収集し，その内容を分別する際の方法，それぞれどんな方法で学んできたのか，職種別の情報のまとめ方を紹介するよう話を向ける（⇒【後述，F：課題の抽出方法】）

例えば，医学生の情報まとめ記載方法（SOAP）と，社会福祉士学生の情報まとめ記載方法（ICF分類）は大きく異なる。集めた情報を整理する際に，チームメンバーのそれぞれがこれまでの実習で学び使用してきた方法を共有し，今回はどの方法でまとめていくのがふさわしいかを，学生たち自身が決めるように促すとよい。

⑤議論が分かれたとき

対象者に会いに行くか行かないかなど，「やる」か「やらない」かで議論が分かれた時には，「やる」ほうに背中を押す。後のリフレクションで，あの時こうしようという意見が上がったの

に行うことができなかったという反省が出ることがある。誰かの提案を否定するときには、全員が納得できるような理由をつけることが、最終的な発表に向けて進む上で大切である。

⑥支援を必要とする人の強みに着目させる

分類法にも関係するところであるが、問題点をリストアップするだけでは解決に向かわないことが多い。支援を必要とする人のこれまでの職業経験や、家族背景、趣味や特技などが思わぬ解決策へのヒントとなることも多い。

⑦支援を必要とする人の過去の生活に思いをはせることを促す

学生は支援を必要とする人の現在と未来には目を向けることができるが、過去の生活を想像してみることがなかなかできない場合が多い。支援を必要とする人の過去の経験を知ることは、その人のニーズに沿うことにもつながる大切なことである。

⑧学生が十分に議論せずに、合意したことにして次のプロセスに進もうとしたとき

チームに強いリーダーシップを持つ学生がいて、その意見にチームが引っ張られてしまう場合、あるいは、深く議論しないまま予定調和的に進んでしまう場合には、その現状を学生が認識できるような言葉かけを行う。例えば、「QOLの向上」「普通の暮らし」「その人らしい暮らし」といった言葉は、学生間の理解が大きく異なっていることがあるため、それは具体的にどのような状態なのかを言語化することを促すとより深い議論が展開されることがある。時には議論を止め、言葉の理解や目標の共有を図るための働きかけをすることが重要である。

⑨保健医療福祉専門職以外の学生への投げかけ

保健医療福祉専門職以外の学生がいるチームにおいては、意図的にそれらの学生の意見を聞く場面を設けることも、チーム形成を進めるために重要な場合がある。保健医療福祉の専門性が高くない分、支援を必要とする人の立場に近い存在であり、ケアの非対称性に気付くきっかけになりうる。

参考文献

青木将幸,2012『市民の会議術　ミーティング・ファシリテーション入門』ハンズオン！埼玉出版部。

新井利民・柴﨑智美編著,2016『彩の国連携力育成プロジェクト　IPW実習ファシリテータ・ガイド　2016年版』。

A ファシリテータのポイント

―ポイント―

ファシリテータにとってほしくない行動をまとめた「こんなファシリテータはいやだ！」15選[2]

① 「準備不足な」ファシリテータ
② 「しゃべりすぎる」ファシリテータ
③ 「待てない」ファシリテータ
④ 「専門用語連発」ファシリテータ
⑤ 「時間がない」ファシリテータ
⑥ 「ひとりハイテンション」「ひとりローテンション」ファシリテータ
⑦ 「言行不一致」ファシリテータ
⑧ 「えこひいき」「過剰な期待」ファシリテータ
⑨ 「他のことが気になりすぎている」「チームの状態を把握していない」ファシリテータ
⑩ 「学生のせいにする」ファシリテータ
⑪ 「実習先や教材のせいにする」ファシリテータ
⑫ 「結論を用意している」ファシリテータ
⑬ 「学生を守ってくれない」ファシリテータ
⑭ 「独自性ありすぎ」ファシリテータ
⑮ ①〜⑭のどれも自分にはあてはまらないと思う「学ぶ姿勢のない」ファシリテータ

―コラム―

SAIPEにおけるIPW実習の教員ファシリテータ経験者からのアドバイス

□多職種連携の学びのため，各々の学生が自分の持っている専門知識を根拠を持って他領域の学生に伝えられるように，フォローすることが肝心だと思います。
□ついつい教員ファシリテータがグループをコントロールしたくなる気持ちがでてきますが，示唆やコメントは最小限にするように心がけることが重要です。
□チームとしての成長や，支援を必要とする人を理解するプロセスを客観的に振り返られるように，リフレクションシートにできるだけコメントしています。
□施設ファシリテータと情報共有する時間を朝と1日の終了後に持ち，翌日の関わり方について検討しています。
□学生の考えを大切にし，そして学生の力を信じることが必要です。チーム活動が進む中で，教員ファシリテータは何か学生に教えたくなってしまいますが，じっくり待つことも大切です。
□学生の見えないところで，施設ファシリテータと，学生の変化や学びの状況を情報交換したり，ファシリテーションを行う上での方向性を相談したりしています。ファシリテータ同士もチーム連携ができると，IPW実習でのファシリテーションが楽になります。

---

[2] 青木将幸，2012『市民の会議術――ミーティング・ファシリテーション入門』ハンズオン！埼玉出版部。

B
リフレクションの投げかけ

1 リフレクションとは

　リフレクションとは，様々な体験から学びを引き出す重要な学習手法である。リフレクションの方法は様々なものが開発されている。中でも IPW 実習のように，個々のチームがそれぞれ異なる状況におかれたときには，そのチームの状況や体験に合わせたリフレクションを行うことが，学習効果を高める上では重要である。ここでは，IPW 実習におけるリフレクションの投げかけについて整理する。

　IPW 実習では，その日の実習の成果をまとめるなどの1日の活動が終了したあと，または次回（翌日）の活動前にリフレクションを実施するよう投げかける。これによって，それまでのチーム活動における自分自身の活動（発言や行動等）や心理状況などを振り返り，チームメンバーと課題や解決策等を共有することによって，次回（翌日）のチーム活動をより良い活動（チーム活動のレベルアップ）とすることができる。また，活動終了後のみならず，チーム活動が白熱し過ぎていたり，逆に沈黙が続いたりした場合にも，リフレクションを実施するよう投げかけることが必要となる。

【特徴】
・通常の反省会，振り返りでは自分のよくできた点，できなかった点を述べるにとどまる。しかし，IPW 実習のリフレクションでは「よくできた」「できなかった」それぞれの時のチームメンバー各自の主に心理状況を振り返ったり，「他者のこの言葉が考えを変えさせてくれた」「他職種の目線が異なることに気付いた」などについても触れる。

【こんな時に】
・基本的に1日の実習終了後に行う。また，議論の最中にチーム内で葛藤が起こった時などにリフレクションを行ってみることで互いの考えを知ることができ，その後のチーム内の相互理解や議論が進み，チーム形成を促進できる。

2 概　　要

（1）準備・セッティング

① 1日の行動計画を立てる際に，終了予定時間を決める。施設からの退去時間を考慮し，施設側に施設を使用できる時間をあらかじめ確認する。
② 実習終了予定時間の30分前には，すべての作業を中断してリフレクションに充てる。
③ 活動の様子から，もう少し活動を進めておきたいという場合もあるが，最優先して確保すべき時間がリフレクションの時間である。
④ 活動の中でも時々，「リフレクションの時間まであと〇分だよ」と促す。

（2）標準的な流れ

　1日の活動が終了した後，その日の活動を振り返るために，30分以上はリフレクションの時間を確保するべきである。この実習では，次回のチーム活動をより良くするための方法としてリフレクションの実施方法を体験して学ぶことに重きを置いていることを忘れてはならない。
　リフレクションとして，チームメンバーの前で各自の意見を公表する前に，各自で考えるための時間を十分にとる。リフレクションの内容として以下のようなテーマを投げかける。帰宅後リフレクションシートの記入を行う内容となる。
　以下にリフレクションにおけるテーマ例を挙げる。

①自分自身の活動について

　本日の活動で自分が良かったこと，悪かったことを客観視して捉え，述べる。個人の目標に対し，どこまでできたか（またはできなかったか）を振り返る。さらに，できた場合には「なぜできたのか？」，できなかった場合には「なぜできなかったのか？」まで掘り下げて議論する。

②チームとしての活動について

　チームとしての目標について，どこまでできたか（目標達成度），目標に向けた活動（目標に向けた活動の方向性）ができたかを振り返る。チーム内の誰かが素晴らしい発言をして，そのおかげでチームがこのように変わったなど，気が付いたことを言語化して述べる。

③発言するメンバーに偏りがなかったか，それを解消するにはどうすればよいか

　1日目にはよくあることだが，発言する者が偏り，全く発言しなかった（できなかった）者がいる場合がある。そのことに「気が付いたか」「発言しやすい環境にするためにはどうすればよいか」という投げかけを行い，翌日以降，チーム活動を活発化するためにどのように気を付ければ全員が発言しやすくなるかを考えさせる。

④本日のターニングポイントだと思う出来事はあったか

　1日のチーム活動全体を改めて振り返ってみて，チーム活動としてのターニングポイントとなった出来事（発言や行動等）を確認する。チーム活動としてのターニングポイントとは，良くも

悪くも「チーム形成」や「チーム活動」,「チームメンバーの信頼関係」等に影響した出来事のことである。ファシリテータとしても，このようなターニングポイントは見逃さないようにして，リフレクション時に学生に気付かせることも必要である。

⑤メンバー全員による活動，役割分担による活動，インタビュー内容の共有

支援を必要とする人に関わる多職種の方々にインタビューをする際には，メンバー全員で聴取する場合と，メンバーの数人が聴取に行く場合とがある。チーム内での役割分担として聴取に行った場合には，聴取した内容を他のチームメンバーと共有する必要があるが，適切に伝えることができたか，もう一度リフレクションの場で振り返ることで，伝達し忘れていた大切なことが出てくることもある。

⑥明日の目標

リフレクションの内容を通じて，翌日のチーム活動に対する目標を共有する。他のメンバーの目標を聞くことで，配慮すべきことに気付くこともできる。チーム目標および各自の目標を共有することで，メンバーへの配慮，メンバーの尊重といったチーム活動に必要とされるメンバーへの関心が確立される。

ポイント

- リフレクションは，支援を必要とする人のより良い生活支援計画・方針につなげるためにチーム活動を活発化（連携）させる手段であることを忘れてはならない。"連携"もまた，目的ではなく，あくまで支援を必要とする人のより良い生活支援のための手段であることを忘れてはならない。

  リフレクション：手段
  　⇒チーム活動の活発化（連携）：手段
  　　⇒支援を必要とする人のより良い生活支援計画・方針：目的・目標

- 実践現場では，常に同一課題・同一メンバーであることはない。どのような課題であっても，どのようなメンバーであっても，支援の質を落とすことがないようなチーム活動とすることが必要である。したがって，チーム活動を行ったら常にリフレクションを実施して，次回のチーム活動をより良いものとするような態度や習慣を身に付けるようにしたい。

---

3 リフレクションへの投げかけで必要不可欠な要素

（1）教えない能力，気付かせる

本実習におけるリフレクションの目的は，基本的に学生がリフレクションを体験して，リフレクションによる自己の課題やチームの課題に気付き，それらの解決方法を自己およびチームで模索する（考える）プロセスを自ら学ぶことである。したがって，ファシリテータは基本的に「リフレクション実施の投げかけ」「学生が気付けるヒントの投げかけ」のみに関わるべきであって，決して教授（講義）してはならないことに注意が必要である。

（2）チーム活動状況の把握（見極め）

　リフレクションで投げかけを行うにあたって，担当するチームの活動状況を把握しておく（見極めておく）ことが必要である。担当チームを第三者的に俯瞰的に観察し，担当学生の心の動きを推察できる能力が求められる。これは容易ではないが，着目点のヒントとして，テーマごとのディスカッション時間，発言頻度，沈黙時間，学生の発言時やその発言後の他メンバーの反応や発言時の表情などに着目して観察してみてはどうであろうか。

（3）他者を活かす能力開発

　チーム活動では各自の専門性や得意なことを場の状況に応じて発揮する必要がある。しかし，自分ではその専門性や得意を活かしきれていない場合が多い。より良いチーム活動では，自分の専門性や得意を活かすのみならず，他者の専門性や得意を活かすような能力が必要となる。リフレクションでは，他のメンバーの良いところを見つけ出し（気付き），次回に活かせるように導くような投げかけも必要である。具体的には，「今回のチーム活動でメンバー各自の良かったところはどこだったろうか？」という投げかけがあってもよいだろう。

ポイント

- 教員はどうしても教えたい衝動にかられてしまうことが多い。どこまで口を挟むかを考える際に，リフレクション時のファシリテータの発言は1～2分以内に留めることを常に念頭に置くとよい。
- ファシリテータの発言は，あくまで「投げかけ」である。したがって，発言例としては，「……についてはどう思った？」「……の後，チーム活動に何か変化はなかった？」「それはなぜだろう？　もう少し深めてみようか」「それは本当に正直な気持ち？」などが挙げられる。
- チーム活動状況の把握（見極め）において，担当チームを第三者的に俯瞰的に観察し，担当学生の心の動きを推察することは容易ではない。したがって，ファシリテータも担当チームのリフレクションを参考にして，ファシリテータ自身のチーム活動の観察方法や学生の心理状況の推察状況についてリフレクションする機会を設けることをお勧めしている。

コラム

チーム活動についてのファシリテータの気付き

　発語がほぼない方が実習協力者となり，その方に「もう一度会いに行く必要があるかどうか」についてチーム内で意見が対立したことがあった。この出来事から，職種による考え方の違いに気付くという体験があり，そこから他の職種の意見に耳を傾けるという行動変容につながった。これは外から見ているファシリテータにとっては印象的な場面であったのだが，実習当事者の学生は気付いていなかった。リフレクション時に学生に気付かせるようなヒントの投げかけが必要となる。例えば，「もう一度会いに行く必要があるかどうかで意見が対立したことがあったよね。その出来事の後，メンバー各自の気持ちは何か変わった？　またはチーム活動は変わった？」など。

C
話し合いのテーマ，事例
―ペーパーペイシェントを用いた模擬的体験―

1 話し合いのテーマ，事例（ペーパーペイシェント）とは

　話し合いのテーマの選択は，特に現場での体験に基づく実習以外のプログラムにおいては，学習成果に影響を与える重要なプロセスである。それぞれの段階で，学生の学習の準備段階や学習目標にあった話し合いのテーマを設定することが重要である。実際の現場で起こっている事例の代わりに，支援を必要とする人に起こる課題解決を模擬的に体験するために用いられる。

　ペーパーペイシェントとは，演習などのために，支援を必要とする人の情報を紙に記載したものである。設定されたテーマが概念的であると学生の言葉のイメージが膨らみにくいが，学生の学習目標に合致したペーパーペイシェントを用いることで，よりその人に焦点を当てたイメージを膨らますことができ，現場に行かなくても模擬的に現場を体験できる。

【特徴】
- 講義や演習で5～6人程度のグループで課題を解決する
- 学習目標に合わせた効果的（理想的）な環境を設定することができる
- 支援を必要とする人の生活や性格，病気になる前の趣味や家族関係などナラティブな内容も含む
- 話し合いのテーマとなる「問い」に適した事例を用いる

【こんな時に】
- 低学年においても現場で起こっていることを模擬的に体験させたい。
- 疾患や社会の状況など，実際に体験することが難しい稀な状況設定を体験したい。
- 現場で実習する機会を設定できない。

2 概要

（1）準備・セッティング
①所要時間：10分～180分
②人　　数：1チーム5～6人。空間的時間的制約の中で，全体で振り返りを行う場合には，

　　　　　　　　最大15〜20チーム，全体の人数はおおむね100名程度くらいまで。
③スタッフ：全体を進行する教員が1名以上，教育効果を高めるためには，1〜2チーム当
　　　　　　り1名の教員（ファシリテータ）。
④必要物品：グループで座るテーブルとイス（島型）
　　　　　　模造紙・付箋・マーカー（各チームに1セット）
　　　　　　ホワイトボード（各チームに1台）
⑤事前準備：事前に，事例（ペーパーペイシェント）を学生に提示し，わからない言葉を調べ
　　　　　　る，ケースをイメージするなどを参加者に促す。
　　　　　　複数の専門職が参加する場合には，性別や年齢を含めて多様な専門性を持つ人が
　　　　　　1つのチームとなるようにグループ分けを行う。
　　　　　　その後の話し合いのテーマとなる「問い」の準備を行う。
　　　　　　より効果的な模擬体験を目指して，模擬患者の協力を得る。

（2）標準的な流れ

①演習の流れについて説明する。
②チームに分かれてアイスブレイク，自己紹介を行う。
③事前学習に基づき，事例からわかることについて個人の意見を述べ，疑問に感じたことにつ
　いてメンバー同士で質疑応答を行う。
④その人の持つ課題を抽出するために意見交換し，チームとしての意見をまとめる。
⑤話し合いのテーマ（例えば，ケアプランの作成など）についてチームで話し合う。
⑥話し合いのテーマについて各チーム3〜10分間で発表する。

ポイント

・個人の事前学習に基づき個人の意見を共有する
　　→個人の考え方の特性や専門性に基づく意見を聴くことで，多様性に気付くことができる。
・課題抽出をチームで行った上でテーマに取り組む
　　→個人の考え方の特性や専門性に基づく意見を尊重しながら事例の課題を検討することで，より
　　　支援を必要とする人の視点を尊重したグループ活動が行える。
・話し合いの結果を複数のチームで共有する
　　→他のチームの考えを知ることで，同じ課題解決でも様々な方法があることがわかる。

3　要　素

（1）文字から実際の支援を必要とする人を想像する

ペーパーペイシェントとは，文字どおり支援を必要とする人の情報が列挙されている紙である。

文字を読んでその人の病気の発症の経過，診断までの経過，治療の経過を学生がイメージできることが，ペーパーペイシェントを用いた演習では必須である。

ポイント

・事前に参加者に事例を提示して読み込んでから参加することを求める。
　→参加者は自分の特性や専門性に基づき解釈することになるが，あらかじめ時間をもって読み込むことで，支援を必要とする人をイメージしやすくなる。さらに，自らの関心やニードにあった事例であれば，その支援を必要とする人に対する関心も高まり，チームでの活動に積極的に，安心して参加することにつながる。

（2）学習目標を達成するための話し合いのテーマ

　より効果的な学習成果を得るためには，学習目標や参加者の準備段階に応じて適切な話し合いのテーマを設定することが必要である。

ポイント

・参加者の性別，年齢，専門に関する背景や，これまでどのような学習をしてきたかなど，あらかじめ情報を収集した上で，いずれかの視点に偏った議論にならないように，（例：その人のこれからの暮らし〔生活，人生など〕についての）テーマを設定する。
　→事例を用いた学習の目標が患者・利用者中心性の価値観の涵養を含むため，それぞれの背景を知ることで，教員は事例に対する参加者の考え方の特徴を予測することができる。多様な背景がある場合には，治療や看護といった専門性が高いテーマを避けることで，参加者にとってわかりやすく活発な意見交換をすることが可能となる。

（3）必要十分な情報を含む良質な事例の準備

　事例は医療や看護，福祉の様々な領域においてたくさん作成され，教育に用いられているため，既存の事例を用いた検討が比較的簡単にできる。また，教員がこれまで経験した特徴的な事例に基づいて作成することもできる。ただし，学習目標や話し合いのテーマに基づいて参加者が活発に意見交換できるよう，必要十分な情報が含まれているか検討する必要がある。

ポイント

・事例には，病歴，治療歴のみならず，過去から現在の生活歴などを含むように作成する。
　→生活歴はどの参加者にとっても関係があり，専門性と関係なくどの事例にも存在する。また生活歴について最も熟知しているのは支援を必要とする人本人や家族であることから，その情報について検討することで，参加者は自然に患者・利用者中心の考え方をすることになる。

◆学習ツール1　他職種理解ゲーム「私は誰でしょう」

　他職種についての知識がない低学年の単学科学生には，他職種理解や多職種連携を学ぶことが難しい。このような場合に，ゲーム性を交えながら他職種の理解を促進する学習方法である。

写真4-1　「私は誰でしょう」の実施風景

①事前準備：扱いたい専門職について，その専門職を表す「私は〜」で始まる文を作成する。
　＊文の内容は，その専門職の役割，価値観，ものの見方，他の専門職からどう見られているか，など。
　＊扱う専門職の数，文の数は，学生の数に応じて調整する。
　　　3つ以上の職種がある方がゲームとしては面白い。
　　　1つの職種につき5〜10程度の文を用意する。
　　例）「医師」「看護師」「社会福祉士」「支援を必要とする人」に関する文を9つ作成し，同じ文のカードを2枚ずつ印刷すると，4職種×9文×2＝72枚のカードができる。
②事前準備：1つの文を1枚のカードに印刷する（名刺カードに印刷すると扱いやすい）。
③4〜6人のグループを作る。
④学生1人につきカードを1枚配布する。この時，自分の持っているカードを他の人に見せないよう，学生に注意しておく。
⑤「このカードの文は，IPWに関係する人を表しています。表されている職種は4つです。これから，カードの情報を収集して突き合わせ，どんな職種がいるのか当ててください」等のインストラクションを行う。
⑥全体で歩き回りながら，出会った人同士で，カードの内容を教え合う。
　＊この時得たカードの内容を付箋に書き留めていく。
⑦グループに戻って，各自が得た情報を突き合わせ，どんな職種が表されているのかを推測する。

　⑥の時に，ただ情報を交換するだけではなく，聞きたい質問を決めておき，それに答えてもらえたら情報を交換できる等，1つのステップを挟んでおくと，自己紹介やアイスブレイクも兼ねることができる。

◆学習ツール2　ロールプレイで事例検討

単学科で他職種理解や多職種連携を学ぶ場合，知識として他職種に関して学ぶだけではなく，実際にその職種の立場に立って考えるロールプレイ型のワークが効果的である。

．．．．．．．．．．．．．．．．．．．．．．．．．．．．．．

①複数の専門職について調べる等，理解を深める。
②事例の共有
③4人のチームを作る。
④事例について，各専門職が独自に持っている情報・解釈・思いなどを記した資料を配布する。
　＊4人チームで各自が異なる専門職の情報を記した紙を持つようにする。
⑤「病棟のカンファレンスにこの4人が集まって，今後の方針を決める」という状況を設定し，各自，手にした資料に記載されている専門職の立場に立って検討を行う。
　＊各自が持っている専門職の情報を記した資料は他の人に見せず，情報を共有する場合は口頭で行う。

◆ワークの例
［事例］（全員に提示）
・68歳男性
・2週間前に小脳梗塞のため急性期病院で治療をうけ，昨日，回復期リハビリテーション病棟に転院してきた。
・20年前より高血圧，高脂血症があり，内服治療中であり，今回入院中に糖尿病が発見され，インスリンを毎朝8単位注射している。
・認知機能低下はない。
・現在，軽い言語障害があり飲み込みが悪く，右上下肢筋力が少し低下し，ふらつきがある。
・65歳の妻と2人暮らしで，子ども2人はすでに自立し，隣の市に住んでいる。62歳まで仕事をしており，現在は，家庭菜園やウォーキングが趣味である。
・リハビリテーションでは下肢筋力の増強とふらつきに関するリハビリと，発語や飲み込みに関するリハビリ，右手での作業を向上させるためのリハビリを行っている。

［専門職の資料］（専門職ごとに異なる紙に印刷し，学生1人につきどれか1枚を配る）
A　看護師
【意見・情報】
・毎日夜になるとふらつくので夜は車いすでトイレに行ってもらっています。薬は，必ず飲めるように，看護師の目の前で飲んでもらっています。
・インスリン注射はしているけれど，もう少し動けるようになれば，内服薬に変えられるのではないかしら。
・リハビリテーションが進んで食事も摂れるようになってきたけれど，誤嚥のリスクは高い。

- リハビリテーション病棟は，全30床を，日勤・夜勤の看護師平均5名ずつで担当しています。
- リハビリのスタッフだけでなく，病棟でもリハビリができるようにしないといけないと思う。
- 奥さんは，毎日お見舞いに来てくれて，本人を勇気づけてくれているけれど，お子さんは見かけない。
- 患者さんは実直な方で，リハビリにも熱心に取り組んではいるけれど，これからのことは随分心配しているようだ。
- 今後食事などの指導が必要で，奥さんの協力が重要だ。

【問い】
- Q1 リハビリ病棟での看護師の仕事は何でしょうか？　また，1人の患者さんにかけられる時間と労力はどれくらいでしょうか？
- Q2 あなたが看護師だったら，この患者さんに，どんな入院生活を送ってほしいですか？
- Q3 あなたが看護師だったら，この患者さんに，退院時にどうなっていてほしいですか？　また退院後，どんな生活を送ってほしいですか？
- Q4 Q2・3のようなことを実現するために，看護師として，誰に，どのように働きかけることができるでしょうか？

B　理学療法士

【意見・情報】
- できるだけ自分でできることは自分でやって欲しいので，リハビリでは，四点杖歩行の訓練をしています。また，リハビリの場面以外ではウォーカー（歩行器）で自分でトイレに行ってもらっています。
- この方のリハビリは1回1時間で，1日に3回やっている。（歩行訓練1回，嚥下・発語1回，右手の作業訓練1回）
- リハビリ中の様子は，よくなりたいという気持ちが強く，少し無理をしてしまいがちだ。
- 回復の見通し（最終的な自立の見通し）は，再発がなければ，ふらつき，転倒に注意は必要だが，ADLは奥さんの見守りで自立できる可能性が高い。
- リハビリの進展の一般論として，リハビリを始めてずいぶん回復していて，年齢的にも若いので，本人には元通りの生活ができるという希望が見えてきたが，いずれ回復の上限がくる。
- 軽度のマヒやふらつきが少し残る可能性があるが，それとどう付き合っていくかが課題ではないか。

【問い】
- Q1 この患者さんのリハビリの大変さを，たとえなどを用いて，わかりやすく説明してみてください。
- Q2 あなたが理学療法士だったら，この患者さんに，どんな入院生活を送ってほしいですか？
- Q3 あなたが理学療法士だったら，この患者さんに，退院時にどうなっていてほしいですか？　また退院後，どんな生活を送ってほしいですか？
- Q4 Q2・3のようなことを実現するために，理学療法士として，誰に，どのように働きかけることができるでしょうか？

C 社会福祉士（ソーシャルワーカー）

【意見・情報】

- 本人の希望を聴いて，今後の治療の場所などについて他の医療や福祉の施設とも調整したいと思っています。マヒの程度によっては，今後使うサービスについての手続きや説明も行います。
- 家族関係としては，夫婦は大変仲良く，奥さんも早く帰って来て欲しいといっているが，長男は1時間位離れた県内に住んでいて，1度面会に来ただけ。次男は横浜に住んでいて，看護師をしているが，忙しくて長男に任せているようだ。
- 本人は定年まで仕事をしていたので，退職金等もあり，持ち家に住んでいることからも，入院費やその後の生活には，現状ではあまり心配はない。
- 隣の家まで300m以上離れた地域で，周囲は狭い道しかない。
- 回覧板を回す程度の町内会のつきあいはしていたが，一緒に何か活動をするとか，老人会に入るなどのつきあいはない。バス停までも500m以上離れており，そのバスも2時間に1本くらいしか来ない。担当の民生委員さんは，夫婦2人であることから心配はしてくれている。
- 介護サービスとしては，町内にデイケア施設が2つ（定員それぞれ20名），デイサービスとしては特別養護老人ホーム2カ所にそれぞれ定員50人ずつ利用できる。

【問い】

Q1　患者さんの周囲には，どんなリソース（手助けとなってくれる人や制度など）がありそうでしょうか？

Q2　あなたが社会福祉士だったら，この患者さんやご家族の方に，入院中にどんなことを検討しておいてほしいですか？

Q3　あなたが社会福祉士だったら，この患者さんに，退院時にどうなっていてほしいですか？また退院後，どんな生活を送ってほしいですか？

Q4　Q2・3のようなことを実現するために，社会福祉士として，誰に，どのように働きかけることができるでしょうか？

D 患者さん（本人）

【意見・情報】

- これまで病気がありながら，健康には気を付けて定年まで仕事をしてきて，これからゆっくりしようと思ったのに，病気になってしまい，とても残念だ。後遺症が残ってやりたいことができなくなったらと思うと，家内にも迷惑かけるので不安がある。
- 公務員として働いてきて，課長まで勤め上げた。いろいろなプロジェクトも担当し，それが上手くできた時には達成感もあった。昇進はさほどしなかったが，自分なりにしっかり仕事をしてきたし，病気とも上手に付き合ってきた。
- 父・家長として尊敬されてきたが，子どもたちにとってはどのような父親であったのか，病気になったときに初めてそのようなことを考えた。妻は元気ではあるけれど，実は最近物忘れが多くなっているようにも思える。認知症が始まらなければよいがと心配している。
- 今はまだ食事を摂るとむせることもあるのでお粥を食べているが，美味しくないし，早く美味しいものを食べたい。ふらつきがあるということで，夜トイレに行くときは必ず看護師を呼ぶよう

に言われているが，自分は大丈夫だし，若い女の看護師に手伝ってもらうことには抵抗がある。
- 趣味は家庭菜園とウォーキングだが，どちらも定年後に始めた。できれば，家内と旅行にも行きたいと思っていた。
- 近所づきあい：近所は少し離れているし，仕事をしているときは家内に任せっきりであまりつきあいはなかった。田舎なので，年をとってから入るのは結構大変だと感じている。
- 仕事をしていた頃の部下が時々誘ってくれて，ゴルフをしていたが，あまり若い頃からの友達はいない。
- リハビリ病棟は70～80歳代の人が多くて少し驚いている。

【問い】
Q1　あなたが患者さん本人だったら，これまでの人生で，どんなことを大切にしたり，自慢に思ったりしていますか？　また入院前は，これから10年くらいはどんな生活を送るつもりでしたか？　具体的に想像してください。
Q2　あなたが患者さん本人だったら，脳梗塞になって入院してから転院まで，どんな気持ちになったでしょうか？　また，リハビリやリハビリ病棟への入院について，どんな思いや気持ちを持っているでしょうか？
Q3　あなたが患者さん本人だったら，退院時にどうなっていたいですか？　また退院後，どんな生活を送りたいですか？　逆に，退院後の生活に対して，どんな不安がありますか？

コラム

模擬患者から，ナラティブな情報の聞きとりを体験する

　SAIPE で行う緩和ケア IPW 演習では，患者の症例（ペーパーペイシェント）だけでなく，模擬患者（SP）さんがその患者となり，参加者からの質問に答える形で，より現実に近い演習を行っている。模擬病室などの別室に控えている SP さんに質問をすることで，与えられた情報だけでなく，患者が描いた患者像に基づき，患者さんのみが持っている生活や性格，病気になる前の趣味や家族関係等のナラティブな情報や「患者の思い」についても聞き出し，患者の暮らしに寄り添った考えをチームで共有することを体験することができる。

◆ 学習ツール3　事例：緩和ケアIPW演習で用いる例（課題症例1～4）

緩和ケアを題材に，QOLや思いに寄り添った支援を多職種で考えるための事例。
模擬患者（SP）に参加してもらえる場合は，【患者の思い】は学習者には見せず，SPへのインタビューを通じて学習者がSPから情報を引き出す。

〈課題症例1〉

◆Aさん，68歳，男性，胃がん術後（再発），肝転移，腹膜播種，元暴力団幹部（現在は暴力団との交流は一切なし），独居，余命数週間と予想

【家族構成】
家族なし（婚姻歴あるも35年前に離婚し，その時以来元妻との交流はない）。元妻との間に長女（現在35歳）をもうけたが，離婚後一度も会っていない。両親はすでに他界，63歳の実弟がいるが30年以上前に縁を切っている。

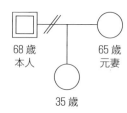

【主訴】
倦怠感，腹満感が強く，ベッドで横になっていても身の置き所がない。心窩部痛（安静時NRS：5/11）があり，時々刺し込むような痛みが辛い（突出痛NRS：8/11）。腹満による嘔気で食事はできない（少量の水分のみ可）。とにかく，起きているのが辛く，体のだるさと身の置き所のなさを何とかして欲しい。

【現病歴】
約1年前，雀荘で吐血し救急搬送。スキルス胃がん，ステージⅢBの診断で拡大手術を施行。術後補助化学療法を施行するも3カ月前から心窩部痛が出現。しばらく我慢していたが，腹満感も強くなり嘔気が出現し来院，腹膜播種による腹水貯留と多発肝転移を認め，症状緩和目的で入院となる。現在は鎮痛薬の持続皮下注射とレスキュー投与により痛みは軽減し，特にレスキュー投与後の数時間は倦怠感も軽減し体全体が楽になる。入院50日目。

【検査値】
WBC：9050/μL，RBC：320×10^4/μL，Hb：8.0 g/dL，Ht：20.2%，PLT：13×10^4/μL，TP：4.8 g/dL，Alb：2.8 g/dL，AST：60 IU/L，ALT：88 IU/L，ALP：452 IU/L，T-Bil：1.2 mg/dL，AMY：48 IU/L，BUN：30 mg/dL，Cre：1.3 mg/dL，T-Cho：132 mg/dL，HDL：38 mg/dL，LDL：69 mg/dL，TG：36 mg/dL，Na：134 mEq/L，K：4.0 mEq/L，Cl：101 mEq/L，Ca：8.3 mg/dL，CRP：0.7 mg/dL

【治療歴】
拡大手術後，TS-1による術後補助化学療法施行。
腹満感の増強による苦痛に対し，オキシコドン徐放錠により除痛。嘔気にはハロペリドール（内服）を使用。
嘔気により経口摂取不良となり，内服からオキシコドン皮下注射に変更。
腹水の貯留量および本人の訴えにより，適宜，腹腔穿刺による除水施行。

【現処方】

オキシコドン注射液　30 mg/24hr　持続皮下注射，レスキューは１hr量を早送り投与

メトクロプラミド注射液　10 mg 点滴静注　１日２回

デキサメタゾン注射液　4 mg　１日１回（朝）点滴

ソリタT3号　1000 mL（ビタメジン１Ｖ混注）　24 hr 持続静注

【患者の思い】

これまで世間に迷惑ばかりかけてきた。元妻も自分のいい加減さに愛想を尽かして出ていった。がんになったのは当然の報い。悪行三昧の人生を送ってきたのだから，苦しみながら死んでいくのが俺には似合っている。今はベッドで横になっていても辛い。体がだるくてどうしていいかわからない。でも，俺なんかのために，ここのスタッフはどうしてこんなにも優しくしてくれるのか。１日何回か様子を見に来てくれるのが嬉しい。今は痛みも入院した頃ほどじゃないから，それだけでも少し癒される。皆，忙しいのに本当に申し訳なく思っている。何とか感謝の気持ちを伝えられないだろうか。しかし，そういうのが一番苦手。

35年前に別れた娘に死ぬ前に一度だけ会ってみたい。当時は赤ん坊だったから，俺の記憶なんかこれっぽっちも残っていないと思う。今はどこにいるのか全くわからず，実現しないことは自分が一番理解している。今まで悪いことばかりしてきたのだから，いまさら調子が良すぎることもわかっている。でも，最期はせめて晴れやかな気持ちで逝きたい。

【ポイント】

①本人は余命が短いことを悟っている。すべて告知済みだが本人の理解度は不明。

②がんになったのは，これまでの自分の悪行が原因だと思っている。

③こんな自分にも優しくしてくれる病院のスタッフには感謝しているが，そのことを伝えたことがない。

④身の置き所のなさを何とかして欲しい。

〈課題症例２〉

◆Ｂさん，64歳，女性，大腸がん手術後，多発肝転移（化学療法が奏効し転移巣はかなり縮小），余命は月から年単位と予想

【家族構成】

夫（70歳），同じ市内に長男夫婦が住んでいる（小学生の孫を連れて時々見舞いに来る）。

【主訴】

時々下腹部痛があり，本人はそのことをがんの再発ではないかと非常に気にしている。ただし，CTの結果，再発はないことを伝えてある。食欲不振。病院食の摂取量は常に半分以下。１週間後に退院予定。

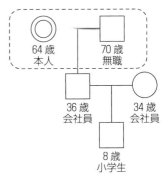

【現病歴】

２年前に大腸がんを指摘され，Ｓ状結腸切除術を施行。その約10カ月後に肝転移を認め，化学療法を施行，現在も継続中。化学療法が奏効し３個の肝転移巣のうち２個が消失，残りの１つも縮小傾向。

2週間前より左下腹部に軽度の痛みを感じていた。直ぐにがんの再発が頭をよぎり，予定受診日前に来院した。内視鏡およびCTにより，再発や新たな転移は認められなかった。このころ便通も悪く，腹痛の原因は便秘と判断し，退院の方向で準備をしている。医師をはじめ他の医療スタッフは全員，旅行や趣味など「やるなら今！」と思っている。

【検査値】

WBC：6300/μL，RBC：420×10^4/μL，Hb：12.2 g/dL，Ht：35.2%，PLT：20.1×10^4/μL，TP：7.2 g/dL，Alb：4.3 g/dL，AST：16 IU/L，ALT：23 IU/L，ALP：256 IU/L，T-Bil：0.4 mg/dL，AMY：49 IU/L，BUN：13 mg/dL，Cre：0.51 mg/dL，T-Cho：165 mg/dL，HDL：56 mg/dL，LDL：120 mg/dL，TG：102 mg/dL，Na：142 mEq/L，K：4.1 mEq/L，Cl：101 mEq/L，Ca：9.1 mg/dL，CRP：(−)

【治療歴】

S状結腸切除後，化学療法継続（FOLFOX→FOLFIRI＋cetuximab，2週に1回投与）。

FOLFOX（オキサリプラチン）による末梢神経障害（CTCAEのGrade2）により，FOLFIRIに変更。

【現処方】

大建中湯　1回2.5 g　1日3回（毎食前）

酸化マグネシウム　1回0.5 g　1日3回（毎食後）

【患者の思い】

どうして私ばっかりこんな思いをしなきゃいけないのか。これまで必死に家族のために頑張ってきたのにこんなのあんまりだ。ここのスタッフは皆で私をだまそうとしている。再発じゃないって言っているけど，そんなの嘘だ。毎日お腹も痛いし，病院の食事を見ても全く食欲がわかず，のども通らない。だから，どんどん痩せていく。退院したって直ぐに調子が悪くなって再入院するに決まっている。家に帰ったら家事もしなきゃいけないし，夫の面倒も見なきゃいけない。今の体力じゃそんなの到底無理。どうして皆それがわからないのだろう。化学療法だって，その辛さは治療を受けている者にしかわからない。抗がん剤の点滴の後は気持ち悪いし，だるいし，何もやる気がおきない。2週間に1回の点滴治療は，少し調子が良くなってきた頃に直ぐに次の点滴の日になってしまう。これならずっと入院してできれば問題ないのに，どうしてそれができないのか。この病院は患者の気持ちより，病院の都合の方が優先。夫も「大丈夫，何とかなるよ」としか言わず，私の苦しみなんか全然わかってくれようともしない。息子も嫁の言いなり。私に優しくしてくれるのは小学生の孫だけ。たまにしかないけど，調子の良い日に孫と一緒に美味しいものを食べたい。家族はいても，私は孤独。

【ポイント】

①医師の説明に納得していない。

②腹痛はがんの再発であり，スタッフを含め皆がそのことを隠していると思っている。

③腹痛があって，趣味のガーデニングでさえ，やろうとする気力がわかない。

④まだ入院が必要なのに，なぜ退院しなくてはいけないのかと病院の方針に不満がある。

⑤病気のことを気にせず，食事をおいしく食べたい。

〈課題症例3〉

◆Cさん，63歳，男性，東証1部上場企業の取締役，肺がん（非小細胞肺がん，ステージⅣ〔1年生存率50‐60％〕），多発肝転移（自覚症状なし），脳転移（今回の入院で明らかとなった），余命は月単位と予想

【家族構成】

妻（60）（夫への精神的な依存度が高い，夫が肺がんであることは知っているが詳しい病状は夫から知らされていない），長女（35）（既婚，子ども2人，夫（38）は父の会社の部下，市外に居住），長男（29）（独身〔婚約者あり〕，商社勤務，国内外の出張多い）。

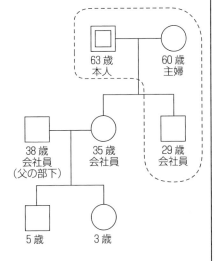

【主訴】

最近，食欲がなく，体重も減少している（1年前は身長175cm，体重75kg，この1カ月で65kg→58kg）。また，物が見えにくいことがあり，がんと関係があるのではないかと気になり，受診した。さらに，このところ腰痛がひどい……がんとの関連は？

【現病歴】

3カ月前に血痰を認め受診，右肺がん（非小細胞肺がん，ステージⅣ，多発肝転移）と診断。エルロチニブを服用開始。約2週間前より物が見えにくくなった。最初は疲れや照明のせいだと思っていたが，一向に良くならず，気になり1週間前に外来受診し，翌日，検査入院となった。造影MRIの結果，後頭葉に直径約1.5cm，前頭葉に約1cm大の転移巣が見つかった（脳転移と診断）。腰椎への転移疑いで，骨シンチグラフィーを施行予定。今後は放射線治療と骨転移（骨痛）への治療を予定している。

【検査値】

WBC：6630/μL，RBC：450×10^4/μL，Hb：12.6g/dL，Ht：35.1％，PLT：22.1×10^4/μL，TP：6.2g/dL，Alb：3.9g/dL，AST：30IU/L，ALT：45IU/L，ALP：286IU/L，T-Bil：0.5mg/dL，AMY：53IU/L，BUN：19mg/dL，Cre：0.82mg/dL，T-Cho：195mg/dL，HDL：66mg/dL，LDL：151mg/dL，TG：112mg/dL，Na：143mEq/L，K：4.2mEq/L，Cl：103mEq/L，Ca：9.5mg/dL，CRP：（－）

【治療歴】

エルロチニブ（1日1回，1回1錠〔150mg〕）服用中。ざ瘡様皮疹あり（エルロチニブの副作用）。

【現処方】

　エルロチニブ　1回1錠（150mg）　1日1回（食後2時間以降）

　ドンペリドン　1回1錠（10mg）　吐き気時適宜服用（1日3回まで）

　オキシコドン徐放錠　1回1錠（5mg）　1日2回（12時間ごとに服用）

　オキシコドン速放錠　1回1包（2.5mg）　腰痛時服用

【患者の思い】

　同級生の医者にずいぶん相談し，自分が肺がんの終末期であることは受け入れている。その上で，仕事の引き継ぎや財産整理，親戚や友人との別れもひと通り済ませた。しかし，脳転移については，正直まだ混乱している。医師の説明では，今後前頭葉の転移巣が大きくなれば，性格が変わってしまうこともあり得るとの説明だった。目が見えなくなるのは仕方がない。しかし，今後，死ぬまでに精神が崩壊したらやりきれない。自分が自分でなくなるのは，受け入れられない。まだ，息子にも父親として伝えたいこと（男の美学，職場では部下に手本を見せられるプレイングマネージャーであるべき，息子には妻のことを頼みたい〔息子の婚約者にも直接お願いしたい〕など）がたくさんあるのに……どうしたらいいんだ。妻に何と言えばよいのか……「大丈夫，俺はがんになんか負けない。これまでもそうやって困難を乗り越えてきたじゃないか。会社が傾いた時だって，歯を食いしばって頑張ってきた。今回も大丈夫だ」と言いきかせ，妻には余命のことはずっと触れずに来た。妻には弱みは見せられない。何とか気丈にふるまわなければ……。腰の痛みはかなり辛い。特に朝は看護師の介助がないとベッドから起きられない。トイレに行くのも……。家族に迷惑をかけたくないので，できれば病院で最期を迎えたい。本当は病院のスタッフにも迷惑をかけたくない。どうしてこんな仕打ちを受けなければならないのか。これまで家庭を犠牲にしてまで頑張ってきたのに……いったい，俺が何をしたっていうんだ。

【ポイント】

①脳転移については受け入れられない。

②妻には余命のことは知らせていない。

③息子に伝えたいことがたくさんある（父として，男として人生の教訓を伝えたい）。

④脳転移に続き，骨転移の可能性も指摘され，気持ちの整理がつかない。

⑤誰に対しても気丈にふるまわなければ……（本当は弱音を吐きたい）。

〈課題症例4〉

◆Dさん，62歳，女性，美容院経営（美容師），子宮頸がん（ステージⅣa，直腸浸潤あり），余命は月から年単位と予想

【家族構成】

　長男（30）（独身，県外に居住，年に2，3回帰省），次男（28）（独身，通勤の便利さから市内の駅近くに居住，月に2，3回は母の顔を見に帰る），夫は10年前に心筋梗塞（糖尿病が原因）で他界。

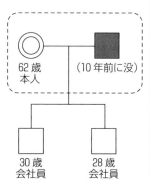

【主訴】

　血便，下痢，便秘を繰り返していた。腰痛（特に起床時に痛みが増強，NRS：8/11）。

【現病歴】

　2年前，子宮頸がんの診断（ステージⅡb，手術および術後放射線治療施行），その後定期的に受診。約1カ月前から便に血が混じることがあったが，元々痔があり，あまり気にしていなかった。また，仕事（美容院）が忙しく放置していた。10日前に多量に下血，救急車で救急搬送。精査の結果，子宮頸がんの再発（直腸浸潤），腰椎転移（L5），今後，化学療法を

予定している。

【検査値】
　WBC：5820/μL，RBC：380×10⁴/μL，Hb：10.1 g/dL，Ht：33.1%，PLT：28.1×10⁴/μL，TP：6.5 g/dL，Alb：4.4 g/dL，AST：16 IU/L，ALT：21 IU/L，ALP：243 IU/L，T-Bil：0.3 mg/dL，AMY：46 IU/L，BUN：20 mg/dL，Cre：0.7 mg/dL，T-Cho：180 mg/dL，HDL：55 mg/dL，LDL：120 mg/dL，TG：106 mg/dL，Na：141 mEq/L，K：4.1 mEq/L，Cl：106 mEq/L，Ca：12.9 mg/dL，CRP：（−）

【治療歴】
　術後放射線治療（外部照射28回，膣内照射5回）

【現処方】
　センノシド　0.5 g　就寝前（自己調節可，1回2 gまで）
　ゾルピデム　10 mg　就寝前
　ロキソプロフェン　1回1錠（60 mg）　1日3回毎食後
　速放性オキシコドン散　1回1包（2.5 mg）　腰が痛いときに服用

【患者の思い】
　主人が亡くなってから，息子たちに助けられながらここまでやってきた。幸い大きな問題もなく，彼らはまっすぐに育ってくれた。長男は最近あまり家に帰ってこないが，元気にやっている証拠と割り切っている。次男はいつも私を気にかけてくれる。本当に嬉しい。男の子にとって大切な時期に父親を亡くしたが，2人とも心の優しい子に育ったと，息子ながら感心している。自慢の息子だ。これから自分は少しずつ死に向かっていくが，息子たちに迷惑はかけたくない。1つ気がかりなのは，2人とも結婚していないこと。将来が心配。いつかしっかり話をしないと……と思ってはいるが，なかなかできない。心残りはあるが，やっと主人のところに行けると思えば，「死」は不思議と恐くない。「早くお迎えが来ないかなあ」とも思っている。治療にはお金がかかる。どうせ死ぬのにそんなにお金をかけてどうなるの？　残せる財産もないのに……。化学療法を受けるかどうか迷っている（心のどこかに一縷の望みもあるが……）。美容院も，私がいなくなった後は，苦労を共にしてきた従業員（10代のころから面倒を見ていた女性（30））に譲ろうと思っている。20年前に父が亡くなったときに，遺産相続の問題で妹（58）と仲違いしてから，そのことがずっと気になっている。今は，年に1回程度しか顔を合わせないが，自分が死ぬ前に何とか仲直りしたい。でも，会うとお互い素直になれない。
　もうすぐ成人式で一番忙しいとき，この時期だけでも家に帰ってお店を少しでも手伝いたい。

【ポイント】
　①病状は受け入れているようにみえる。
　②息子2人の将来が心配。
　③早く楽になりたい（主人のもとに行きたい）……本当は辛いのでは？
　④治療にかかるお金がもったいない。でも本当は……？
　⑤妹と死ぬまでに仲直りしたい。

◆ 学習ツール4　事例：リハビリテーションと生活空間デザイン IPW 演習で用いる例

　住居者のより良い生活の構築めざして，その人らしく，生活を豊かにするための支援内容を多職種で考えるための事例。支援内容には，①住戸内の環境整備と周辺施設活用による生活環境の提案，②リハビリテーションの視点を含んだ社会的支援方法を含むように指導する。

◆Eさん，74歳，男性。身長172 cm，体重54 kg。

【居住地】
　埼玉県　S市　S団地A棟1階（6階建）。

【家族状況】

〈本人宅〉
・妻（65）と2人暮らし。
・7年前に引っ越してきた。
・たまに息子夫婦が孫を連れて遊びに来る。クラブ活動や塾があるため頻繁に来ることはない。
・妻の仕事：スーパーで清掃（週5日8：00～17：00）

〈息子夫婦〉
・隣接するK市に在住（持ち家）
・共働き（息子（45）は証券会社勤務）
・子どもたちは，2人ともスポーツクラブ（バレーボール）に所属。学習塾にも通っている。

【主な身体状況の変遷】

53歳	・右足中足骨部に壊死部が発見され，糖尿病（1型）と診断。その頃の体重は73 kg。 ・手術にて壊死部を除去。切断には至らなかった。 ・インスリンの自己注射開始。
55歳	・目が見えにくくなってきて，眼科を受診。白内障の手術（レーザー）施行。 ・手術後，良好な状態となった。
59歳	・また見えにくくなった。 ・再度眼科を受診し，糖尿病による網膜剥離と診断。手術するも視力回復ならず，半年でほぼ失明状態（障害者手帳2級を取得）
68歳～ 現在に 至る	・介護保険を申請し要介護2の認定。 ・デイサービス（週3回：木・土・日）利用。9：15～17：00。送迎サービスを利用。 ・内科・眼科通院（月1回）（タクシー券利用）　現在の血圧126～146／78～86 ・現在の視力（右：0.001，左：0.01）。明暗がわかる程度。

C　話し合いのテーマ，事例

【1日の生活状況】

■自宅での生活	■デイサービスでの生活状況
・5：00に起床し，6：00に朝食をとる。 　＊この後，妻は仕事に出かける。 ・午前中はラジオを聞いて過ごす。 ・12：00頃に昼食（妻が作り置きした食事） ・午後もラジオを聞いて過ごす。 　＊18：00頃に妻が帰宅。 ・18：30に夕食をとる。 ・19：00には床に入ってラジオを聞く。 ・20：30頃には就寝。 　＊トイレは1日に4回程度。 　＊家の中の移動は伝い歩き。 　＊インスリン自己注射（朝・夕）	・9：15に送迎車到着。 ・10：00前にセンター到着。 ・午前中はレクリエーションやマッサージを受ける。 ・入浴サービスも受ける。 ・お茶やコーヒーを飲む。 ・12：00頃に昼食。 ・昼食後，2時間くらい昼寝。 ・自由時間 ・16：30頃に送迎バスに乗り，17：00頃帰宅。 　＊以前は，たまに低血糖を起こすことがあった。

【昔の話】

〈仕事関係〉

- ・22歳の頃に長野県から上京し，隣接する市で「引き出物ケース」を作る仕事に従事。
- ・当時は景気が非常に良く，その後独立して会社を立ち上げた。
- ・45歳頃まで会社を続けたが，景気が悪くなり倒産。
- ・その後，鉄やアルミの鋳物製造業に従事。
- ・53歳まで仕事を続けたが，糖尿病，失明で仕事を辞めた。
    ＊とにかくよく働いた。家にいる時間より，会社にいる時間の方が長かった。また，作り手としても手先が器用であった。

〈昔の趣味等〉

- ・競輪，競馬，パチンコなどが非常に好きであった。浅草にはよく通っていた。仕事を辞めてからは全くやっていない。
- ・よく食べた。

【その他，本人と妻からの話を抜粋】

〈本人より〉

- ・最近，足腰の力が弱くなってきたと感じるな。
- ・目が見えなくても自宅であれば自分のことは自分でできるよ。伝って歩けば大丈夫。
- ・目が見えないから，外に行くことはない。外に出ても見えないから面白くない。だから，旅行も行かない。
- ・テレビはつけても見えないから，テレビはつけない。
- ・親しい人も近所にはいないし（「団地の人たちはみんなそうだよ」とのこと）。
- ・デイサービスでも仲良い人もいないよ。
- ・デイサービスのマッサージが気持ちよくていいんだよね。

・お茶とかコーヒーとかは飲むけど，お菓子は特に食べないなー。
・昔は，ギャンブルもやったけど，今はやりたいとも思わないよ。
・今，何かやってみたいことは？　と聞かれたら……。そうだな，目が見えないから「楽団に来てもらって演奏してもらう」ことかな。それを聴きたいな。

〈妻より〉
・足腰が弱くなっているように感じます。玄関先の階段も少し大変そうに見えます。
・私が仕事して家にいなくても，ちゃんと昼ご飯は食べてるし，ちゃんと過ごせてるみたいです。
・注射も自分でやってるんですよね。見てるこっちが怖いけど，本人は何でもなさそうで，慣れですね。
・車椅子で外出でもと思って，誘っているけれどのってこないんですよね。
・旅行にも誘っていますが……。
・仕事ばかりしていた人だから，人付き合いは苦手みたいなんです。
・近所で親しい人っていないんですよね（団地全体がそんな感じだと思います）。
・昔の友達（奥さんの友達）は，たまに遊びに来るから，その時は主人も話に加わってくるんだけど。
・デイサービスでも仲の良い人はいないみたい。というか，人様を怒ってしまうようなんです。
・昔はよく食べていたから，すごく太ってたんですよ。でも，今はこんな感じですよ。
・介護保険サービスには，月2万円くらい払っています。
・スーパー（仕事先）ももう辞めようと思っているんだけれども，お店からまだ辞めないで欲しいっていわれているんです。別の人を雇うのも大変みたい。

【住戸の様子】
・以下，図4-2，図4-3，写真4-2，写真4-3および図4-4を住居者の生活環境の素材として示す。

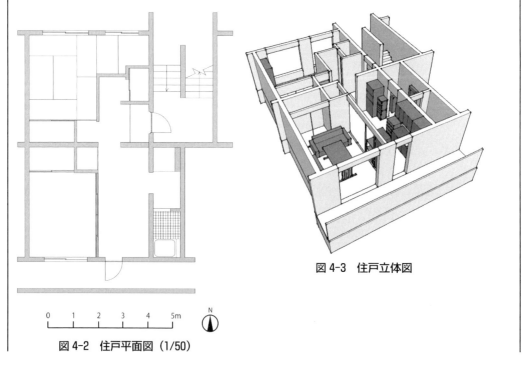

図4-2　住戸平面図（1/50）

図4-3　住戸立体図

C 話し合いのテーマ，事例

写真4-2 住戸周辺の様子

写真4-3 住戸内の様子

第4部　資料編②　素材・ワーク集

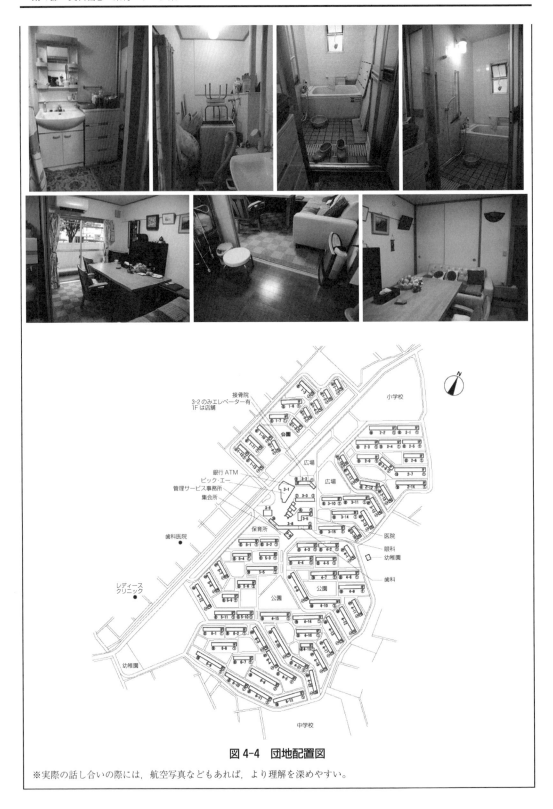

図 4-4　団地配置図

※実際の話し合いの際には，航空写真などもあれば，より理解を深めやすい。

D アイスブレイク

1 アイスブレイクとは

アイスブレイクは，場の雰囲気を和やかにし，円滑にディスカッションやチーム活動に移行できる雰囲気をつくるために行う，ちょっとした活動である。

【特徴】
　実習でのアイスブレイクは，チーム活動を実施する上で場の雰囲気を和やかにする他に，「チームメンバーの"ひと"を知る」ことにもつなげられる特徴を備えている必要があると考える。今回紹介するアイスブレイクは，以下に示すような特徴を持っている。
・誰でもできるちょっとしたことであること
・遊びの要素，楽しい要素があること
・話す，体を動かす，ゲーム　など

【こんな時に】
　アイスブレイクは，「氷を溶かす」のみならず，「熱を冷ます」ようなときにも導入することをお勧めしている。いずれにしても，「場の雰囲気を変える」ときに活用するとよい。
・新メンバーでチームを形成した冒頭に
・ディスカッションが停滞してしまったとき
・ディスカッションが一方向的になってしまっているとき
・場の雰囲気が悪くなってしまったとき
・場の雰囲気が高揚し過ぎているとき　など

2 概要

アイスブレイクには様々なやり方があり，書籍やWeb上でも多くの例が紹介されている。ここでは，SAIPEで行っている自己紹介を含むアイスブレイクの実施例を紹介する。

　まずは，チームメンバーが初対面である場合，チームメンバーに自分の名前を憶えてもらう必要がある。チームメンバーであってもやはり"ひと"であるため，職種名称で呼び合うよりは，

しっかりと名前で呼び合うことで，"ひと"で構成されるチームとなることができる。支援を必要とする人に対して"ひと"として接するためには，チームも"ひと"で構成されるべきである。ここにヒューマンケアマインドが芽生えるのではないだろうか。

(1)〈自己紹介のアイスブレイク①〉自分の名前に準(なぞら)えた自己紹介

1人1分以内で自分の名前に準(なぞら)えた自己紹介を行う。自分の名前を覚えてもらうための自己紹介であるため，所属や肩書，専門については特に触れる必要はない。

①準備・セッティング
- 所要時間：5～10分
- 人　　数：2人以上
- スタッフ：説明・進行役1名
- 必要物品：なし
- 事前準備：なし

②標準的な流れ

まず，自分の名前を言い，次にその名前について説明する。最後にもう一度自分の名前を繰り返す。

> 〈名前に準えた自己紹介の例〉
> 最玉大郎（さいたま　たろう）
>
> 　私の名前は「さいたま　たろう」です。埼玉県の「埼玉」ではなく，最もな玉（もっともなたま）と書く「さいたま」です。なかなか珍しい名字でして，インターネットで検索しても出てきません。名前の「たろう」も通常は「太い」に「郎」ですが，私は「大きい」に「郎」と書いて「たろう」と読みます。たぶんですが，私は秋田の田舎で長男として生まれまして，生まれて1週間は親戚一同で大宴会が続いたらしく，父親が市役所に名前を届けに行った際にも酔っ払っていて，「点」を付けるのを忘れたのではないかと思っています。わたしの名前は「最玉大郎（さいたま　たろう）」です。よろしくお願いします。

(2)〈自己紹介のアイスブレイク②〉最初と中間と最後に自分の名前を挟む自己紹介

自己紹介の最初と中間と最後に自分の名前を挟む。中間のタイミングを第三者が指示する。

①準備・セッティング
- 所要時間：1分×人数
- 人　　数：2人以上
- スタッフ：進行役1名
- 必要物品：なし

・事前準備：なし

②標準的な流れ

基本的に1人1分以内で自己紹介を行う。自己紹介の内容は自由であるが，自己紹介の最初・中間（30秒時点）・最後に自分の名前を計3回言ってもらう。全体またはグループの司会者が，中間（30秒時点）で名前を言うタイミングを指示する。話の途中であるため，笑いが出て大変に盛り上がり，場が和やかな雰囲気となる。

（3）〈自己紹介のアイスブレイク③〉4分割自己紹介

自己紹介の内容を紙に書いてから自己紹介を行う。

①準備・セッティング
・所要時間：10分程度
・人　　数：2人以上
・スタッフ：なし
・必要物品：A4白紙，水性マーカー
・事前準備：お題を決めておく（例：図4-5，写真4-4）

②標準的な流れ

まず，紙を4つに折り，折り目を入れて開く。折り目で紙が4等分されているので，その4つの場所に，「名前」の他3つのお題をマーカーで大きく書き入れる。その後，グループで，紙を見せながら1人1分程度で自己紹介をする。

紙に書いておくことで，話すハードルを下げ，他の人の自己紹介を集中して聞くことができる環境を作る。

図4-5　4分割自己紹介のテーマ例

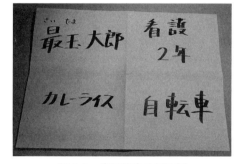

図4-6　自己紹介の記入例

（4）〈チーム形成のためのアイスブレイク〉折り紙輪作りアイスブレイク

折り紙を細く切って，輪を作りそれをつなげる作業をチームで行う。子どもの時にパーティー等の飾りつけで行った折り紙の輪つなぎである。なるべくたくさんの輪をつなげることをめざす。

①準備・セッティング
・所要時間：5分～10分
・人　　数：2人以上
・スタッフ：進行役1名
・必要物品：折り紙（通常の白紙でも可）数枚，ハサミ，のり
・事前準備：物品の数をグループ数・メンバー数に応じて用意する。

②標準的な流れ

　2人以上（できれば4～6名が望ましい）のグループに分かれる。作業開始前に30秒間で，作業手順についての話し合いを行う。その後，1分間または1分半程度で折り紙の輪つなぎをさせグループで競わせる。終了後，「折り紙の輪を何個つなげられたでしょうか？」と結果を確認する。司会が，輪の出来具合（数，きれいさ等）についてのコメントを入れながら確認して回ると，さらに盛り上がる。

　実施方法のバリエーションとして以下がある。
・何の制限もつけずに行う
・片手しか使用してはいけないという制限をつけて行う。
・話をしてはいけない（しゃべってはいけない）という制限をつけて行う。
・1回実施した後，振り返り・作戦会議を行い，2回目を実施する。

ポイント

　片手しか使えない制限をつけた場合，折り紙を切るにしても，のり付けにしても，輪をつなげる作業にしても，誰かとの協働作業が必要になる。また，話をしてはいけない制限をつけた場合は，他者の作業を慮ることが必要となり，自分の意思（作業工程等）を何とかして他者に伝える手立てが必要になる。これらのことは，すべて"連携"に必要な能力である。

（5）〈チーム形成，チーム再形成のためのアイスブレイク①〉チームとしての統一された○○を決める

　チームとしての統一感を得るための方法の一つとして，チーム名，チームカラー，チームアニマルなどを決める。

①準備・セッティング
・所要時間：5分～10分
・人　　数：2人以上
・スタッフ：進行役1名
・必要物品：なし（必要に応じて白紙，筆記用具）
・事前準備：なし

②標準的な流れ

チームに分かれる。最初に各自でこのチームにふさわしいと思う「チーム名」(または,「チームカラー」「チームアニマル」)を他者に相談せずに出し合う。その際,順番に言うのではなく,紙に書いて一斉に出し合うとよい。そして,なぜそう思ったのか(感覚的でも構わない)の理由を言い合って,話し合ってチームとして統一されたチーム名,チームカラー,チームアニマル等を決める作業を行う。また以下のようなことが望ましい。

- 1分または1分半などと時間を区切る
- できれば多数決ではなく,チームメンバー全員が納得できる決め方をする

ポイント

各自が自分の意見を明確にし,理由を述べ,他者の意見を尊重しつつ話し合い,1つに決定するという作業は,連携の実践現場においてチームとして統一された方向性や目標等を決める作業に似ている。なかには,「何でもいいよ」「どうでもいいよ」などという言動をとる人がいるかもしれない。しかし,課題としては単純だが,現在のチームのディスカッション状況の確認や,メンバー全員が納得したチームとしての統一事項を決めるための手順トレーニングとしても活用できるかもしれない。

ただ,やはり場の雰囲気を和ませるためのアイスブレイクであることを忘れずに気軽に行ってみるのがよいだろう。

(6)〈チーム形成,チーム再形成のためのアイスブレイク②〉チェックイン

お題について,全員が一言話す。

チーム活動の最初に全員が言葉を発することで,緊張をほぐし,参加する姿勢を整える。

気軽に,短時間ででき,またテーマを変えれば何度でも使える手法であるため,初対面の場合だけでなく,何度も顔を合わせるメンバーでもできる,効果の高いアイスブレイクである。

①準備・セッティング

- 所要時間:5分〜10分
- 人　　数:2人以上
- スタッフ:なし
- 必要物品:なし
- 事前準備:テーマを決めておく

②標準的な流れ

名前を言ってから,その日のお題について一言話す。

- 全員が話す
- テーマは何でもよい。

　例)「今日の朝ごはん」「正月と言えば」「今の気持ち」「最近のマイブーム」等

> **ポイント**
>
> 　チェックインには，最初に声を出してその後の発言のハードルを下げるという効果と，参加意識を高めるという効果がある。
>
> 　チェックインは，ホテルや空港の「チェックイン」である。誰もがチーム活動や会議に来る前には，他の仕事や勉強など違うことをしている。チーム活動の最初に名前と共通のテーマを話すことで，それらをいったん置いておいて，「この場に来ました。参加します」という姿勢になることを促すのである。
>
> 　気軽に，短時間ででき，またテーマを変えれば何度でも使える手法であるため，初対面の場合だけでなく，何度も顔を合わせるメンバーでもできるアイスブレイクである。

E
見える化

1 見える化とは

　見える化とは，話し合っている内容を目に見えるようにすることである。書記だけが自分の手元で記録を取るのではなく，話し合いに参加している全員から見えるところに，大きな字で，出た意見を網羅的に書きとめていく。

　見える化によって，全員が対等に自分の意見を受け入れられた安心感を持ち，1つのものを見ながら，内容に集中して話し合うことができる。さらに，意見が残っているので，関係を検討し整理するのも容易になり，同じ話を繰り返す議論の堂々巡りも激減する。

　IPEにおいては，演習，実習の学生の話し合いにおいて，学生の誰かが見える化を行うと議論が深まる。また，IPEに携わる教員の間で議論を行う際にも，見える化し，語句の理解や議論の到達点などを丁寧に確認しながら進めることが重要である。

【特徴】
・話している内容を，全員から見えるところに，見えるように書く。
【こんな時に】
・全員から率直な意見が聞きたい。
・議論が堂々巡りするのを何とかしたい。
・意見を出し合って意思決定を行いたい。
・停滞した話し合いを活発にしたい。
・意見を言った人によって賛成・反対が変わるのを何とかしたい。

---

2 概要

（1）準備・セッティング
①人　　数：2人以上の話し合い
②スタッフ：進行役が兼ねる場合と，進行役とは別に書記（グラフィッカー）を設定する場合と両方ある。

③必要物品：時と場合に応じて使い分ける。
　　　　　・筆記具…水性マーカー，ホワイトボードマーカーなど
　　　　　・書く物…ホワイトボード，模造紙，白紙，付箋など
④事前準備：話し合いのテーマ，議題などが決まっている場合は事前に書いておくとよい。

（2）標準的な流れ
①話し合いのテーマを上部あるいは中央に大きく書く。
②日時，場所，参加者を右上隅に書く。
③議題，話し合いの目標・目的を左端に書く。
④話されていることを書き止める。
⑤線や色，絵などで関係を示す。
⑥合意事項，決定事項は囲む等して目立たせる。

> **ポイント**
> ・自分が出した意見が文字として書き止められる。
> 　→意見が受け入れられた安心感が生じる。何度も同じ主張をする必要がなくなる。
> ・みんなから見える。
> 　→全員の視線が1つに集まることで，チームの凝集力が高まる。全員が意見，思考のプロセスなどを共有しながら話し合いを進めることができる。
> ・書かれたものである。
> 　→線や図によって，関係性を表し，整理することが容易になる。

3　要　素

（1）書く勇気
　見える化で最も重要なことは，話し合いの参加者全員から見えるところに，見える大きさで書くことである。字がきれいかどうか，聞き取り・要約が正確かどうかよりも，書くかどうかが最も決定的な違いを生む。書く勇気が最も重要である。

> **ポイント**
> ・キレイによりも，速く書く。
> 　→キレイに書こうとして議論に追いつけないよりは，議論のスピードや流れに合わせて書く。ただし，それでも議論に追いつけない時は，書き洩らすのではなく，議論を止めて，どのような話が出ていたかを確認することが重要である。
> 　→漢字がわからないときは，平仮名やカタカナで書く。

（2）見える化のツール

書く道具がなければ，見える化は不可能である。

逆に，全員から見えるのであれば，模造紙やホワイトボードに限らず，A4の白紙やノートなどでも見える化は可能である。要は，話し合いに参加している人が誰でも「あの意見は……」と指さして示すことができることが重要である。大人数での会合などの場合は，パソコンのワープロソフトをプロジェクターに投影し，出た意見をその場で入力するという手法もある。

また，なかなか意見が出ないような場合は，付箋や白紙に自分の意見を書く時間を取り，その上で，それを見せながら話すようにすると，全員から意見を聞くことができる。

ポイント

・平芯をうまく使う。
　→水性マーカーやホワイトボードマーカーには，丸い芯（丸芯）のものと，平たい芯（平芯）の二種類がある。平芯の直線部分が体と水平になるようにマーカーを持つと，横線は細く，縦線は太くなる。これは新聞などで用いられる字体に近く，読みやすい字を書くことができる。
・付箋をうまく使う。
　→付箋に意見やアイディアを書いていけば，その後，カテゴリーによって分類したり，表や軸で分析する際に，アイディアを動かすことができて，意見の整理や構造化がしやすくなる。
　このとき，1つの付箋に1つの意見をマーカーで大きく書くことが重要である。

（3）情報の取捨選択

口頭で話したものをすべてそのまま書き残せるわけではない。そのため，発言を書きとる際には，実際の発言より短い量の言葉を書きとめることになる。この時，書き手が自分勝手な解釈を行って要約することは，発言の意味を変えてしまう危険がある。発言者の用いた言葉を忠実に使いながら，取捨選択することが重要である。

ポイント

・発言者のコトバを活かす。
　→書き手が使わないような言葉であっても，発言の中の言葉を書きとることが重要である。発言者が自分の意見が残っていると認識できるだけでなく，その言葉を見た人が発言を思い出す手がかりになる。
・簡潔すぎず，一般化しすぎない。
　→取捨選択する際に，抽象的な言葉を選んだり，一般化して要約すると，具体的に何を意味するのかが後から見てわからなくなることがある。
　　例）「この方の趣味の園芸をやりたいという気持ちを大事にしたい」
　　　　○園芸をやりたい気持ちを大事に
　　　　×趣味が大事

第4部　資料編②　素材・ワーク集

（4）色，線，絵などを効果的に使う

　議題や論点，重要なキーワード，合意事項や決定事項などを，下線や枠を追加したり，色を変えたりすることによって強調する。また，項目や書かれている意見同士の間を線や矢印で結んだり，同じカテゴリーの意見を囲むなどして，意見の間の関係を表現する（図4-7）。

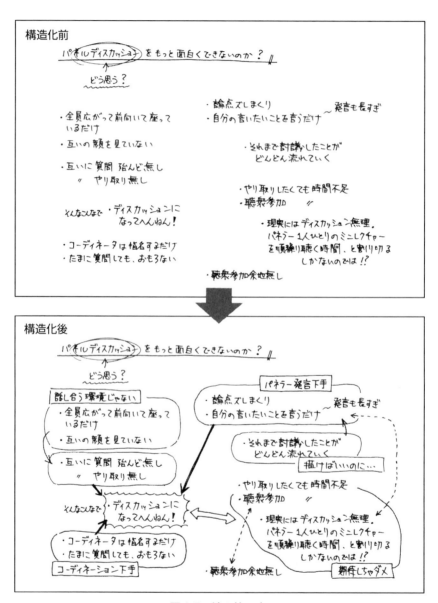

図4-7　線の使い方

出典：堀公俊・加藤彰，2006『ファシリテーション・グラフィック』日本経済新聞出版社，p.33。

ポイント

- 項目や論点は，下線や行頭記号を付ける。
- キーワードや合意事項，決定事項は丸く囲んで明示する。
- 線で結んで意見の間の関連性を示す。
- 矢印によって因果関係や順序を表す。

コラム

見える化は時と場合に応じて

　SAIPEにおいて彩の国連携科目の運営やその他の事業の推進に当たって，関係の4つの大学の教職員が毎月定例で会議を行っており，事業の運営に関する報告や審議など多くの項目にわたって議論を行っている。この時には，それぞれの手元に資料が配布され，それを見ながら進行する。

　一方で，事業の目的・目標やコンピテンシー，ルーブリックなど，1つの事柄について認識を確認したり合意を形成することが必要な場合には，別途ワーキンググループを立ち上げ話し合っている。このような話し合いでは，各自の認識や価値観のズレが明らかになり，衝突も起こり得る。しかし，深い議論を経てこそ，お互いのことや事業に対する理解が深まり，事業が深化すると感じている。

　このような根幹に関わる話し合いの際に，それがただの衝突にならずに理解の深化になるのを助けるのが見える化である。SAIPEではホワイトボード，模造紙，A4白紙，付箋などを使いながら見える化を行っている。下の写真4-5は，コンピテンシーを検討するワーキンググループでのホワイトボードの記録である。

写真4-4　見える化の実施例

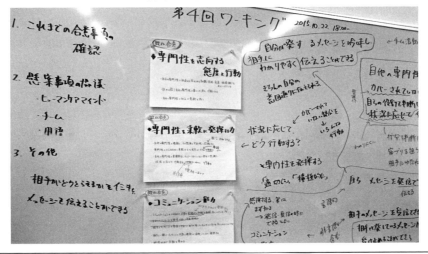

参考文献

・堀公俊・加藤彰，2006『ファシリテーション・グラフィック』日本経済新聞出版社。

F
課題の抽出方法
——目標に向けた ICF・KJ 法・看護計画——

1 課題の抽出方法とは

　専門職はその教育課程において，それぞれの専門職特有の知識や技術を修得している。その知識や技術は専門職になるために必要な基礎的なものである。その修得される内容の多くは，その職種独自の考え方と実践の積み重ねによるものが組み込まれている。

　この職種独自の知識や技術がその職種の専門性となっていることが多い。しかし，対人支援を行う場合，支援を必要とする人が抱える課題は多様であり，一職種の専門的知識と技術のみの対応には限界がある。このことを専門職は自明のものとして理解する必要がある。自職種の視点のみでは必要な支援の一部しか関与できないことを示すところから IPW（専門職連携）が始まる。しかし，共通の言語やツールを持たないまま各職種がそれぞれの視点で発言したり行動したりしている場面をしばしば見かける。それは，関連する職種チームに必要なメンバーは揃っているにもかかわらず，支援を必要とする人の思いや課題解決のための目標の共有がなされず，支援がモザイク的に行われ，その悪影響は支援を必要とする本人や家族に降りかかることになる。

　このような状況にならないために，チームでは，課題解決のための目標を共有するための共通言語やツールが必要となる。つまり，支援を必要とする人にとって本当に重要な課題が何なのかを認識すること自体に連携が必要なのである。大きな課題がなさそうに見えるがなにかがうまくいっていない場合や，一見わかりやすい健康問題や経済的問題の背景に実は人間関係の問題が潜んでいる場合など，課題の発見は一筋縄ではいかない。本当に重要な問題が何かに気付くために，様々な次元の多様な課題を抽出し，整理することが有効であり，そのためのツールが保健医療福祉の分野では開発されている。

2 概　　要

　課題の抽出方法は，チームメンバーが話し合って決める。そのため，メンバーが課題抽出に使用するツールを説明できるか（気付けるか）が重要となる。IPW 実習などで参考にしたツールの概要を以下で説明するが，IPW 実習においては使用するツールをその時のチームメンバーで決めることが大前提である。したがって，教員ファシリテータは課題抽出に使用するツールの解説

をIPW実習で行ってはいけない。しかし，気付いてもらえるようなヒントは必要かもしれない。

(1) ICF

① ICFの必要性

支援に関わる職種メンバーが，支援を必要とする人の思いや状況を同じように理解し，共通の目標を志向できるように提案されたツールがICFである。目標を設定することで，目標達成に向けて各専門職がその専門性を十分に発揮することができると考える。

ただし，保健医療福祉分野ではICFは理解されているが，その他の分野をチームメンバーに加えた際――例えば，地域包括ケアにおいて，「住まい」という建築分野の専門家がチームメンバーになった場合など――にはICFについて理解が得られるよう説明するか，または，他のツールを使用するような柔軟な対応が必要になることも念頭に置く必要がある。

② ICFの理念

国際生活機能分類（ICF）は，2001年5月に開催されたWHO第54回総会で採択された人間の生活機能と障害の国際分類であり，わが国でも医療福祉教育の領域において専門職間の連携や協働のための共有用語として使われている。WHOはICFの目的について，以下の4つをあげている。

> (1) 健康状態と健康関連状況，結果，決定因子を理解し，研究するための科学的基盤の提供。
> (2) 健康状況と健康関連状況とを表現するための共通言語を確立し，それによって，障害のある人々を含む，保健医療従事者，研究者，政策立案者，一般市民など様々な医療者間のコミュニケーションを改善すること。
> (3) 各国，各種の専門保健分野，各種サービス，時期の違いを超えたデータの比較。
> (4) 健康情報システムに用いられる体系的コード化用分類リストの提供。

③ ICFの特徴

2002年8月5日，厚生労働省社会・援護局障害保健福祉部がICFの日本語訳である「国際生活機能分類―国際障害分類改訂版―」を厚生労働省のホームページで公表し，ICFの特徴について，「これまでのWHO国際障害者分類（ICIDH）がマイナス面を分類するという考え方であったのに対し，ICFは，生活機能というプラス面からみるように視点を転換し，さらに環境因子などの観点を加えたことである」と記載している。また，ICFの活用によってもたらされるものについて次の3点を指摘している。

> (1) 障害や疾病をもった人やその家族，また，そうした人にサービスを提供する保健・医療・福祉などの従事者がICFを用いることにより，障害や疾病の状態についての共通理解をもつことができる。
> (2) 様々な障害者に向けたサービスを提供する施設や機関などで行われるサービスの計画や評価，記録などのために実際的な手段を提供することができる。

第4部 資料編② 素材・ワーク集

> (3) 障害者に関する様々な調査や統計について比較検討する標準的な枠組みを提供する。

これからは，ICFのめざすところが，共通の言葉を用いることで得られる共通の枠組みと理解であることがわかる。

図4-8に示したICFの概念モデルでは，環境因子などの観点を加えたこと，および構成要素間の相互作用という両方向の矢印表記そのものにICFの特徴が見て取れる。また，ICFは障害の有無にかかわらず人が生きていくことの全体像を捉える枠組み，「生物・心理・社会モデル」であることも大きな特徴である。

IPW実習の場面では，ICFの構成要素の定義を確認し，収集してきた情報を構成要素に分類し，構成要素間の関係性を整理し，支援を必要とする人の全体像を把握するツールとして活用している。

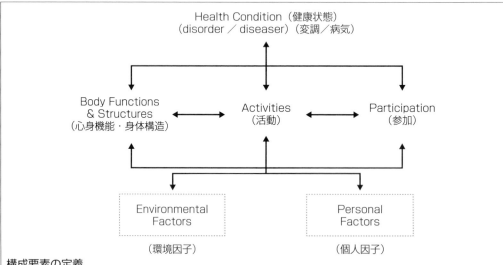

構成要素の定義
健康との関連において
- **心身機能**（body functions）とは，身体系の生理的機能（心理機能を含む）。
- **身体構造**（body structures）とは，器官・肢体とその構造部分などの，身体の解剖学的部分である。
    - ＊機能障害（impairments）とは，著しい変異や喪失などといった，心身機能または身体構造上の問題である。
- **活動**（activities）とは，課題や行為の個人による遂行のことである。
    - ＊活動制限（activity imitations）とは，個人が活動を行う時に生じる難しさのことである。
- **参加**（participation）とは，生活・人生場面（life situation）への関わりのことである。
    - ＊参加制限（participation restrictions）とは，個人がなんらかの生活・人生場面に関わる時に経験する難しさのことである。
- **環境因子**（environmental factors）とは，人々が生活し，人生を送っている物的な環境や社会的環境，人々の社会的な態度による環境を構成する因子のことである。
- **個人因子**（personal factors）とは，性別や年齢など，その人1人ひとりが持つ文化的社会的側面まで含めた固有の特性を構成する因子のことである。

図4-8 「国際生活機能分類（ICF）」の概念モデル（WHO，2001年）

（2）KJ法

IPW演習／実習では，支援を必要とする人本人に関わる様々な専門職にインタビューをし，情報収集をする。集めてきた情報を1つのカードにできるだけ1項目を書き，模造紙に貼る。この段階では，正確な情報をより多く収集すること，本人のニーズや想い，家族のニーズや想い，関係者の支援計画や想いなど情報として収集し，カードに記載する。このようなカード化された情報をグループ化し，整理して問題解決の筋道を明らかにしていくための手法がKJ法である。

◇**第1ステップ**：まず，ブレインストーミング等の手法で作られたたくさんのカードをばらばらに広げる。

カードは付箋を使用し，1つのカードに1項目が書かれているかチェックしながら模造紙に貼る（図4-9）。

---**ポイント**---
議論が深まりにくい場合には，1枚1枚に書かれた内容の意味や書いた人の思いを説明しながら内容が同じ（近い）ものを共有し，そばに集めていくことで，議論が深まる。

図4-9　KJ法：第1ステップ

◇**第2ステップ**：カードに記載された情報を眺めながら，関連性のあるカードをまとめグループ化する。それぞれのグループの内容を簡潔に表す見出し＝「表札」をつける（図4-10）。

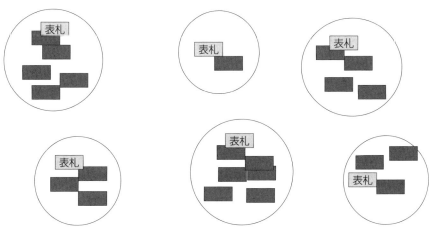

図4-10　KJ法：第2ステップ

> **ポイント**
> 関連のあるカードは最初数枚程度でまとめる。はじめから大きくまとめようとしない。
> 1枚だけのカードがあってもよい。無理に他のグループと一緒にしない。

◆**第3ステップ**：第2ステップで作った小グループの「表札」を眺めながら，互いに親近性のあるグループを中グループにまとめる。この作業を何度か繰り返し，いくつかの大グループにまとまったらグループ化は終了。大グループにも「表札」をつける。ICFを活用する場合は，大グループの「表札」にはICFの6項目が記載されることとなる（図4-11）。

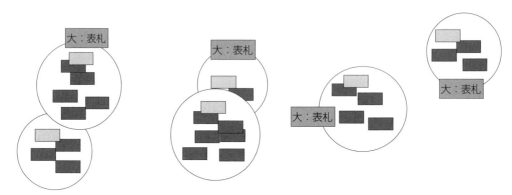

図4-11　KJ法：第3ステップ

◆**第4ステップ**：ここから論理的整序の段階。グループ間に論理的関連性ができるよう大グループのカードを並べる。これを「空間配置」と呼ぶ（図4-12）。

> **ポイント**
> 配置の意味する内容を，ストーリーのようにつないで説明できる。

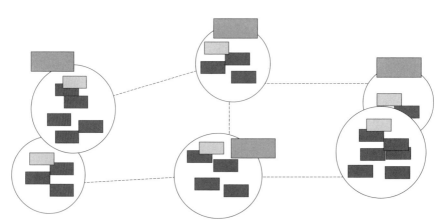

図4-12　KJ法：第4ステップ

◇**第 5 ステップ**：グループ間の関連の内容を示す記号を使って，空間配置の論理連絡がわかるようにする（図 4-13）。

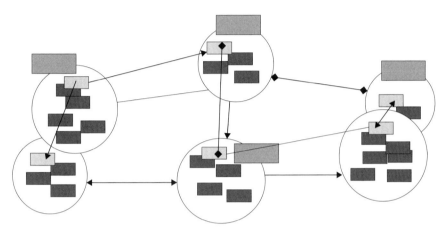

図 4-13　KJ法：第5ステップ

◇**第 6 ステップ**：図を見ながら，すべてのグループのうちどれが重要と思うか，優先順位をつける。

（3）看護計画

　看護とは，あらゆる場であらゆる年代の個人および家族，集団，コミュニティを対象に，対象がどのような健康状態であっても，独自にまたは他と協働して行われるケアの総体である。看護には，健康増進および疾病予防，病気や障害のある人々あるいは死に臨む人々のケアが含まれる。また，アドボカシーや環境安全の促進，研究，教育，健康政策策定への参画，患者・保健医療システムのマネージメントへの参与も，看護が果たすべき重要な役割である。

（国際看護師協会〔ICN〕「看護の定義」日本看護協会訳，2002年）

　看護は，あらゆる年代の個人，家族，集団，地域社会を対象とし，健康の保持増進，疾病の予防，健康の回復，苦痛の緩和を行い，生涯を通してその最期まで，その人らしく生を全うできるように援助を行うことを目的としている。

（日本看護協会「看護者の倫理綱領」前文）

このように定義された看護を具体的に実践するための方法論の1つが看護過程である。

看護過程では，まず情報収集してその情報が持つ意味を分析し，その分析から対象者の顕在あるいは潜在する健康上の問題を明らかにする。そしてこの健康上の問題を解決するための援助計画を立て，実践し，評価を行う。これは，系統的（原則・法則などに従って順序立ち，統一がとれていること）かつ科学的なプロセスであり，問題解決過程と類似している。

〈看護過程を構成する5つの要素〉
①アセスメント：対象者についての情報収集と取集した情報のもつ意味を分析する
　　　　　　　　身体面・精神面・社会面など多方面の情報収集・分析（現状・原因・なりゆきなど）をする
②看護問題の明確化（看護診断）：看護で解決すべき問題（看護問題）を明らかにする
③計　　画：期待される成果（対象者がどのような暮らしを望んでいるか）を明確にし，具体的な援助計画を立てる
④実　　施：対象者に計画した援助を実施する
⑤評　　価：期待される成果に到達できたかという観点から，看護過程を評価する

IPW実習では，①から③までの過程を行う。看護実習などでこのような看護過程を経験し，看護計画を立てる訓練を行ってきた看護学科の学生は，支援を必要とする人々の様々な課題に気付き，支援計画を立てることになじみがある。さらに，特に看護計画では，「支援を必要とする人がどのような暮らしを望んでいるか」ということを大切にしており，地域基盤型IPEでは，看護学生がこのような視点を積極的に提示していくことがチームの理解を深めることに寄与する。

参考文献
北島政樹編，2013『医療福祉をつなぐ関連職連携——講義と実習にもとづく学習のすべて』南江堂。

G
ワールド・カフェ

――楽しみながら，本音で，対等に，全員主役で，つながりを深め，アイディアをつなぎ合わせる対話の手法――

1 ワールド・カフェとは

　ワールド・カフェとは，「カフェのようにリラックスできる環境の中でテーマに集中した話し合いを重ねることにより，多様なアイディアを結び付け，深い相互理解や新しい知識を生み出す会話の手法」である。コーヒーブレイクの時間に実際に行われた会話の進め方を，そのまま手法としたものと言われている。[3]

　成功したワールド・カフェでは，ワールド・カフェが始まった時には想像しなかったような新しい気付きや発見が生み出される。ラウンドが進み，会話のネットワークが広がっていくにつれて，アイディアとアイディアの他花受粉が行われ，新しい関係性やパターンが感じ取れるようになっていく。そして突然全員で「ああ，そうなのか！」という瞬間が訪れる。そうした予期せぬ発見に耳を傾けながら参加することが大切である。[4]

> 【特徴】
> ・4～6名という少人数でテーブルを囲んで話し合う。
> ・テーブルのメンバーを時折交替する。
> ・模造紙にいたずら書きをしながら会話を進める。
>
> 【こんな時に】
> ・大人数で話し合いたい。
> ・テーマについて深い対話をしたい。
> ・新しい，しかし，みんなが納得するようなアイディアを生み出したい。

---

[3] 香取一昭・大川恒，2011『ホールシステム・アプローチ――1000人以上でもとことん話し合える方法』日本経済新聞出版社，p.58。
[4] 同前書，p.74。

2 概　　要

(1) 準備・セッティング
①所要時間：最低1時間半～2時間
②人　　数：16名以上何名でも可。4～6名のグループに分かれる。
③スタッフ：進行役（カフェ・ホスト）1名　他
④必要物品：グループで座るイスとテーブル（島型）
　　　　　　模造紙とカラーペン（各グループに1セット）
　　　　　　飲み物，菓子，花，BGMなどもてなしの空間の演出
⑤事前準備：開催の目的の明確化，話し合いのテーマとなる「問い」の準備

(2) 標準的な流れ（図4-14）

◆**第1ラウンド**：テーブルごとの話し合い
　…4～6名でテーブルを囲んで座り，テーマ（問い）について話し合う。

◆**第2ラウンド**：テーブルごとの話し合い
　…各テーブルに1名だけ「テーブル・ホスト」を残し，他のメンバーは「旅人」として他のテーブルに移動する。第1ラウンドで各テーブルで話しあわれたアイディアを紹介しあった後，新しいメンバーで話し合いを続ける。

◆**第3ラウンド**：テーブルごとの話し合い
　…旅人が最初のテーブルに戻り，旅先で得たアイディアを紹介しながら話し合いを続ける。

◆**全員での振り返り**：全体で振り返り
　…カフェ・ホスト（全体のファシリテータ）の問いかけに応じ，参加者全員でそれまでのラウンドで得られた気付きや発見などを共有する（具体的な進め方は，参加者の人数や時間などにより変化する）。

第1ラウンド テーマについて探求する		リラックスしてテーマに集中した話し合いを行う。自由にいたずら書きをする。
	1人を残して席替え	
第2ラウンド アイディアを他花受粉する		第1ラウンドの話しあいのアイディアを紹介しあい，つながりに注意を向けながら話を深める
	1人を残して席替え	
第3ラウンド 気付きや発見を統合する		旅先で得たアイディアなどを持ち帰り，アイディアの統合を図る
振り返り 集合的発見を収穫し共有する		全員で得られた気付きや発見などを共有する

図4-14　ワールド・カフェの流れ

G ワールド・カフェ

ポイント

・少人数の会話である。
　→（最大6名）誰もが発言の機会を持てる。
　　（最小4名）参加者の多様性を確保。
・20～30分ごとにメンバーを変えながら話し合いを進める。
　→各テーブルで生まれたアイディアが相互につながり関連付けられて新しいアイディアを生み出していく。それぞれのラウンドの話し合いは4～6名で行っているのに，全員で話しているような気持ちになる。

---

3 要　素

（1）いたずら書き

各テーブルの話し合いには，模造紙とカラーペンを準備する。そして，第1ラウンドから第3ラウンドを通じて同じ1枚の模造紙に，参加者各自が話し合いを進めながら，自由にアイディアを言葉やイメージで書きとめる（いたずら書き）。

写真 4-5　いたずら書きの例

提供：2014年2月18日，彩の国大学間連携協働教育推進事業第2回ワークショップ。

第4部　資料編②　素材・ワーク集

> **ポイント**
> ・各自がカラーペン（マーカー）などで自由に書いていく。
> 　→カラフルに，イラストなども使うことで発想を広げる。
> ・同じ模造紙に書く。
> 　→他の人からも見えるところで書くことでアイディアのつながりを生む。
> 　　メンバーが変わっても継続した話し合いが行われる。

（2）もてなしの空間

　参加者がくつろいで話し合いができるような環境を作る。飲み物やチョコレートなどのお菓子を用意したり，カラーペンをガラスコップに立てたりする等があるが，もてなすという心が重要である。

> **ポイント**
> ・もてなしの空間を作る。
> 　→参加者が歓迎されていると感じ，安心して参加できる。
> 　　新しい人々やアイディアなどに対してオープンになる。
> 　　リラックスして，自由で柔軟な発想や会話を生む。

（3）コンテキストで枠組みを設定する

　ワールド・カフェのコンテキスト（文脈）とは，開催目的や参加者，場所，時間，予算などの運営上の諸条件を指す。とりわけ重要なのは，開催の目的である。これらの一定の枠組やルール（コンテキスト・文脈）を設定し，その範囲内で自由な発言や行動が発揮できるようにする。何の制約もなければ自由に話し合えるかというと，必ずしもそういうわけではないためである。

> **ポイント**
> ・開催の目的を設定する。
> 　＊「何のために開催するのか」，「ワールド・カフェの終了時点でどのような結果を期待するのか」，「ワールド・カフェ終了後，一定時間経過後にどのような効果が表れていることをめざすのか」等。
> 　→明確な目的を持つことは，向かうべき方向を指し示す北極星を定めることであり，成功の基準を決める。

（4）大切な問い

　話し合いのテーマを「問い」の形で提示する。この時「客観的に重要な問い」ではなく，「自分にとって大切な問い」であることが必要である。

> **ポイント**
> ・課題を「問題」としてではなく，人々の話し合いを促し，エネルギーが湧き，新しい可能性を開くような「力強い問い」の形で提示する。
> ＊力強い問い：シンプルで明確。発想を促す。エネルギーが湧いてくる。
> 　　　　　　　テーマに集中して探求することを促す。
> 　　　　　　　これまでの仮説や思い込みに気付かせる。
> 　　　　　　　新しい可能性を開く。
> 　　　　　　　より深い内省を促す。

（5）カフェ・エチケット——ワールド・カフェの約束事

ワールド・カフェをより実り多い会話にするために，以下のような「カフェ・エチケット（ワールド・カフェの約束事）」を参加者に提示し，協力を求める。

・問いに意識を集中して話し合いましょう。
・あなたの考えを積極的に話しましょう。
・話は短く，簡潔にお願いします。
・相手の話に耳を傾けましょう。
・様々なアイディアの関係を考え，アイディアをつなぎ合わせてみましょう。
・遊び心で，いたずら書きをしたり，絵を描いたりしましょう。会話を楽しんでください！

> **ポイント**
> ・参加者に守ってもらいたい留意点をきちんと説明し，協力を求める。
> 　→参加者がワールド・カフェの特質を理解して態度や行動で示す。
> 　　カフェ・ホストが会話の進行中に介入せずにすみ，参加者が自由に話し合える環境を保持できる。

> コラム
>
> **ワールド・カフェ誕生は偶然から**
>
> 　1995年1月，企業やNPOで戦略的ダイアログの推進やコミュニティ構築の支援を行うアニータ・ブラウンとデイビッド・アイザックスはレイフ・エドヴィンソンと共に国際的なダイアログの集まりをホストしていた。2日目の朝は開始まで庭を散策してもらい，その日のアジェンダに合った雰囲気づくりをする予定だったが，あいにくの雨でそれがかなわない。そこで彼らはテーブルとイス，コーヒーを用意した。そこに来た参加者が「カフェのようだ」と言い，テーブルクロス代わりに模造紙でテーブルを覆った。
>
> 　テーブルにクレヨンを用意し，花を活け，入り口にサインを貼り付けているところに，参加者が集まりはじめ，そのカフェのような雰囲気を喜び，コーヒーを飲んだりクロワッサンを食べたりしながら，カフェ・テーブルの周りでインフォーマルなグループをつくり，前日の夜話し合っていた内容についての話し合いを始めた。彼らは夢中になって"テーブルクロス"にいたずら書きまでし始めた。アニータとデイヴィッドは急いで相談し，フォーマルなミーティングを始めるのではなく，その会話を続けることにした。
>
> 　それから小1時間経過しても，会話はなおも続いていた。すると，メンバーの1人が提案した。「部屋の他のグループでどんな会話が行われているか知りたい。1人をテーブルに残し，他のメンバーは別のテーブルに移動してみては？　その際に，テーブルの会話で生まれたアイディアの種を持っていき，他のテーブルで生まれたアイディアの糸と結びつけ，つなぎ合わせましょう」。この提案に全員が賛同し，部屋の中を移動して会話を続けた。人々は興奮し，没頭し，ほとんど息をつく暇もないようだった。
>
> 　それを繰り返している間に昼食の時間となった。部屋の中央に大きな壁紙を広げ，その縁に各テーブルクロスを並べ，全員でそれを見ながらその中心にどんなパターンやテーマ，洞察が浮かび上がってくるかを探求した。そしてそこには，その場に参加した人々の集合的な発見と洞察が，目に見える形で現れた。それはあたかも1人ひとりの自我を越えた，大きな集合的自我の知が目に見えるようになったようだった。
>
> 　このようにカフェのプロセスでは，人々がテーブルからテーブルへと移動して，多様な洞察を結び付け，他花受粉させることにより，ある種の集合的な知にアクセスすることを可能にするのである。[5]

---

[5] アニータ・ブラウン，デイビッド・アイザックス，ワールド・カフェ・コミュニティ／香取一昭・川口大輔訳，2007『ワールド・カフェ――カフェ的会話が未来を創る』ヒューマンバリュー，pp.16-18。

附録①：他機関との連携

(1) 他機関との連携において大切なこと

　地域基盤型 IPE は，地域をフィールドとすることを前提としています。地域の医療施設，福祉施設，その他の事業所，NPO 団体等の協力を得て行われます。前向きに協力いただいたり，より良い連携を行う上で，以下のようなことが大切と思われます。

> ①地域基盤型 IPE の意義と魅力を伝える。
> ②実習の流れや情景をイメージしやすいように伝える。
> ③協力機関にとってのメリットを示す。
> ④なぜ当該の機関に依頼するかを伝える。
> ⑤心配をとりのぞく。

①地域基盤型 IPE の意義と魅力を伝える

　まず何より，地域基盤型 IPE の意義や魅力を感じてもらうことが重要です。第１部に示されているように，IPW は時代の要求にあったものであり，そのための人材育成の必要性は多くの方々の理解を得やすいと思われます。

　同時に，学生がどれだけ豊かな学びを得ることができるか，地域基盤型 IPE の現場に立ち会えることの喜びなど，関わる人が直接的に体験できる魅力を伝えることも大切です。実習現場での学生の様子に触れたことがあるのであれば，地域をフィールドとして学ぶことで学生がいかに成長するか，具体的に伝えることが有効と思われます。

②実習の流れや情景をイメージしやすいように伝える

　地域基盤型 IPE の実習は，学生が支援を必要とする人，その方を取り巻く様々な人と多く関わらせていただくことで成り立ちます。協力機関に最も期待することは，そのような状況を用意していただくことだと言えます。その点は，専門的知識・技術の修得を目的とした実習と大きく異なるところです。

　そこで，受け入れの依頼に際して，実習の目的やスケジュール等々，伝えるべき事項は多数ありますが，実習の流れや情景をイメージしやすいように伝えることも大切です。このテキストに掲載した実習風景の写真を示すことも有効です。SAIPE では取り組みを簡単にまとめたリーフレットを作成しています（SAIPE ホームページ〔http://www.saipe.jp/〕に掲載）。IPE の目標や全体像，その実習の位置付け，内容等が一目でわかる資料を作成しておくことも，スムーズな話し合いの手助けとなるでしょう。

③協力機関にとってのメリットを示す

　彩の国連携力育成プロジェクトでは，実習の受け入れが協力機関にとっても効果的であるというコメントを多くいただいています。

専門的知識・技術を学ぶ実習において，現職者は学生に対して圧倒的優位に立っていると言えます。そのような場合でも，学ぶ者と向き合うことで，現職者がかえって学びを得るということも，しばしば起こると思います。

　特に，彩の国連携力育成プロジェクトの実習で重視しているヒューマンケアマインドや連携の技術・態度は，その大切さを十分理解しているとしても，忙しい現場では発揮できていなかったり，優先順位が下げられてしまいがちなものと言えるでしょう。よって，彩の国連携力育成プロジェクトの実習の受け入れは，本当に大切なことや，ケアに関わる専門職としての初心を思い出させる効果があると評価されることがあります。

　実習の受け入れをお願いするに当たり，相手のメリットを語るのは，押しつけがましいようで憚られることかもしれませんが，前向きに検討していただいたり，機関内で説明していただく際の参考として，協力機関にどのようなよい効果があり得るかについて伝えることは有益と言えます。

　④なぜ当該機関に依頼するかを伝える

　協力機関はどこでもよいということではないはずです。実習の主旨や，学生の学びの環境としての適性を考慮して決定していることでしょう。取り替えのきく，数多ある選択肢の1つということではなく，当該機関にこそ協力願いたい，その理由を示すことは大切です。

　他ではない，自分たちにこそできることなのだという認識を持っていただくことは，受け入れに前向きな態度を促す上で重要と言えます。当該機関の自信や誇りを高めることにもつながると思われます。

　⑤心配をとりのぞく

　担当者に，実習の受け入れに前向きな気持ちになってもらうことができたとしても，機関内の検討においてどのような判断が下されるかわかりません。患者さんや利用者さんにリスクがおよばないかということは特に気にされることと思われます。そのため，以下のようなことをきちんと伝えることが重要でしょう。

　○支援を必要とする人の安全のためにどのような対策をしているか

　　　患者さん・利用者さんのプライバシー保持のための対策，感染症を予防するための対策などについて，大学側では具体的にどのようなことをしているのか，どこまでなら対応可能かを伝えましょう。

　○協力機関に依頼することは何か

　　　職員は何人関わる必要があるのか，拘束時間はどれくらいか，場所はどうするのか，用意すべき物品はあるのか等，協力機関への依頼事項を明確に示す必要もあります。協力機関に過度の負担を与えないものであるかどうかを確認することができます。

　○関わる職員に依頼することは何か

　　　学生を直接指導するのか，見守りだけでよいのか，実習日誌にコメントする必要はあるのか等，職員は何をどれくらいすればよいのかなど，機関職員への依頼内容を明確に示すこ

とも重要です。通常業務もある中で，職員が対応できることなのか，誰に任せるのがよいのか等の判断材料にもなります。

（2）協力機関との事前確認事項

服装，身だしなみ，交通機関，室内履きか外履きか，昼食は提供されるか，あるいは持参した場合食べる場所があるかなどの確認も必要です。

彩の国連携力育成プロジェクトの IPW 実習では実習の打ち合せ表を用意しています。打ち合せ表での確認事項は以下のとおりです。

○施設ファシリテータと教員ファシリテータの役割の確認
○健康診断書の提出の要・不要
○実習協力者（対象者）の選定について：本人の同意が得られるか，実習の目的が果たせるか，施設スタッフの強力が得られるか等
○実習の進め方：実習の開始・終了時間，実習中に実施される行事，進め方についての意見

（3）研修・研究に対するニーズの発見

協力機関との連携は地域基盤型 IPE にとって必須の要素です。同時に，上述のとおり，協力機関側にも良い効果があり得ます。さらに，実習の受け入れを契機として，研修や研究のニーズが表出される可能性もあります。

保健医療福祉の現場では，研修や研究のニーズがあったとしても，それが見出される機会は少なく，見出されたとしても，誰にどのように依頼すればよいか想像もつかないというのが通例です。協力機関のスタッフと教員の間に情報交換や意見交換のできる関係ができていれば，現場から大学に対して研修や研究の要望を伝えることができます。また，実習を通じて学生や教員が協力機関の現状に触れる機会を持つことで，第三者の目，あるいは専門的な視点から，研修や研究のニーズを見出し，提案することも可能となります。自身の専門と異なる事項について相談を受けた場合には，連携教育を進める他大学や他分野の教員にニーズや要望を伝えることも可能です。現場のニーズにあった研修や研究の実施は，地域の暮らしの質向上につながると期待されます。

（4）協力機関との連携は IPW そのもの――まとめ

お忙しいと同時に，利用者さんや患者さんの生命，健康，生活に対して責任ある現場の方々にとって，「実習の受け入れはしなくてすむならしたくない」，そんな案件かもしれません。様々な困難や葛藤があったとしても，前向きに検討いただき，自分事として機関内の調整を進めていただくためには，地域基盤型 IPE の目的，意義，魅力を理解し，取り組みに共感していただくことが必要です。

取り組みの最終的な目的は，地域の暮らしの質を向上させることです。その実現への思いを共有できれば，協力機関と大学は実習の受け入れをお願いする／されるという立場を超えて，互い

のことを協働のパートナーと捉えることができるはずです。

　協力機関と大学が地域の豊かな暮らしの実現に向けて連携し，協働する実習は，地域基盤型IPWと言えます。その発展的展開のためには，協力機関の職員と大学教員が連携に必要な態度や行動を理解し，実践することが大切だと言えるでしょう。

参考資料
　埼玉県立大学編，2009『IPWを学ぶ――利用者中心の保健医療福祉連携』中央法規出版，pp.76-78。

附録②：関係機関・連絡先

埼玉県立大学 保健医療福祉学部
（https://www.spu.ac.jp/）

「連携と統合」の学びを深め共生社会に貢献

本学は保健医療福祉領域で活躍する人材を育成する大学です。少人数教育による授業によって，質の高い専門的知識と技術を学べる環境があります。開学以来，多様な専門領域の学生同士が共に学ぶことを通じて，連携する力を養うための教育プログラムを発展させてきました。

現在では，1年生から4年生まで一貫して専門職連携を学ぶカリキュラムを整えており，これらはSAIPEの「彩の国連携科目」を構想する際のベースとなっています。

◇学科　看護学科，理学療法学科，作業療法学科，社会福祉子ども学科（社会福祉学専攻，福祉子ども学専攻），健康開発学科（健康行動科学専攻，検査技術科学専攻，口腔保健科学専攻）

◇輩出する専門職　看護師，保健師，助産師，理学療法士，作業療法士，社会福祉士，精神保健福祉士，保育士，幼稚園教諭，養護教諭，臨床検査技師，歯科衛生士 など

埼玉医科大学 医学部
（http://www.saitama-med.ac.jp/fm/index.html）

優れた実地臨床医家の育成を目指した教育

本学は地域医療を担う第一線病院に原点があり，患者中心の医療を実践できる優れた医療人の育成を目指した医学部，保健医療学部からなる医療系総合大学です。

医学部の期待する医療人像は，「高い倫理観と人間性の涵養」，「国際水準の医学・医療の実践」，「社会的視点に立った調和と協力」です。将来様々な職種の人々や関係機関，地域の施設と連携協働して，患者の意思を尊重できる実地臨床医家の育成を目指した教育を行っています。

◇学科　医学科
◇輩出する専門職　医師

城西大学 薬学部
（https://www.josai.ac.jp/）

地域社会の人々の健康に寄与する人物へ

城西大学薬学部は，薬剤師養成課程の薬学科（6年制），薬科学技術者を養成する薬科学科（4年制），さらに管理栄養士養成課程の医療栄養学科を有しています。

薬学部において学んだ人が，豊かな人間性および幅広い教養と深い専門性を身につけ，地域社会の人々が主観的QOL（quality of life：生活と人生の質）を高く維持し健康のより良い状態を目指すことを支援し，さらに，社会のグローバル化に適切に対応することによって，本学の建学の精神である「学問による人間形成」を実現します。

◇学科　薬学科，薬科学科，医療栄養学科
◇輩出する専門職　薬剤師，管理栄養士，臨床検査技師，薬学技術者

日本工業大学 基幹工学部 先進工学部 建築学部
（https://www.nit.ac.jp/）

現実社会の期待にこたえる工学技術者の育成

日本工業大学は，工学理論を積極的に現実社会に活用できる人材育成をめざす工学系の単科大学です。初年次から，実験・実習・製図などを通じて工学を学ぶ「実工学教育」によって，現場に直結した実践的な技術者・プロジェクトリーダーを養成することを教育の目的としています。

現在，SAIPEに中心となって参加している建築学科生活環境デザインコースでは，人や暮らしを見つめる視点を持ち，高齢者や障がい者を含む，誰にとっても心地よい生活空間を創造できるデザイナーの育成をめざしています。

◇学科　機械工学科，電気電子通信工学科，応用化学科，ロボティクス学科，情報メディア工学科，建築学科（建築コース，生活環境デザインコース）

◇輩出する専門職　技術士，建築士，電気主任技術者，エネルギー管理士，環境計量士，公害防止管理者等，各分野の工学技術者

【ステークホルダー】埼玉県 （https://www.pref.saitama.lg.jp/）

地域において県民に安心・安全で価値の高い医療・介護サービスが提供できるような人材育成に期待

埼玉県では他の都道府県に先駆けて在宅医療連携拠点を設置するなど，県内どこに住んでいても，安心できる医療・介護サービスが提供されることを目指しています。さらに医療と介護の連携を進めるため，保健医療福祉等従事者各人が持つ専門性を発揮しながら，同じ目標に向かって連携していくことが重要です。この4大学の取り組みに大いに期待しています。

〈連絡先〉

☞本書の内容について
　彩の国連携力育成プロジェクト（SAIPE）　https://www.saipe.jp/
　E-mail：saipebook@gmail.com

☞SAIPEの事業等について
　埼玉県立大学　kikaku@spu.ac.jp
　埼玉医科大学　smuipe@saitama-med.ac.jp
　城西大学　ipe@josai.ac.jp
　日本工業大学　saipe_nit@nit.ac.jp

索 引

（太字は，章・節などで詳しくとりあげている冒頭のページを示す）

あ行

ICF（国際生活機能分類） 56, 150, 157, 195, 196
アイスブレイク 58, 69, **183**
IPE 2, **84**, 91
IPW 2-6, 8, 12, 13, **84**, **91**, 209
　——の機能 86
　——の阻害要因 86
IPW 演習 **54**, 139, 172-182
IPW 実習 **66**, 136, 139, **156**, 160
IPW 論 **47**, 167-171
アウトカム 11, 125
あん摩マッサージ指圧師 102, 108
ESD（Education for Sustainable Development） 96, 130
e-learning システム 10, 36, 60
医学モデル 92, 150
医師 73, 97, 99, 103
WebClass 60, 72
ADL（日常生活動作） 56, 152
エンパワメント 151
OECD 127, 129
OBE →学修成果基盤型教育

か行

介護支援専門員（ケアマネジャー） 102, 109, 110
介護福祉士 102, 109
学修成果基盤型教育（Outcome Based Education：OBE） 9, 21, 125-127, 130-133
学習目標 11, 18, **128**, 166
課題解決のプロセス 20, 57
課題抽出 165, **194**
葛藤 9, 67, 70, 139, 140
看護過程 199, 200
看護計画 199, 200

看護師 100, 103, 104
管理栄養士・栄養士 100, 105
緩和医療学 **55**
緩和ケア 35, **55**, 172-177
キー・コンピテンシー（主要能力） 129, 130
義肢装具士 101, 107
技術熟達者 ii, 118, 122
技術的合理性（technical rationality） ii, 118, 122
Gibb の理論 114, 115
QOL →生活の質
救急救命士 101, 107
きゅう師 102, 108
共同開講 16, 25, 26, 60, 64, 68
ケア 28, 32, **78**
　——と環境 **146**
　——の質 iii, 3, 28
　高齢者の—— 147-150, 152
　障害者の—— 150-153
ケアマネジャー →介護支援専門員
経済協力開発機構 → OECD
KJ 法 197-199
ゲストスピーカー 33-37
言語聴覚士 101, 106
行動特性 125-128
公認心理師 101, 108
コミュニケーション 31, 33, 39, 40, 42, 48, 136
コミュニケーション能力 19, 27, 81, 96, 126, 135
コルブの学習サイクル 8, 50, 119
コンピテンシー（行動特性） 18, 19, 78, 79, **125**
コンフリクト 86-88, 112

さ行

彩の国連携科目 25, 26
彩の国連携力育成プロジェクト（SAIPE） 10, 11, 13, 16, 18, 20, **24**, **33**, **40**, **49**, **56**, **68**, **85**, **193**, 211
作業療法士 101, 106
歯科医師 99, 103
歯科衛生士 101, 107, 108
歯科技工士 101, 108
自己とチームをリフレクションする力 26, 27, 126, 136
質保証 26, 27, 126
視能訓練士 101, 107
社会人基礎力 89
社会福祉士 102, 109
社会モデル 150
住環境（居住環境） 63-65, 146-148, 151, 152
柔道整復師 102, 108, 109
省察的実践家 118
助産師 34, 100, 104
診療放射線技師 100, 105, 106
生活空間 61, 152
生活の質（Quality of Life：QOL） 80, 92, 146
生活モデル 92, 93
生活歴 69, 93, 166
精神保健福祉士 102, 109
専門職 7, 14, **98**
専門職連携教育 → IPE
専門性の理解 26, 27, **98**, 135, 136
専門性を志向し，柔軟に発揮する力 5, 19, 26, 27, 96, 126, 134-136
相互理解 57, 67
尊厳 79, 92, 148

索引

た行

大学間連携　9,10,16,17,24,25
対人援助　113　→ヒューマンケアも見よ
対立　29,67,112,116,140,163
多職種連携コンピテンシー　132
タックマンのモデル　112,116
地域基盤型　21,51,126
　　── IPW／IPE　7,10,11,20,51,**91**,207,209
　　── IPW コンピテンシー　26,126,131,134
地域包括ケア　5,89,93,97
チーム　35,45,87,**111**
　　──医療　3-5,89,91,113,114
　　──活動　48,49,119,138,161-163　→チーム形成，ファシリテーションも見よ
　　──形成（チームづくり，チーム・ビルディング，チーム・プロセス）　19,20,57,**111**
　　──を形成し行動する力　126,134-136
チェックイン　187-188

な行

ナラティブ（物語）　13,164,171
認知症　32,34,148

は行

話し合いの型　112,113　→ファシリテーションも見よ
パフォーマンス　133
バリアフリー　32,150,152
はり師　102,108
批評的思考力　137
ヒューマンケア　28,31,33-35,**78**
　　──マインド　19,26,27,38,40,41,44,78-81,126,131,134-136,208
ヒューマンケア体験実習　38
ヒューマンケア論　31
評価　19-21,**133**
　　──観点，──基準　133
　　──尺度　19-21,133
　　パフォーマンス──　133
ファシリテーション　138,**156**
ファシリテータ　42,43,138,139,144,145,**156**　→ファシリテーションも見よ
フィードバック　121,137
ペーパーペイシェント　164-166,168-177
保育士　102,109
保健師　100,104,105

ま行

見える化　**189**
模擬患者（SP）　54-61,171,172
モデルコア・カリキュラム　130,131

や行

薬剤師　100,103
ユニバーサルデザイン　152

ら行

ライフスタイル（生活スタイル）　148,151
螺旋型カリキュラム　128
理学療法士　100,106
リハビリテーション　61,62,146,151,178
リフレクション（Reflection）　ii,iii,8,19,41,42,49,50,59,64,70,**118**,160
臨床検査技師　100,106
臨床工学技士　101,107
ルーブリック　21,26,27,**133**
連携の質　28
連携力　25,91-93

わ行

ワールド・カフェ　201

欧文

CAIPE　iii,3,89,91
SOAP　157

人名

糸賀一雄　83
猪飼周平　92
コルブ，D. A.（Kolb, D. A.）　8,50,119
佐藤学　123
ショーン，D.（Schön, D.）　121-124
竹淵真由　121
タックマン，B. W.（Tackman, B. W.）　112,116
デューイ，J.（Dewy, J.）　121,123
中野民夫　142
中村和彦　114
中村誠司　113,116
錦織宏　121,122
ハーデン，R. M.（Harden, R. M.）　128
フランク，J. R.（Frank, J. R.）　125,127
細田満和子　113
堀公俊　113,142-144
メイス，R.（Mace, R.）　152
メイヤロフ，M.（Mayeroff, M.）　83
和栗百恵　122,123

執筆者紹介 (氏名，よみがな，所属／専門資格，担当)

新井利民 (あらい　としたみ)
　　立正大学社会福祉学部社会福祉学科教授／社会福祉士
　　担当：第2部1，第3部A・B

勝木祐仁 (かつき　ゆうじ)
　　日本工業大学建築学部建築学科教授／一級建築士
　　担当：第2部4，附録①

柴﨑智美 (しばざき　さとみ)
　　埼玉医科大学医学部医学教育学・医療人育成支援センター地域医学推進センター教授／医師
　　担当：第1部，第3部C

瀬戸眞弓 (せと　まゆみ)
　　（元）日本工業大学教授／建築士
　　担当：第2部2，第3部J

髙尾浩一 (たかお　こういち)
　　城西大学薬学部薬科学科教授／薬剤師
　　担当：第3部E

高橋幸子 (たかはし　さちこ)
　　埼玉医科大学医療人育成支援センター地域医学推進センター助教／医師
　　担当：第4部A・B・C

田口孝行 (たぐち　たかゆき)
　　埼玉県立大学保健医療福祉学部理学療法学科教授／理学療法士
　　担当：はじめに，第1部，第2部0，第2部2，第4部D

野口祐子 (のぐち　ゆうこ)
　　日本工業大学建築学部建築学科教授
　　担当：第3部J

古屋牧子 (ふるや　まきこ)
　　城西大学薬学部医療栄養学科准教授／薬剤師
　　担当：第2部5，第3部F

細谷　治 (ほそや　おさむ)
　　日本赤十字社医療センター薬剤部長，城西大学薬学部客員教授，慶應義塾大学薬学部客員臨床教授／薬剤師
　　担当：第2部4，第3部G・H

本橋千恵美 (もとはし　ちえみ)
　　埼玉医科大学医学部社会医学，医学教育センター非常勤講師／保健師
　　担当：第3部D，第4部F

米岡裕美 (よねおか　ゆみ)
　　埼玉医科大学医学部教養教育准教授
　　担当：本書の使い方，第1部，第2部3，第3部I，第4部E・G

保健・医療・福祉のための
専門職連携教育プログラム
──地域包括ケアを担うためのヒント──

2019年6月30日　初版第1刷発行	〈検印省略〉
2025年3月30日　初版第2刷発行	定価はカバーに表示しています

編著者	柴　﨑　智　美
	米　岡　裕　美
	古　屋　牧　子
発行者	杉　田　啓　三
印刷者	田　中　雅　博

発行所　株式会社　ミネルヴァ書房
607-8494　京都市山科区日ノ岡堤谷町1
電話代表　(075)581-5191
振替口座　01020-0-8076

©柴﨑・米岡・古屋ほか, 2019　創栄図書印刷・吉田三誠堂製本

ISBN978-4-623-08553-8
Printed in Japan

島内　節／内田陽子 編著 これからの高齢者看護学	B 5 判・336頁 本　体3,500円
島内　節／亀井智子 編著 これからの在宅看護論	B 5 判・328頁 本　体2,800円
島内　節 編著 現場で使える在宅ケアのアウトカム評価	B 5 判・180頁 本　体2,800円
島内　節／内田陽子 編著 在宅におけるエンドオブライフ・ケア	B 5 判・216頁 本　体2,600円
内田陽子／島内　節 編著 施設におけるエンドオブライフ・ケア	B 5 判・176頁 本　体2,600円
全国権利擁護支援ネットワーク 編 権利擁護支援と法人後見	B 5 判・304頁 本　体3,500円
特定非営利活動法人 PASネット 編 権利擁護で暮らしを支える	四六判・208頁 本　体2,200円
特定非営利活動法人 PASネット 編著 福祉専門職のための 権利擁護支援ハンドブック［改訂版］	A 5 判・184頁 本　体2,000円

——— ミネルヴァ書房 ———
http://www.minervashobo.co.jp/